경영과학

유성열 지음

이프레스

머리말

경영과학은 불확실한 경영환경 하에서 발생하는 다양한 경영의사결정 상황에서 최적의 의사결정을 내릴 수 있도록 도와주는 학문분야이다. 생산일정계획 수립, 재고관리, 마케팅 계획 수립, 인적자원 관리, 재무관리 등 기업 경영의 거의 모든 분야에서 적용 가능한 분야이다. 일반적인 경영과학 기법의 문제 해결 접근 과정은 문제 상황의 이해 및 모형화, 해법 절차의 개발, 해의 도출, 해의 검증 및 적용으로 구성된다.

이 책에서는 경영의사결정 상황별로 문제의 모형화 기법을 제시하고, 모형에 기초한 해법 절차를 소개한다. 또한 엑셀을 이용한 해법 절차를 함께 소개함으로써 신속하게 해를 도출함은 물론 의사결정 상황에 대한 이해 및 모형과 해법 절차에 대해서도 쉽게 접근할 수 있도록 하였다.

이 책의 구성은 다음과 같다. 먼저 경영과학 기법 중 가장 널리 알려져 있는 선형계획법에 대해 2장과 3장에서 다룬다. 다양한 예제를 통해 문제 상황을 선형계획법으로 모형화하는 방법에 대해 제시하고, 잘 알려진 해법 절차인 심플렉스법에 대해서도 소개한다. 아울러 엑셀을 이용한 해법 절차와 민감도 분석에 대해서 학습할 수 있도록 하였다.

4장에서는 정수계획법 모형화 절차와 그 해법으로 분지한계법을 소개한다. 아울러 엑셀을 이용한 해법절차에서도 소개한다.

5장과 6장에서는 선형계획법의 특수한 상황인 수송문제와 할당문제에 대해 다룬다. 수송문제에서는 모형화 과정과 수정배분법 등의 해법절차를 소개한다. 아울러 엑셀을 이용하여 해를 구하는 과정에 대해서도 다룬다. 할당문제는 해법절차로써 헝가리법에 대해 소개하고, 엑셀을 이용한 해법 절차에 대해서도 다룬다. 또한, 여러 가지 특수한 경우의 수송문제와 할당문제 상황에 대해서도 어떻게 해결할 수 있는지 소개한다.

네트워크 모형은 7장에서 다룬다. 의사결정 상황을 어떻게 네트워크 형태로 모형화할 수 있는지 소개하고 자주 발생하는 경영의사결정상황인 최단경로문제와 최대흐름문제의 해법 절차에 대해 소개한다. 또한 엑셀을 이용하여 신속하게 해를 구할 수 있는 방법에 대해서도 다룬다.

8장에서는 프로젝트 관리기법은 PERT/CPM에 대해 소개한다. CPM을 적용한 중대경로의 도출 방법, CPM의 비용/시간 분석 기법에 대해 소개하고, PERT를 활용한 프로젝트 활동시간 예측 기법에 대해서도 다룬다.

9장에서는 시계열 자료 혹은 인과형 자료로부터 미래의 수요를 예측하는 다양한 예측이론을 소개한다. 이동평균법, 지수평활법, 추세조정 지수평활법, 회귀분석법 및 승법계절모형의 적용 방법에 대해 소개하고, 각각의 모형들이 어떤 상황에서 적용될 수 있는지 상세한 예제와 함께 다룬다.

10장에서는 확정적 상황과 확률적 상황 각각에 적용할 수 있는 재고모형 및 해법 절차를 다룬다. 확정적 재고 모형으로는 전통적인 EOQ 모형, 재고부족이 존재하는 경우의 EOQ 모형, 가격 할인이 있는 경우의 EOQ 모형에 대해 알아보고, 확률적 재고 모형으로는 정량발주 모형, 정기발주 모형, 그리고 (s, S) 재고 모형에 대해서도 살펴본다.

의사결정나무를 이용한 의사결정 분석 기법은 11장에서 다룬다. 불확실한 상황에서의 의사결정 모형과 위험 상황에서의 의사결정 모형에 대해 살펴보고, 의사결정나무를 이용한 분석 절차에 대해 소개한다.

마지막으로 12장에서는 경쟁상황에서의 의사결정문제인 게임이론에 대해 2인 제로섬 게임을 중심으로 게임이론을 소개한다.

경영과학 분야가 수리적 모형과 통계적 지식을 기반으로 하고 있어, 경영과학을 학습하고자 하는 분들이 수학적, 통계적 기초가 부족한 분들에게는 어려움이 있으리라는 것을 잘 알고 있다. 이에 이 책에서는 다양한 예제를 통해 기초적인 수리적 기반이 부족하더라고 스프레드시트를 활용할 수 있는 기초 능력만 있으면 접근할 수 있도록 내용을 구성하였다. 경영과학을 공부하고자 하는 분들에게 도움이 되기를 바란다.

끝으로 이 책이 출판될 수 있도록 도와주신 이프레스사의 최용구 사장님과 임직원 여러분께 감사드린다.

2020년 1월

유성열

차례

Chapter 5 수송문제

Chapter 6 할당문제

Chapter 9 예측이론

Chapter 10 재고 모형

Chapter 11 의사결정분석

Chapter 12 게임이론

management science

Chapter 1

경영과 의사결정

1. 서론
2. 경영과학의 적용 분야
3. 경영과학의 주요 기법들

CHAPTER 01 management science

경영과 의사결정

1 • 서론

경영과학(management science)은 과학적 관리 기법의 하나로, 기업과 같은 조직의 운영 시 발생하는 복잡한 의사결정 문제를 체계적이고 과학적인 과정을 통해 해를 구하는 학문이다. 운영 연구(operations research) 또는 의사결정과학(decision science)으로도 불리는 경영과학은 문제 상황을 해결하기 위해 현실 문제를 계량적인 모형으로 표현하고, 이 모형을 체계적이고 과학적으로 분석함으로써 최적의 의사결정을 내릴 수 있도록 해준다.

경영과학은 기업이나 조직의 거의 모든 의사결정 분야에 활용될 수 있다. 이 책의 목적은 이러한 경영과학 모형을 적용할 수 있는 다양한 문제 상황에 대해, 잘 알려진 모형들을 소개하고 아울러 그 해법 절차에 대해서도 소개하는 것이다.

2 • 경영과학의 적용 분야

경영과학의 모형들은 경영현장의 거의 모든 의사결정 상황에 적용될 수 있다. 다음은 몇 가지 경영현장에서 발생할 수 있는 의사결정 사례들이다.

1) 직원배치

조직에 소속된 직원들을 적재적소에 배치하는 것은 중요한 일이다. 각각의 직원을 어느 업무에 배치하는 것이 가장 비용효율적일 것인가? 혹은 어느 업무에 배치하는 것이 가장 성과를 크게 낼 것인가와 같은 의사결정 상황에 경영과학 기법을 활용할 수 있다.

2) 생산계획

생산관리에서 가장 중요한 것이 얼마만큼의 제품을 제한된 조건하에서 생산을 할 것인가와 같은 의사결정의 문제이다. 이 책에서 배우게 될 선형계획 모형과 같은 경영과학 기법은 실제 주어진 제약조건하에서 이익을 최대로 할 수 있는 해결책을 찾을 수 있다.

3) 광고 매체의 결정

마케팅활동에서 제한된 광고예산하에서 다양한 광고매체에 각각 광고비를 얼마씩 투입하는 것이 최대의 광고효과를 낼 수 있는지에 대한 해답을 찾고자 할 때, 정수계획법과 같은 경영과학 기법이 유용하게 활용될 수 있다.

4) 투자전략

재무관리에서 기업이 가지고 있는 다양한 자산들을 최대의 수익성을 낼 수 있는 여러 가지 대체 안들을 고려 할 수 있다. 경영자가 사전에 알고 있었던 정보를 활용해서 다양한 현실적인 투자대안들의 수익성을 최대로 낼 수 있는 문제에 대한 해답을 다양한 기법을 적용하여 해를 구할 수 있다.

3 • 경영과학의 주요 기법들

이 책에서 다루게 될 경영과학 기법들은 다음과 같다.

1) 선형계획법

선형계획법(linear programming)은 경영과학에서 가장 기초적이면서 활용성이 풍부한 계량적인 기법이다. 동시에 경영과학 기법이 널리 활용될 수 있게 한 가장 기본적인 기법이다. 선형계획법은 다양한 분야에 적용될 수 있다. 선형계획법은 한정된 자원 하에서 최적의 해를 얻기 위한 다양한 분야에 활용될 수 있다. 첫째 제조업에서 한정된 자원 하에서 최대의 이익을 산출하기 위하여 어떤 제품을 얼마나 많이 생산할 것인가를 결정하는 제품조합 생산 문제에 적용될 수 있다. 또한, 기업의 투자 포트폴리오 전략 수입에도 선형계획법은 유용하게 활용된다. 인사조직 파트에서 조직 내 필요인력의 수급 계획 수립 시에도 활용될 수 있다. 생산계획과 재고관리에도 응용될 수 있는 기법이다.

2) 정수계획법

일반적으로 선형계획 모형은 모형에 포함된 모든 결정변수들이 0 또는 양의 실수를 갖는다고 전제한다. 따라서 선형계획 문제의 최적해를 구하면 정수 값이 아닌 실수 값으로 해가 나타나는 경우가 많이 있다. 그러나 실제 현실적인 문제에서 모든 결정변수 혹은 일부 결정변수가 실수가 아닌 정수 값만 가져야 하는 경우가 있다. 이러한 상황에서 유용하게 활용될 수 있는 경영과학기법으로 정수계획법이 있다.

3) 수송계획법

다수의 공급지부터 다수의 수요지로 물품을 수송하는 데 필요한 총 비용을 최소화할 수 있는 수송 방법을 찾는 문제를 수송문제라고 한다. 예를 들어 다수의 생산 공장(공급지)에서 생산된 물품을 다수의 물류 센터(수요지)로 물품을 수송하는 상황을 고려해 보자. 각각의 생산 공장에는 각기 다른 공급 수량이 정해져 있으며, 각각의 물류 센터에는 필요한 수요량이 정해져 있다. 또한 각 생산 공장으로부터 각 물류 센터로 물품을 수송하는데 필요한 단위 당 수송비용이 주어져 있다. 이때, 생산 공장으로부터 물류 센터로의 최적의 수송 전략을 결정하는 의사결정 문제가 전형적인 수송문제의 예이다. 이러한 수송문제는 물류 분야에서 현실적으로 매우 필요한 의사결정 문제이다. 이러한 수송문제의 모형화 및 해법을 제공해 주는 경영과학 기법이다.

4) 할당계획법

처리해야 할 다수의 작업이 있고 이 작업들을 처리할 작업자가 다수 있을 때, 총 처리비용이 최소가 되도록 각각의 작업에 각각의 작업자를 할당하는 할당문제에 대한 모형 및 해법 절차를 제공해 주는 경영과학 기법이 할당계획법이다. 할당문제는 수송문제의 특별한 경우이나, 보다 효율적으로 해를 구할 수 있는 기법이 알려져 있다.

5) 네트워크 모형

의사결정 상황을 여러 노드들과 그 노드들을 연결하는 아크 형태의 그래프로 나타낸 것을 네트워크라고 한다. 네트워크 모형이란 의사결정 문제를 네트워크를 이용하여 모형화해 표현한 모형이다. 실제 경영현장에서 발생하는 다양한 경영의사결정 상황을 네트워크 모형을 이용하여 풀 수 있다. 이 교재에서는 네트워크 문제의 대표적인 유형으로는 최단경로 문제(shortest path problem), 최대흐름 문제(maximal flow problem) 등을 다룬다.

6) 프로젝트 관리(PERT/CPM)

주어진 일련의 활동들을 수행하는 데 있어서 주어진 자원과 일정 범위 내에서 가장 효과적으로 프로젝트를 운영하는 방법을 찾는 것을 프로젝트 관리라고 한다. 네트워크 모형의 확대 형태인 프로젝트 네트워크를 통해 PERT/CPM 기법을 활용한 프로젝트 관리 기법에 대해 다룬다.

7) 예측이론

기업경영에서 미래 수요를 예측하는 것은 매우 중요한 일이다. 미래의 수요를 예측하는 수요예측과 관련된 다양한 모형을 다룬다.

8) 재고 모형

제조업 혹은 유통업 분야의 기업은 재고관리에 많은 투자와 비용이 소모된다. 적절한 재고 수준의 유지는 기업의 성과를 향상 시킬 수 있다. 확정적 상황에서의 다양한 재고관리 모형, 나아가 확률적 상황에서의 복합적인 재고관리 모형에 대해 다룬다.

9) 게임이론

많은 경영과학 기법들이 경쟁이 존재하지 않는 상황에서의 개인의 의사결정을 도와주는 기법들이다. 하지만 실제 기업경영 상황에서의 의사 결정들 중 많은 부분은 경쟁사와의 경쟁상황을 고려한 의사결정이 필요하다. 기업에서 신제품을 출시하고 그 제품의 가격을 결정하는 의사 결정을 하고자 할 경우, 단순히 내부적인 요인들만을 고려하여 가격을 결정하는 것이 아니라, 경쟁사의 유사 제품의 가격이 어떠한가에 따라서 가격 의사결정에 영향을 받게 된다. 이러한 상황에서처럼 경쟁상황에서의 의사결정을 할 수 있도록 해주는 경영과학 기법인 게임이론에 대해서도 다룬다.

management science

Chapter 2

선형계획법

1. 서론
2. 선형계획 모형
3. 그래프 해법
4. 심플렉스법
5. 선형계획법의 특수한 경우
6. 엑셀을 이용한 선형계획 해법

CHAPTER 02 management science

선형계획법

1 • 서론

선형계획법(linear programming)은 가장 널리 사용되고 있는 경영과학기법 중의 하나로, 한정된 조건에서 최적의 해를 찾기 위한 수리적 모형이다.

선형계획법은 기업의 생산, 마케팅, 재무, 인사조직 등 거의 모든 분야의 의사결정 상황에 적용될 수 있다. 또한, 제품 수송을 위한 일정계획을 수립하는 수송문제나 특정 작업에 특정 작업자를 할당하는 할당문제 등 거의 모든 경영 의사결정 상황에 활용될 수 있는 가장 대표적인 경영과학 기법이다.

2 • 선형계획 모형

선형계획 문제를 해결하는 다양한 기법들이 알려져 있다. 이 장의 3~6절에서 그래프 해법, 심플렉스법, 그리고 엑셀을 이용한 해법 등에 대해 살펴본다. 그러나 선형계획 문제의 해를 구하기 위해서는 먼저 주어진 의사결정 상황을 선형계획 모형으로 작성해야 한다.

1) 선형계획 모형의 작성

선형계획 모형의 작성 절차는 ① 결정변수(decision variables)의 정의, ② 목적함수(objective function) 정의, ③ 제약조건(constraints)의 정의 등 3단계로 이루어진다.

간단한 예제를 통해 선형계획 모형을 작성하는 과정을 살펴보자.

예제 2.1

서울가구는 책상과 의자 두 가지 제품을 판매하고 있다. 책상의 개당 판매 이익은 2만 원, 의자의 개당 판매 이익은 1만 원이다. 책상 한 개를 생산하기 위해서는 1kg의 목재와 4시간의 작업시간이 필요하다. 또한 의자 한 개를 생산하기 위해서는 2kg의 목재와 1시간의 작업시간이 필요하다. 이 회사는 20kg의 목재를 사용할 수 있으며, 가용한 작업시간은 총 24시간이다. 서울가구는 총 판매이익을 최대화하기 위해 책상과 의자를 몇 개씩 생산해야 하는지를 결정하고자 한다. 단, 생산되는 모든 책상과 의자는 모두 판매된다고 가정한다.

생산 요소	제품		생산요소별 가용량
	책상	의자	
목재	1	2	20
작업 시간	4	1	24
개당 판매이익	2만 원	1만 원	

[예제 2.1]의 상황을 선형계획 모형으로 작성해 보자.

먼저 의사결정변수를 정의한다. [예제 2.1]에서 결정하고자 하는 것은 책상의 생산 수량과 의자의 생산 수량이다. 이를 다음과 같은 기호로 정의한다.

(결정변수)

x_1: 책상 생산 수량

x_2: 의자 생산 수량

서울가구의 목적은 총 판매 이익을 최대화하는 것이다. 판매이익은 다음과 같이 된다.

총이익 = 책상 판매를 통한 이익 + 의자 판매를 통한 이익

= (책상의 개당 이익 × 책상 생산 수량) + (의자의 개당 이익 × 의자 생산 수량)

$= 2x_1 + x_2$

목적함수식은 위 총이익을 최대화하는 것이므로, 다음과 같이 표현한다.

(목적함수)

Max $\quad z = 2x_1 + x_2$

[예제 2.1]에서는 두 가지 제약 사항이 존재한다. 첫째는 목재 사용량에 대한 제약으로, 사용 가능한 목재의 총량이 20kg이라는 제약 조건을 갖는다. 목재는 책상 하나당 1kg, 의사 하나당 2kg을 이용한다. 즉,

(책상당 목재사용량 × 책상 수량) + (의자당 목재 사용량 × 의자 수량) ≤ 20

이므로, $x_1 + 2x_2 \leq 20$으로 표현된다.

두 번째 제약은 총 작업시간에 관한 것으로 가용한 작업 시간은 24시간이다. 이는

(책상당 작업시간 × 책상 수량) + (의자당 작업시간 × 의자 수량) ≤ 24

이므로, $4x_1 + x_2 \leq 24$와 같이 표현된다. 요약하면 제약 조건은 다음과 같다.

(제약 조건)

목재 제약: $x_1 + 2x_2 \leq 20$

노동시간 제약: $4x_1 + x_2 \leq 24$

정리하면, [예제 2.1]은 다음과 같이 선형계획 모형으로 나타낼 수 있다.

(선형계획 모형)

$$
\begin{aligned}
\text{Max} \quad & z = 2x_1 + x_2 \\
\text{s.t} \quad & x_1 + 2x_2 \leq 20 \\
& 4x_1 + x_2 \leq 24 \\
& x_1, x_2 \geq 0
\end{aligned}
$$

선형계획 모형에는 최대화 문제와 최소화 문제가 있다. 최대화 문제는 목적함수의 값을 최대화하도록 해를 구하는 문제이다. 이와는 반대로 최소화 문제는 목적함수의 값을 최소화하도록 해를 구하는 문제이다. 앞서 살펴본 [예제 2.1]은 이익을 최대화하는 문제의 예이다. 다음 [예제 2.2]에서는 비용을 최소화하는 선형계획 모형을 설명한다.

예제 2.2

경원농장에서는 20마리의 염소를 키우고 있으며, 두 가지 사료 A와 B를 먹이고 있다. 사료 A의 구입비용은 kg당 1만 원, 사료 B의 구입비용은 kg당 2만 원이다. 염소 20마리는 하루 일정량 이상의 영양분 P와 Q를 섭취해야 한다. 20마리 염소들의 건강을 유지하기 위해 P는 하루 최소 20단위, Q는 하루 최소 25단위를 섭취해야 한다. 사료 A 1kg은 한 단위의 P와 두 단위의 Q를 함유하고 있으며, 사료 B 1kg은 8단위의 P와 한 단위의 Q를 함유하고 있다. 경원농장에서는 총 구입비용을 최소화하는 사료 구입량을 결정하고자 한다.

영양분	사료		영양분 최소 필요량
	A	B	
P	1	8	20
Q	2	1	25
사료 1kg당 구입비용	1만 원	2만 원	

[예제 2.2]에서 결정하려는 것은 사료 A와 B의 구입량이다. 따라서 다음과 같이 정의한다.

(결정변수)

x_1: 사료 A의 구입량(kg)

x_2: 사료 B의 구입량(kg)

총구입비용은 다음과 같이 나타낼 수 있다.

총비용 = 사료 A의 구입비용 + 사료 B의 구입비용
= (사료 A의 kg당 가격 × 사료 A 구입량)
+ (사료 B의 kg당 가격 × 사료 B 구입량)
$= x_1 + 2x_2$

목적함수식은 다음과 같이 표현한다.

(목적함수)

Min $\quad z = x_1 + 2x_2$

[예제 2.2]에는 두 가지 제약 사항이 존재한다.

(제약 조건)

(1) 영양분 P의 최소필요량은 20단위 이상: $x_1 + 8x_2 \geq 20$

(2) 영양분 Q의 최소필요량은 20단위 이상: $2x_1 + x_2 \geq 25$

정리하면, [예제 2.2]은 다음과 같이 선형계획 모형으로 나타낼 수 있다.

(선형계획 모형)

$$\begin{aligned} \text{Min} \quad & z = x_1 + 2x_2 \\ \text{s.t} \quad & x_1 + 8x_2 \geq 20 \\ & 2x_1 + x_2 \geq 25 \\ & x_1, x_2 \geq 0 \end{aligned}$$

2) 선형계획법의 요건

의사결정 문제 상황을 선형계획 모형으로 작성하여 해결하기 위해서는 몇 가지 요건이 필요하다. 다음에 설명할 요건들을 충족시키지 못하면 선형계획법의 적용이 불가능하며, 모형으로 표현한다고 하더라도 올바른 해를 구할 수 없다.

(1) 목적함수의 계량화 및 단일성

선형계획 모형의 목적함수는 계량화될 수 있어야 한다. 선형계획 모형의 목적함수는 [예제 2.1]과 같은 이익, [예제 2.2]와 같은 비용, 혹은 시장점유율, 생산성, 불량률 등을 최대화하거나 최소화하는 것이다. 따라서 명확하게 계량적으로 표현되어야 한다.

또한 선형계획 모형의 목적함수는 하나이어야 한다. 여러 개의 목표를 동시에 최적화하고자 하는 상황에는 적용할 수 없다.

(2) 선형성

선형계획 모형의 목적함수와 모든 제약식은 선형함수(linear function, 일차함수)로 표시되어야 한다.

(3) 분할성

분할성이란 결정변수가 정수가 아닌 값을 가질 수 있음을 뜻한다. [예제 2.1]의 결정변수는 책상의 생산 수량과 의자의 생산 수량으로 5개, 10개 등 정수로만 해가 구해지는 것이 아니라, 5.3개, 8.6개 등 정수가 아닌 해도 최적해가 될 수 있음을 의미한다.

(4) 비음조건(nonnegativity)

[예제 2.1]과 [예제 2.2]에서 공통적으로 제약조건 $(x_1, x_2 \geq 0)$이 있음을 볼 수 있다. 즉, 모든 변수가 0보다 큰 값을 가져야 한다는 제약이 추가되었다. 원칙적으로 선형계획 모형에서 모든 변수는 음의 값(minus value)을 가질 수 없다.

3 • 그래프 해법

주어진 문제를 선형계획 모형으로 작성한 후 해를 구하고자 하는 경우, 가장 널려 알려진 해법인 심플렉스법을 적용할 수 있다. 심플렉스법의 복잡한 수학적 원리를 이해하기 위해서 먼저 그래프를 이용한 해법을 설명한다.

그래프 해법은 결정변수가 2개인 선형계획 문제에만 적용할 수 있다는 한계가 있으나, 다음 절에서 설명하게 될 심플렉스법을 이해하는 데 도움을 준다. 그래프 해법은 두 변수를 각각의 축으로 하는 좌표 평면상에 제약 조건식을 모두 만족하는 영역을 구하고 이 영역 내에서 목적함수의 가장 크게(혹은 작게)하는 점을 찾아 최적해를 구한다.

[예제 2.1]의 선형계획 문제를 예를 들어 그래프 해법을 설명한다.

[예제 2.1] Max $z = 2x_1 + x_2$

s.t

$$x_1 + 2x_2 \leq 20$$
$$4x_1 + x_2 \leq 24$$
$$x_1, x_2 \geq 0$$

그래프 해법을 통해 해를 구하기 위해서는 우선 제약조건을 모두 만족하는 영역을 2차원 좌표 평면상에 표시한다.

먼저 첫 번째 제약식 $x_1 + 2x_2 \leq 20$을 만족하는 점들의 집합을 좌표평면상에 표시하기 위해서 이 부등식을 등식으로 바꾼 $x_1 + 2x_2 = 20$을 좌표평면 상에 그린다. [그림 2-1]에 직선의 방정식 $x_1 + 2x_2 = 20$이 나타나 있다. 원래의 식은 직선이 아닌 부등식이므로 부등식이 만족하는 영역은 이 직선의 아래쪽이 된다.

두 번째 제약식 $4x_1 + x_2 \leq 24$의 경우에도 같은 방식으로 영역을 구한다. 이 부등식을 등식으로 바꾼 $4x_1 + x_2 = 24$ 역시 [그림 2-1]에 나타나 있다. 이 직선의 원래 제약식인 부등식을 만족하는 영역은 직선의 좌측 아래쪽에 해당한다.

여기에 비음 조건인 $x_1 \geq 0$와 $x_2 \geq 0$을 만족하는 영역은 좌표평면상의 1사분면에 해당된다. 결국 비음조건 두 가지를 포함한 네 가지 제약식을 모두 만족하는 영역은 [그림 2-1]의 빗금친 부분에 해당된다. 실제로 이 빗금친 영역은 위 선형계획 모형의 제약식을 모두 만족하는 x_1, x_2를 도식적으로 표현한 부분에 해당한다. 이 영역을 실행가능 영역(feasible region)이라고 부른다.

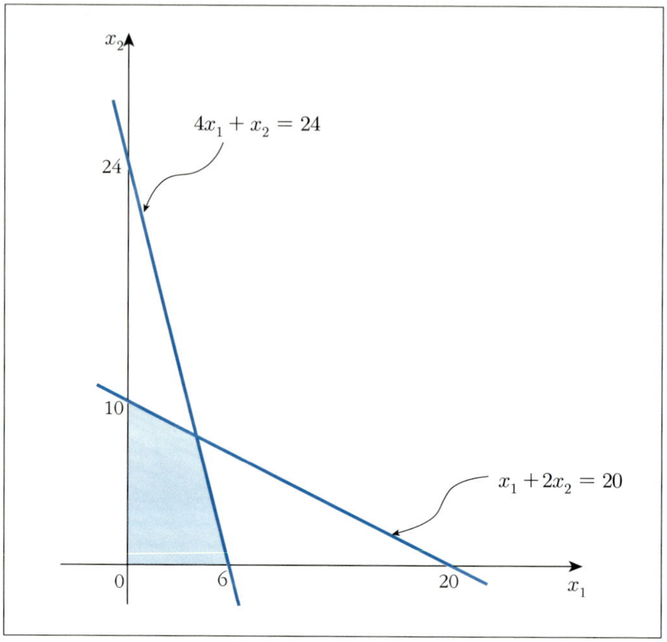

▌그림 2-1▌ 좌표평면상에 제약조건의 표시

실행가능영역 내의 무수히 많은 점들은 모두 주어진 선형계획 문제의 모든 제약조건식을 만족하는 해로써 이 해들을 실행가능해(feasible solution)라고 한다. 예를 들어, [그림 2-2]의 실행가능영역의 경계상에 있는 네 꼭지점 O(0,0), A(6,0), B(4,8), C(0,10)은 모두 실행가능해 중 하나이다. 또한, 영역 내에 있는 점 P(3,4) 역시 모든 제약식을 만족하며 실행가능해이다. 그러나 점 Q(6,5)의 경우에는 주어진 제약조건을 모두 만족시키지 못한다(실제 점 Q(6,5)는 첫 번째 제약식 $x_1 + 2x_2 \leq 20$는 만족하나, 두 번째 제약식 $4x_1 + x_2 \leq 24$에는 위배된다). 이러한 점들은 실행불가능해(infeasible solution)라고 한다.

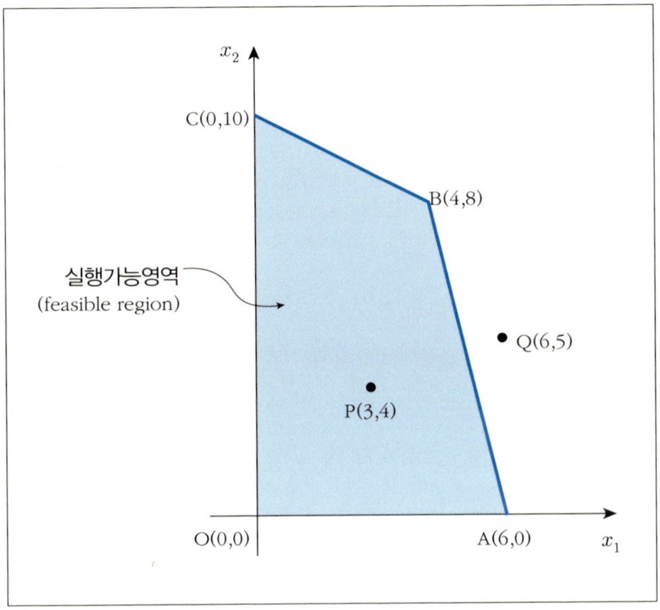

그림 2-2 실행가능영역

선형계획법의 그래프 해법은 실행가능영역상의 점들 중에서 목적함수의 값을 가장 크게 만드는(최소화 문제의 경우에는 가장 작게 만드는) 점을 찾는 것이다. 이때, 목적함수의 값을 가장 크게 만드는 점을 최적해(optimal solution)라고 한다.

그래프 해법을 통해 실행가능영역에서 최적해를 찾는 방법은 두 가지가 있다.

■ 꼭짓점의 목적함수 값을 비교하는 방법

이 방법은 선형계획 모형의 성질을 이용하는 방법으로 최적해가 무한대로 커지거나 작아지지 않는다면 "선형계획법의 최적해 중의 적어도 하나는 반드시 꼭짓점에 존재한다"는 성질을 이용하는 방법이다.

이 문제의 경우 실행가능영역을 구성하는 사각형에 모두 네 개의 꼭짓점이 존재한다. 각 꼭짓점에서 목적함수의 값을 계산하면 다음과 같다.

$$점\ O(0,\ 0) \Rightarrow z_O = 2x_1 + x_2 = 2 \cdot 0 + 0 = 0$$
$$점\ A(6,\ 0) \Rightarrow z_A = 2x_1 + x_2 = 2 \cdot 6 + 0 = 12$$
$$점\ B(4,\ 8) \Rightarrow z_B = 2x_1 + x_2 = 2 \cdot 4 + 8 = 16$$
$$점\ C(0,\ 10) \Rightarrow z_C = 2x_1 + x_2 = 2 \cdot 0 + 10 = 10$$

따라서 이 문제의 최적해는 점 B(4, 8), 즉 $x_1 = 4$, $x_2 = 8$이며, 목적함수의 값은 16이다. 이 방법은 간편하게 해를 구할 수 있는 방법이기는 하지만, 문제의 구조상 실행가능영역을 구성하는 도형이 닫혀있지 않을 경우 꼭짓점이 아닌 곳에 해가 존재할 수도 있는데, 이 경우에는 이 방법으로 최적해를 구할 수 없다. 또한 폐쇄형 도형이라고 하더라도, 꼭짓점의 수가 많아질 경우, 필요 없는 계산량이 늘어나는 단점이 있다.

■ 목적함수를 이동시키면서 최적해를 구하는 방법

일반적으로 그래프 해법에서 최적해를 구하는 데는 이 방법을 많이 이용한다. 이 방법은 목적함수를 좌표 평면 상에서 이동시키면서 그 값을 최대로 하는 점을 찾는 것이다.

먼저 주어진 문제의 목적함수를 살펴보자.

$$(\text{목적함수})\ z = 2x_1 + x_2$$

이 함수를 x_2에 관한 식으로 나타내면, 다음과 같다.

$$x_2 = -2x_1 + z$$

이 식은 기울기가 -2이며, 절편이 z인 함수이다. 기울기는 고정되어 있으며, 절편 값에 따라 목적함수의 값이 달라진다. 따라서 이 직선이 실행가능영역을 벗어나지 않도록 움직이면서 목적함수 값을 최대로 만드는 절편 값을 찾는다(이 예제에서는 절편 값과 목적함수 값이 동일하다). [그림 2-3]은 기울기가 −2인 직선을 실행가능영역에서 어떻게 변화시킬 수 있는가를 보여 준다.

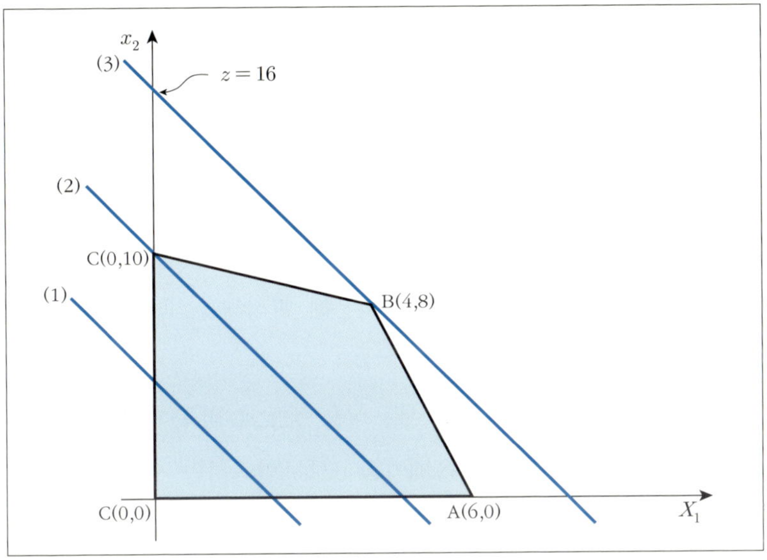

그림 2-3 목적함수의 변화

[그림 2-3]에 표시된 세 개의 직선 (1), (2), (3)은 모두 $x_2 = -2x_1 + z$를 나타낸 것이다. 다만 절편값 z가 변수이므로, 여러 위치에 존재할 수 있다. 이 그림에서 직선 $x_2 = -2x_1 + z$은 우측으로 이동할수록 z값이 커짐을 알 수 있다. 따라서 실행가능영역을 벗어나지 않으면서 우축으로 가장 많이 이동한 직선에서 목적함수를 최대화시키는 z값을 구할 수 있는데, 이는 이 직선이 점 B(4, 8)를 지나는 경우이다. 그리고 이때의 값은 16이다. 결론적으로 최적해는 $x_1 = 4$, $x_2 = 8$이며, 이때의 목적함수 값은 16임을 알 수 있다.

지금까지 [예제 2.1]을 통해 최대화 문제인 경우의 그래프 해법에 대해 살펴보았다. 목적함수를 최소화하는 문제의 경우의 선형계획 문제에서도 그래프를 이용하여 최적해를 구하는 원리는 최대화 문제와 동일하다. 최소화 문제의 그래프 해법을 앞서 다룬 최소화 문제인 [예제 2.2]를 통해 살펴보자.

[예제 2.2] Min $z = x_1 + 2x_2$

$$\begin{aligned} \text{s.t} \quad & x_1 + 8x_2 \geq 20 \\ & 2x_1 + x_2 \geq 25 \\ & x_1, x_2 \geq 0 \end{aligned}$$

최소화 문제의 경우에도 그래프 해법을 이용해 최적해를 구하는 과정은 최대화 문제의 경우와 동일하다.

첫 번째 제약식과 두 번째 제약식의 부등식을 등호로 바꾸어 좌표평면상에 표시하면 [그림 2-4]와 같다. 두 제약식과 비음제약을 모두 만족하는 영역은 그림과 같이 열려

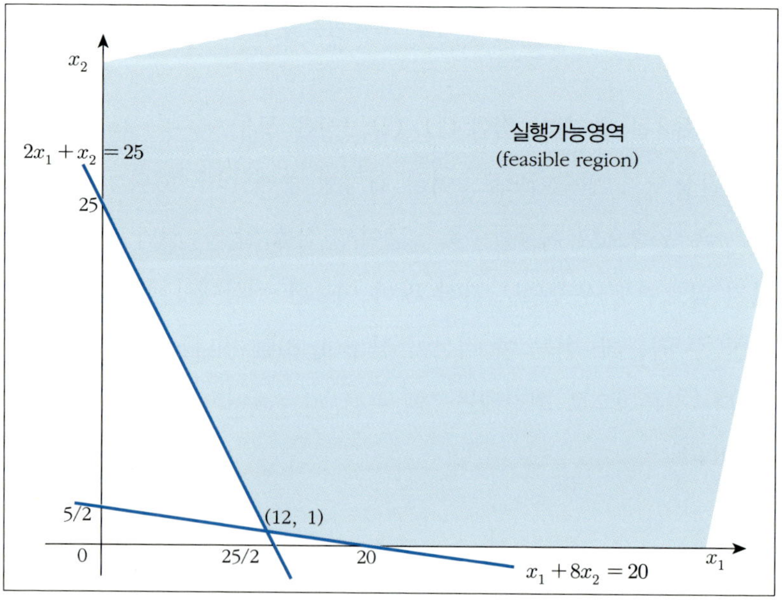

그림 2-4 실행가능영역

있는 형태의 영역을 가진다.

이 문제의 목적함수 $z = x_1 + 2x_2$를 x_2에 관해서 나타내면 다음과 같다.

$$x_2 = -\frac{1}{2}x_1 + \frac{z}{2}$$

이 직선의 그래프는 기울기가 $-\frac{1}{2}$이고 절편이 $\frac{z}{2}$이다. [그림 2-5]에서 기울기가 $-\frac{1}{2}$인 직선을 이동시켜 가면서 절편값이 최소가 되는 점을 살펴보면, 직선 (3)에서 절편값이 최소가 됨을 알 수 있으며 이때 이 직선은 실행가능영역의 점 (12, 1)을 지난다. 따라서 이때의 z값은 다음과 같다.

$$z = x_1 + 2x_2 = 12 + 2 \cdot 1 = 14$$

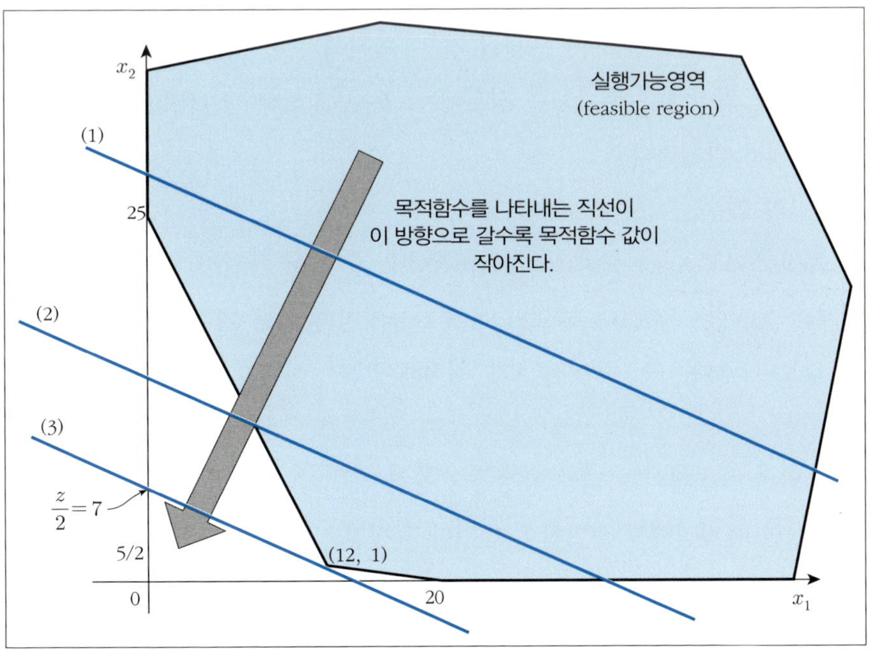

그림 2-5 목적함수의 변화

결론적으로 이문제의 최적해는 $x_1 = 12$, $x_2 = 1$이며, 이때의 목적함수 값은 14이다.

4 • 심플렉스법

1) 심플렉스법의 원리

지금까지 그래프 해법을 통해 최적해를 구하는 과정에 대해 살펴보았다. 여기에서는 심플렉스법(simplex method)이 어떤 원리로 최적해를 구할 수 있는지 알아보자.

앞의 [예제 2.1]에 그래프 해법을 설명하면서 최적해는 꼭짓점 중에 존재한다는 바를 밝힌 바 있다. 이를 보다 명확하게 정의하면, 선형계획 문제의 실행가능영역을 구성하는 집합의 꼭짓점은 다음과 같은 특징을 가진다.

① 최적해가 하나만 존재하는 문제의 경우, 최적해는 반드시 꼭짓점에 존재한다. 만약 복수의 최적해가 존재하는 경우에는, 복수 최적해 중 최소한 두 개는 인접한 꼭짓점에서 발생한다.

② 꼭짓점의 개수는 유한(finite)하다.

③ 한 꼭짓점(가령 A라고 하자)에서의 목적함수 값이 이 꼭짓점과 인접한 모든 꼭짓점에서의 목적함수 값보다 좋으면, 실행가능영영의 모든 다른 꼭짓점에서의 목적함수 값보다 좋다. 즉, 꼭짓점 A가 최적해이다.

심플렉스법은 꼭짓점의 이러한 특성을 이용한 해법이다. 심플렉스법은 실행가능영역상의 임의의 한 꼭짓점에서 출발하여 인접한 꼭짓점으로 옮겨 가면서 더 나은 목점함수 값을 갖는 꼭짓점을 찾아나간다. 이러한 과정을 더이상 목적함수 값이 개선되지 않을 때까지 반복한다. 실행가능영역상의 모든 꼭짓점을 다 조사하지 않더라도 최적해를 찾을 수 있다는 관점에서 심플렉스법은 효율적인 해법이라고 할 수 있다.

이러한 원리가 실제 문제에 대해 어떻게 적용되는지를 예제를 통해 살펴본다.

2) 심플렉스법 단계

앞서 다룬 [예제 2.1]을 통해 심플렉스법의 단계를 설명한다.

[예제 2.1] Max $z = 2x_1 + x_2$

s.t $x_1 + 2x_2 \le 20$

$4x_1 + x_2 \le 24$

$x_1, x_2 \ge 0$

앞서 그래프 해법을 통해 이 문제의 최적해는 $x_1^* = 4$, $x_2^* = 8$이며, 이때의 목적함수 값은 $z^* = 16$임을 알 수 있다. 이제 심플렉스법을 통해 이 문제의 해를 구해보자.

심플렉스법을 적용하기 위해서는 먼저 비음제약조건을 제외한 모든 제약식을 등호(=)의 형태로 변환한다. 위 문제는 (비음제약을 제외하고) 두 가지 제약조건을 가지고 있다. 이를 등호의 형태로 변환하면 다음과 같다.

원재료 제약: $x_1 + 2x_2 + s_1 \qquad = 20$

노동시간 제약: $4x_1 + x_2 \qquad + s_2 = 24$

먼저 변형된 원재료 제약을 살펴보자. 식 $x_1 + 2x_2$는 책상과 의자의 생산에 사용된 원재료의 총량을 의미한다. 만약 원재료의 사용총량이 16kg이었다면, 사용가능한 원재료 양은 20kg이므로 남아있는 원재료의 양은 4kg이 된다. 부호를 등호로 변환하고 새로 도입한 변수($s_1 \ge 0$)는 원재료의 여유자원을 의미한다. 같은 방식으로 노동시간 제약에 추가된 변수($s_2 \ge 0$)는 노동시간의 여유자원이다. 이 두 변수를 여유변수(slack variable)이라고 한다. 여유변수를 도입하여 모든 제약식을 등호로 바꾼 선형계획 모형을 표준형(standard form)이라고 한다. 표준형으로 변환된 위 두 제약식을 만족하는 변수들의 값이 실행가능영역의 해가 된다. 그런데, 위 제약식은 무수히 많은 실행가능해를 가지고 있다. 따라서 그 해 중에서 목적함수를 가장 크게 만드는 해를 찾는것이 심플렉스법의 목적이다. 심플렉스법의 기본 원리는 무수히 많은 실행가능해 중에서 임의의 해를 하나 선택해 점점 더 나은 해를 찾아나간다.

위의 두 제약식을 모두 만족하는 임의의 하나의 해를 구해보자. 변수는 4개, 식은 2개인 부정연립방정식이다. 무수히 많은 실행가능해 중에서 임의의 한 해를 찾는 가장 쉬운 방법은 임의로 제약식의 개수를 넘어서는 변수(4−2=2)를 0(zero)로 정해 놓는 것이다. 여기서는 x_1과 x_2를 0(zero)로 고정시킨다. 그러면, $s_1=20$, $s_2=24$가 된다. 이때 0으로 고정시킨 두 변수는 비기저변수(non-basic variables), 그리고 나머지 두 변수를 기저변수(basic variables)라고 부른다. 심플렉스법으로 해를 푸는 과정에서 기저변수의 수는 제약조건의 수와 항상 동일하다. 심플렉스법은 이렇게 임의로 구한 초기해로부터 계속해서 목적함수의 값을 판단해 나가면서 더이상 해의 개선이 없을 때까지 반복하는 과정이다. 심플렉스법의 적용 과정은 다음과 같다.

step 1) 표준형으로 변경	주어진 선형계획 모형을 표준형으로 변환한다.
step 2) 초기해 도출	임의의 초기해(기저해)를 도출한다.
step 3) 최적해 판정	최적해 판정기준에 의해 현재해가 최적해인지 판단한다. 현재해가 최적해이면 종료하고, 아니면 step 4)로 간다.
step 4) 도입변수 결정	비기저변수 중에서 기저변수로 들어갈 하나의 변수를 선택한다.
step 5) 방출변수 결정	기저변수 중에서 빠져나갈(비기저변수화) 하나의 변수를 선택한다.
step 6) 새로운 해 구성	새로운 기저해를 구성하고, 목적함수 값을 계산한다. step 3)으로 간다.

그림 2-6 심플렉스법 과정

[그림 2-6]의 심플렉스법 과정을 [예제 2.1]에 대해 적용하여 살펴보자.

step 1) 표준형으로 변경

모든 제약조건 식을 등호로 변경하여 나타낸 표준형은 다음과 같다.

$$
\begin{aligned}
&[\text{표준형}] \quad \text{Max} \quad z = 2x_1 + 1x_2 + 0s_1 + 0s_2 \\
&\text{s.t} \quad x_1 + 2x_2 + s_1 = 20 \\
&\quad 4x_1 + x_2 + s_2 = 24 \\
&\quad x_1, x_2, s_1, s_2 \geq 0
\end{aligned}
$$

step 2) 초기해 도출

임의의 초기해(기저해)를 구한다. 초기해는 의사결정변수 x_1과 x_2를 비기저변수로, s_1과 s_2를 기저변수로 하여 초기해를 구한다. 초기해는 다음과 같다.

기저변수: $s_1 = 20,\ s_2 = 24$

비기저변수: $x_1 = x_2 = 0$

또한 이때의 목적함수 값은 $z = 2x_1 + x_2 + 0s_1 + 0s_2 = 2 \times 0 + 1 \times 0 + 0 \times 20 + 0 \times 24 = 0$이다.

step 3) 최적해 판정

현재의 해가 최적해인지 아닌지를 판단한다. 이 기준은 각 변수에 대해, 그 값을 변화시켰을 때 목적함수의 값이 현재보다 개선되는 것이 하나라도 존재하면 현재의 해는 최적해가 아니다. 먼저 c_j와 z_j를 다음과 같이 정의하자.

c_j: j번째 변수 한 단위를 늘렸을 때 얻게되는 이익의 증가량

z_j: j번째 변수 한 단위를 늘렸을 때 잃게되는 이익의 감소량

각 변수의 변화에 대한 목적함수 값의 변화량은 $c_j - z_j$와 같다. 이 값은 어떻게 구하는가? c_j는 목적함수의 계수이므로 다음과 같이 간단히 알 수 있다.

변수	x_1	x_2	s_1	s_2
c_j	2	1	0	0

z_j의 계산 과정은 다소 복잡하다. 첫 번째 변수 x_1에 대한 x_1을 한 단위를 늘렸을 때 잃게 되는 이익의 감소량 z_1의 계산 과정을 살펴보자.

첫 번째 제약식인 원재료 제약 $1x_1 + 2x_2 + 1s_1 \qquad = 20$에서

x_1이 1단위 증가한다는 것은 이 제약식의 영향으로 원재료를 더 이용하게 되고 이는 곧 s_1(첫번째 자원인 원재료의 여유)의 감소가 발생하고 목적함수의 감소(이익의 감소)로 이어지는 것을 의미한다. 구체적으로 살펴보면, x_1이 1단위 증가하게 되면 현재해에서 x_1의 값은 0에서 1로 증가한다. x_1의 값이 1로 증가되면 이 식을 만족시키기 위해서는 s_1의 값이 1 감소해야 한다. 따라서 s_1은 현재값 20에서 19로 줄어들게 되고, 이는 곧 목적함수에서 s_1의 계수만큼 감소가 발생한다. s_1의 계수는 0이므로 0이 감소(실제 감소되지 않음)한다.

두 번째 제약식에 대해서도 같은 방식으로 얼마나 감소되는지 살펴볼 수 있다. 두 번째 제약 $4x_1 + 1x_2 \qquad + 1s_2 = 24$ 에서 x_1이 1단위 증가한다는 것은 이 제약식의 영향으로 노동시간을 더 이용하게 되고 이는 곧 s_2(두번째 자원의 여유)의 감소가 발생하고 목적함수의 감소(이익의 감소)로 이어지는 것을 의미한다. 구체적으로 살펴보면, x_1이 1단위 증가하게 되면 현재해에서 x_1의 값은 0에서 1로 증가한다. x_1의 계수가 4이

므로 이 식을 계속 만족시키기 위해서는 s_2의 값이 4 감소해야 한다. 따라서 s_1은 현재 값 24에서 20으로 줄어들게 되고, 이는 곧 목적함수에서 s_2의 계수*4 만큼 감소가 발생한다. s_2의 계수는 0이므로 0이 감소(실제 감소되지 않음)한다.

두 가지 제약에 의한 감소분을 더하면 이 값이 $z_1 = 0 + 0 = 0$이 된다. 사실 이 과정은 보다 체계적으로 구할 수 있다. 아래표는 모형의 계수만을 사용하여 나타낸 것이다.

변수	x_1	x_2	s_1	s_2
목적함수계수	2	1	0	0
첫 번째 제약의 계수	1	2	1	0
두 번째 제약의 계수	4	1	0	1

z_1을 계산하는 과정에 대한 위의 설명은 이 표에서 1(0)+4(0)을 통해 계산한 것이다. z_2, z_3, z_4 역시 같은 방식으로 계산할 수 있다. 정리하면 다음과 같다.

$$z_1 = 1(0) + 4(0) = 0$$

$$z_2 = 2(0) + 1(0) = 0$$

$$z_3 = 1(0) + 0(0) = 0$$

$$z_4 = 1(0) + 4(0) = 0$$

이제 각 변수에 대한 $c_j - z_j$의 값을 살펴보자.

변수	x_1	x_2	s_1	s_2
c_j	2	1	0	0
z_j	0	0	0	0
$c_j - z_j$	2	1	0	0

모든 변수에 대한 $c_j - z_j$의 값이 0보다 작거나 같으면 현재해가 최적해이나, 여기서는 0보다 큰 값이 존재한다. 따라서 현재해는 최적해가 아니다.

step 4) 도입변수의 선택

도입변수는 모든 비기저변수중에서 $c_j - z_j$의 값이 가장 큰 변수를 선택한다. step 3에서 이미 계산한 바와 같이 변수 x_1의 $c_j - z_j$ 값은 2이고, 변수 x_2의 $c_j - z_j$ 값은 1이므로 변수 x_1을 도입변수로 선택한다. 이 단계에서 도입변수로 선택된 변수는 기저변수로 바뀌게 된다.

step 5) 방출변수의 선택

심플렉스법으로 선형계획 문제를 푸는 동안에 기저변수의 수는 항상 일정해야 하며, 그 수는 제약조건의 수와 같아야 한다. step 4에서 x_1이 새로운 기저변수로 선택되었으므로 현재의 기저변수들 중에서 하나가 비기저변수로 바뀌어야 하는데, 이렇게 기저변수에서 비기저변수로 바뀌는 변수를 방출변수라고 한다.

방출변수가 될 수 있는 후보는 현재의 기저변수인 s_1과 s_2이다. 그러면, 어떤 기저변수를 방출변수로 선택할 것인가? 그 기준은 step 4에서 도입 변수로 선택된 변수의 값을 최대한 증가시킬 수 있는 변수이다. 다시 첫 번째 원재료에 대한 제약식을 살펴보자.

$$1x_1 + 2x_2 + 1s_1 \qquad = 20$$

step 4에서 x_1이 도입변수로 선택되었다는 의미는 x_1의 값이 커지면 커질수록 목적함수에 대한 기여도가 더 커짐을 의미한다. 따라서 x_1의 값을 최대한 증가시키는 것이 더 좋은 해를 얻는데 유리하다. 위 원재료 제약식에서 다른 변수들은 고려하지 않고 x_1을 증가시킬 수 있는 최대값은 우변항 20을 x_1의 계수 1로 나눈 20/1=20이다. 즉 첫 번째 식만 고려한다면 x_1은 최대 20까지 증가시키는 것이 유리하다.

두 번째 노동 시간 제약에 대해 살펴보자.

$$4x_1 + 1x_2 \qquad + 1s_2 = 24$$

같은 방식으로 x_1을 최대 24/4=6까지 증가시킬 수 있다. 두 가지 제약식을 모두 만족시켜야 하므로 두 번째 제약식을 고려하여 x_1은 6만큼 증가시킨다. 그러면 두 번째 제약식에서 현재의 기저변수인 s_2는 0(zero)이 되어야 하며, 이는 곧 s_2가 방출변수(비기저변수)가 됨을 의미한다.

step 6) 새로운 해의 구성

이 단계에서는 step 4에서 선택된 도입변수를 기저변수로 바꾸고, step 5에서 선택된 방출변수는 비기저변수로 바꾸어 새로운 해를 구성한다. 새로운 해를 구성하는 과정은 다음과 같다.

변수	x_1(도입)	x_2	s_1	s_2	우변항
1행	1	2	1	0	20
2행(방출)	4	1	0	1	24

먼저 도입변수에 해당하여 열에서 방출변수가 선택된 제약식이 해당되는 행을 선택한다. 위 표에서 굵은 이탤릭체로 표시된 부분이다. 2행에 1/4을 곱하여 이 부분의 값을 1로 바꾼다.

2행 × 1/4	1	1/4	0	1/4	6

바뀐 결과는 다음과 같다.

변수	x_1	x_2	s_1	s_2	우변항
1행	1	2	1	0	20
2행	1	1/4	0	1/4	6

여기서 2행에 −1을 곱하고 이 값을 1행과 더한다.

2행 × −1	−1	−1/4	0	−1/4	-6
1행	1	2	1	0	20
(2행 × −1) +1행	0	7/4	1	−1/4	14

이 결과를 새로운 1행으로 대체한다. 이 결과는 다음과 같다.

변수	x_1	x_2	s_1	s_2	우변항
1행	0	7/4	1	−1/4	14
2행	1	1/4	0	1/4	6

이제 새로운 해는 다음과 같다.

기저변수: $x_1 = 6, s_1 = 14$

비기저변수: $x_2 = s_2 = 0$

그리고 새로운 목적함수의 값은 다음과 같다.

$z = 2x_1 + x_2 + 0s_1 + 0s_2 = 2 \times 6 + 1 \times 0 + 0 \times 14 + 0 \times 0 = 12$

이제 다시 step 3으로 돌아가서 이 해가 최적해인지 판단한다.

step 3) 최적해 판정(두번째 과정)

현재의 해에 대해서 $c_j - z_j$를 구한다. c_j는 항상 일정하다. 앞서 이미 계산했으므로 생략하고 z_j를 앞서와 같은 방식으로 계산한다. 현재해에서의 계수는 다음과 같다.

변수	x_1(기저)	x_2	s_1(기저)	s_2
목적함수계수	2	1	0	0
첫 번째 제약의 계수	0	7/4	1	−1/4
두 번째 제약의 계수	1	1/4	0	1/4

$z_1 = 1(2) + 0(0) = 2$

$z_2 = 1/4(2) + 7/4(0) = 1/2$

$z_3 = 0(2) + 1(0) = 0$

$z_4 = 1/4(2) - 1/4(0) = 1/2$

이제 각 변수에 대한 $c_j - z_j$의 값을 살펴보자.

변수	x_1	x_2	s_1	s_2
c_j	2	1	0	0
z_j	2	1/2	0	1/2
$c_j - z_j$	0	1/2	0	−1/2

변수 x_2의 $c_j - z_j$의 값이 1/2로 0보다 큰 값이 존재한다. 따라서 현재해는 최적해가 아니다.

step 4) 도입변수의 선택(두번째 과정)

step 3에서 이미 계산한 바와 같이 변수 x_2의 $c_j - z_j$ 값이 1/2이므로 이 변수가 도입변수로 선택된다.

step 5) 방출변수의 선택(두번째 과정)

바뀐 첫 번째 제약식을 살펴보자.

$$0x_1 + \frac{7}{4}x_2 + 1s_1 - \frac{1}{4}s_2 = 14$$

x_2가 도입변수이므로, 최대 14/(7/4)=8 만큼 증가 가능하다.

두 번째 제약에 대해 살펴보자.

$$1x_1 + \frac{1}{4}x_2 + 0s_1 + 1s_2 = 6$$

여기서는 같은 방식으로 x_2를 최대 6/(1/4)=24까지 증가시킬 수 있다. 두 가지 제약식을 모두 만족시켜야 하므로 첫 번째 제약식을 고려하여 x_2는 8만큼 증가시킨다. 그러면 첫 번째 제약식에서 현재의 기저변수인 s_1은 0(zero)이 되어야 하며, 이는 곧 s_1이 방출변수(비기저변수)가 됨을 의미한다.

step 6) 새로운 해의 구성(두번째 과정)

새로운 도입변수는 x_2 방출변수는 s_1이다.

변수	x_1	x_2(도입)	s_1	s_2	우변항
1행(방출)	0	7/4	1	−1/4	14
2행	1	1/4	0	1/4	6

1행에 4/7를 곱한 결과를 새로운 1행으로 한다.

1행 × 4/7	0	1	4/7	−1/7	8

바뀐 결과는 다음과 같다. (여기서부터 다시보자.)

변수	x_1	x_2	s_1	s_2	우변항
1행	0	1	4/7	−1/7	8
2행	1	1/4	0	1/4	6

여기서 1행에 −1/4을 곱하고 이 값을 2행과 더한다.

1행 × (−1/4)	0	-1/4	−1/7	1/28	−2
2행	1	1/4	0	1/4	6
(2행 × (−1)) +1행	1	0	−1/7	2/7	4

이 결과를 새로운 2행으로 대체한다. 이 결과는 다음과 같다.

변수	x_1	x_2	s_1	s_2	우변항
1행	0	1	4/7	−1/7	8
2행	1	0	−1/7	2/7	4

이제 새로운 해는 다음과 같다.

기저변수: $x_2 = 8, x_1 = 4$

비기저변수: $s_1 = s_2 = 0$

그리고 새로운 목적함수의 값은 $z = 2X_1 + X_2 + 0s_1 + 0s_2 = 2\times4 + 1\times8 + 0\times0 + 0\times0 = 16$이다. 다시 step 3으로 돌아가서 이 해가 최적해인지 판단한다.

step 3) 최적해 판정(세번째 과정)

현재의 해에 대해서 $c_j - z_j$를 구한다. c_j는 이미 계산했으므로 생략하고 z_j를 앞서와 같은 방식으로 계산한다. 현재해에서의 계수는 다음과 같다.

변수	x_1(기저)	x_2(기저)	s_1	s_2
목적함수계수	2	1	0	0
첫 번째 제약계수	0	1	4/7	−1/7
두 번째 제약계수	1	0	−1/7	2/7

$z_1 = 1(2) + 0(1) = 2$

$z_2 = 0(2) + 1(1) = 1$

$z_3 = -1/7(2) + 4/7(1) = 2/7$

$z_4 = 2/7(2) - 1/7(1) = 3/7$

이제 각 변수에 대한 $c_j - z_j$의 값을 살펴보자.

변수	x_1	x_2	s_1	s_2
c_j	2	1	0	0
z_j	2	1	2/7	3/7
$c_j - z_j$	0	0	−2/7	−3/7

모든 변수에 대해서 $c_j - z_j$의 값이 0보다 작거나 같으므로 현재해가 최적해이다. 따라서 최종해는 $x_1^* = 4$, $x_2^* = 8$ 이며, 이때의 목적함수 값은 $z^* = 16$이다. 이 결과는 그래프 해법의 결과와 같다.

3) 테이블을 이용한 심플렉스법의 적용

심플렉스법은 상당히 복잡한 과정을 거쳐 해를 구한다. 하지만 테이블을 이용하면 그 과정을 쉽고 체계적으로 진행할 수 있다.

심플렉스 테이블(simplex table)은 주어진 선형계획 문제를 표준형으로 변환한 다음에 작성한다. [예제 2.1]의 문제에 대한 초기 심플렉스 테이블은 [그림 2-7]과 같다.

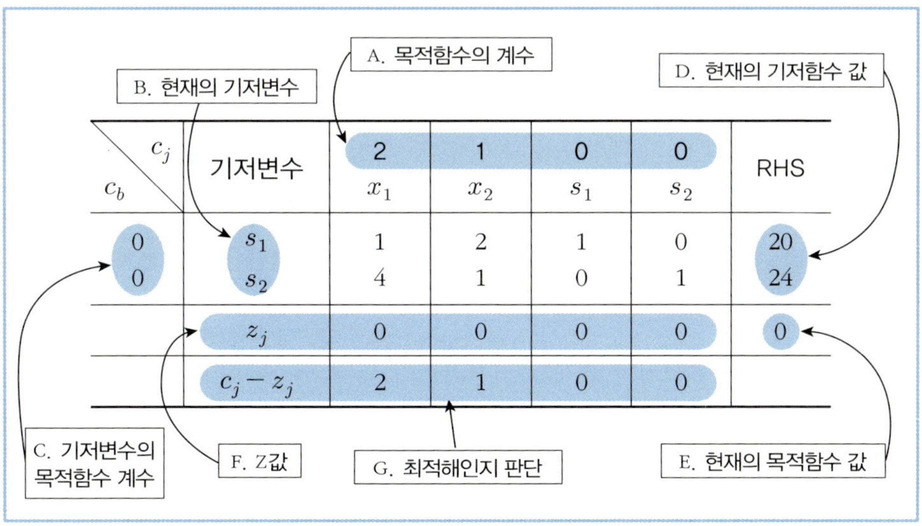

그림 2-7 초기 심플렉스 테이블

[그림 2-7]의 세부 항목들의 의미는 다음과 같다.

A. **목적함수의 계수**: 포함된 모든 변수들의 목적함수 계수들을 기입한다. 이 값은 $c_j - z_j$를 계산하는 데 이용하게 될 c_j이다.

B. **현재의 기저변수**: 문제를 푸는 동안에 기저변수는 지속적으로 변할 수 있다. 현 단계에서의 기전변수를 작성한다. 초기 테이블에서의 기저변수는 s_1과 s_2이다.

C. **기저변수의 목적함수 계수**: 기저변수에 해당하는 변수인 s_1과 s_2의 계수 값을 적는다.

D. **현재의 기저변수 값**: 현재해의 기저변수 값을 적는다. 초기해에서는 우변항(RHS: right hand side) 값이다.

E. **현재의 목적함수 값**: 기저변수의 목적함수 계수(C)와 현재의 기저변수 값의 product sum을 구해 현재의 목적함수 값을 적는다.

F. **z_j 값**: $c_j - z_j$를 계산하기 위한 과정으로 해당 변수의 제약식 계수값과 기저변수의 목적함수 계수값의 product sum을 계산하여 적는다.

G. **최적해인지 판단**: $c_j - z_j$ 값을 적고, 0보다 큰 값이 존재하면 현재해가 최적해가 아니므로, 계산과정을 계속 진행해 나간다. 위 테이블에서는 $c_1 - z_1 = 2$이므로 계속 진행한다.

[그림 2-7]과 같이 초기 테이블을 작성한 후에는 현재해가 최적해인지 판단한다. 만약 최적해이면 이 과정은 여기에서 끝이다. 그러나 최적해가 아닌 경우에는 $c_j - z_j$ 값이 가장 큰 변수를 도입 변수로 선택하여 과정을 계속해 나간다. 위 테이블에서는 x_1이 도입변수가 된다.

x_1이 도입변수로 선택되면 현재의 기저변수인 s_1과 s_2 중 하나는 방출변수(비기저화)가 된다. 이를 선택하는 기준은 앞서 설명한 바와 같으며, 표에서 간단하게 알 수 있다. 변수 x_1열의 값을 RHS 값으로 나눈 값 중 가장 적은 행의 기저변수가 방출변수가 된다. 그 결과가 [그림 2-8]에 나타나 있다.

c_b \ c_j	기저변수	2 x_1	1 x_2	0 s_1	0 s_2	RHS	
0	s_1	1	2	1	0	20	20/1=20
0	s_2	(4)	1	0	1	24	24/4=6(방출)
	z_j	0	0	0	0	0	
	$c_j - z_j$	2	1	0	0		
		↑ 도입					

그림 2-8 도입변수와 방출변수의 선택

이제 새로운 기저변수로 x_1을 추가하여 테이블을 갱신한다. 갱신과정은 심플렉스법의 과정에서 설명한 바와 같이 2행을 4로 나눈 값을 새로운 2행으로 바꾸고, 바뀐 2행에 −1을 곱한 값과 기존 1행의 값들을 더한 값을 새로운 1행으로 한다. 그 결과는 다음 [그림 2-9]와 같다.

2. 새로운 2행에 −1을 곱해 기존 1행과 더한 값으로 대체하여 새롭게 구한 1행

c_b \ c_j	기저변수	2 x_1	1 x_2	0 s_1	0 s_2	RHS
0	s_1	0	7/4	1	−1/4	14
2	x_1	1	1/4	0	1/4	6
	z_j					
	$c_j - z_j$					

1. 기존 2행을 4로 나누어 새롭게 작성한 2행

그림 2-9 제약식 계수의 갱신

새로운 기저변수로 갱신한 다음에는 현재해가 최적해인지 판정한다. 최적해 판정을 위해서는 각 변수에 대한 $c_j - z_j$값을 계산해야 한다. 계산 결과는 다음 [그림 2-10]과 같다.

c_b \ c_j	기저변수	2 x_1	1 x_2	0 s_1	0 s_2	RHS
0	s_1	0	7/4	1	−1/4	14
2	x_1	1	1/4	0	1/4	6
	z_j	2	1/2	0	1/2	12
	$c_j - z_j$	0	1/2	0	−1/2	

0보다 큰 값이 존재함

▌그림 2-10▌ 최적해 판정

[그림 2-10]에서 변수 x_2의 $c_j - z_j$값이 1/2로 0보다 크므로 새로운 도입변수가 된다. 방출변수는 도입변수 행의 계수와 RHS를 비교하여 [그림 2-11]과 같이 s_1으로 결정된다.

c_b \ c_j	기저변수	2 x_1	1 x_2	0 s_1	0 s_2	RHS	
0	s_1	0	7/4	1	−1/4	14	14/(7/4)=8(방출)
2	x_1	1	1/4	0	1/4	6	6/(1/4)=24
	z_j	2	1/2	0	1/2	12	
	$c_j - z_j$	0	1/2	0	−1/2		
			⬆ 도입				

▌그림 2-11▌ 도입변수와 방출변수의 선택: 두 번째 과정

이제 새로운 기저변수로 x_2를 추가하여 테이블을 갱신한다. 7/4을 1로 바꾸기 위해 1행에 4/7를 곱하여 새로운 1행으로 갱신한다. 이 새로운 1행에 −1/4을 곱하여 2행과 더한 값을 새로운 2행으로 한다. 그 결과는 다음 [그림 2−12]와 같다.

1. 기존 1행에 4/7를 곱해 새롭게 작성한 1행

c_j / c_b	기저변수	2 x_1	1 x_2	0 s_1	0 s_2	RHS
1	x_2	0	1	4/7	−1/7	8
2	x_1	1	0	−1/7	2/7	4
	z_j					
	$c_j - z_j$					

2. 새로운 1행에 −1/4을 곱해 기존 2행에 더한 값으로 대체하여 새롭게 구한 2행

▌그림 2−12▌ 제약식 계수의 갱신: 두 번째 과정

새로운 기저변수로 갱신한 다음에는 현재해가 최적해인지 판정한다. 최적해 판정을 위해서는 각 변수에 대한 $c_j - z_j$값을 계산해야 한다. 계산 결과는 다음 [그림 2−13]과 같다.

[그림 2−13]과 같이, 최적해 판정결과 모든 $c_j - z_j$ 값이 0보다 작거나 같으므로 현재해가 최적해이다. 이 문제의 최적해는 $x_1^* = 4$, $x_2^* = 8$이며, 이때의 목적함수 값은 $z^* = 16$임을 알 수 있다.

c_b \ c_j	기저변수	2 x_1	1 x_2	0 s_1	0 s_2	RHS
1	x_2	0	1	4/7	−1/7	8
2	x_1	1	0	−1/7	2/7	4
	z_j	2	1	2/7	3/7	16
	$c_j - z_j$	0	0	−2/7	−3/7	

모든 값이 0보다 작거나 같으므로 현재해가 최적해이다.

그림 2-13 최적해 판정

4) 최소화 문제의 심플렉스법

지금까지 최대화 문제에 대한 심플렉스법의 풀이 과정에 대해서 살펴보았다. 기본적으로 최소화 문제의 경우에도 심플렉스법은 한 가지 부분만 다르고 동일하게 적용된다. 다른 한 가지 부분은 도입변수를 선택하는 기준이다. 최대화 문제에서는 0보다 큰 $c_j - z_j$들 중에서 가장 큰 값을 갖는 변수를 도입변수로 선택하였다. 이는 $c_j - z_j$가 목적함수가 가장 크게 증가할 수 있는 기준이기 때문이다.

최소화 문제의 경우에는 목적함수의 값을 작게 만드는 것이므로 최대화 문제와는 반대로 $z_j - c_j$ 값으로 판정한다. 0보다 큰 $z_j - c_j$들 중에서 가장 큰 값을 갖는 변수를 도입변수로 선택한다. 이는 $z_j - c_j$가 목적함수의 값을 더 낮출 가능성이 가능 큰 지표이기 때문이다. 만약 모든 변수에 대해서 $z_j - c_j$가 0보다 작거나 같다면 현재해가 최적해이다. 나머지는 최대화 문제와 동일하다.

목적함수를 최소화하는 선형계획 문제인 [예제 2.2]를 통해 최소화 문제에 대해 심플렉스법이 어떻게 적용되는지 살펴보자. [예제 2.2]는 다음과 같다.

[예제 2.2] Min $z = x_1 + 2x_2$

s.t $x_1 + 8x_2 \ge 20$

$2x_1 + x_2 \ge 25$

$x_1, x_2 \ge 0$

심플렉스법을 적용하기 위해서는 먼저 주어진 제약조건을 표준형으로 변경해야 한다. 제약식의 부등호가 $\ge$인 경우에는 초과변수(surplus variable)를 좌변에서 빼서 부등호를 등호로 만들 수 있다. 위 모형에서 첫 번째 제약식은 초과변수 s_1을 도입하여 다음과 같이 변경한다.

$$x_1 + 8x_2 - s_1 = 20$$

여기에 추가하여 인공변수(artificial variable) a_1을 도입하여 제약식을 다음과 같이 변경한다.

$$x_1 + 8x_2 - s_1 + a_1 = 20$$

인공변수를 도입하는 이유는 심플렉스법의 초기해로 사용하기 위해서이다. 심플렉스법의 초기해는 기저변수들의 단위행렬의 형태를 띄는데, 초과변수 s_1의 부호가 마이너스로 기저변수가 될 수 없기 때문이다.

심플렉스법을 적용하여 해를 구해 나가는 과정에서 인공변수 a_1은 기저변수에서 방출되어야 한다. 왜냐하면, $x_1 + 8x_2 - s_1 = 20$에 a_1을 추가한 것임으로 궁극적으로 a_1의 값은 0이 되어야 하기 때문이다. 만약 a_1이 0보다 큰 값으로 계속 기저변수에 남아 있으면, 이 문제는 해가 존재하지 않는 문제이다.

a_1의 기저변수에서 빨리 방출되도록 하기 위하여 목적함수의 a_1의 계수를 최소화 문제인 경우 매우 큰 값으로 지정한다. 이렇게 하면 목적함수 값을 작게 만들기 위해

a_1은 빠르게 기저변수에서 방출되게 된다(반대로 최대화 문제인 경우에는 매우 작은 음수로 지정한다).

위 문제에서 두 번째 제약식 역시 초과변수 s_2와 인공변수 a_2를 도입하여 다음과 같이 표준형으로 만든다.

$$2x_1 + x_2 - s_2 + a_2 = 25$$

이제 심플렉스법을 적용할 수 있는 완성된 모형은 다음과 같다. 여기서 M은 매우 큰 양수(big-M)이다.

$$\begin{aligned} \text{[표준형] Min} \quad & z = x_1 + 2x_2 + 0s_1 + 0s_2 + Ma_1 + Ma_2 \\ \text{S.t} \quad & x_1 + 8x_2 - s_1 + a_1 = 20 \\ & 2x_1 + x_2 - s_2 + a_2 = 25 \\ & x_1,\ x_2,\ s_1,\ s_2,\ a_1,\ a_2 \geq 0 \end{aligned}$$

이를 초기 심플렉스 테이블로 작성하면, [그림 2-14]와 같다. 이 초기 테이블을 작성한 후에는 현재해가 최적해인지 판단한다. 만약 최적해이면 이 과정은 여기에서 끝이다. 그러나 최적해가 아닌 경우에는 $z_j - c_j$ 값이 가장 큰 변수를 도입변수로 선택하여 과정을 계속해 나간다. [그림 2-14]의 테이블에서는 x_2가 도입변수가 된다.

x_2가 도입변수로 선택되면 현재의 기저변수인 a_1과 a_2중 하나는 방출변수(비기저화)가 된다. 이를 선택하는 기준은 앞서 설명한 바와 같으며, 표에서 간단하게 알 수 있다. 변수 x_2열의 값을 RHS 값으로 나눈 값 중 가장 적은 행의 기저변수가 방출변수가 된다. 여기에서는 a_1이 방출변수가 되며, 이상의 결과가 [그림 2-14]에 나타나 있다.

c_b \ c_j	기저변수	1 x_1	2 x_2	0 s_1	0 s_2	M a_1	M a_2	RHS	
M	a_1	1	(8)	−1	0	1	0	20	20/8(방출)
M	a_2	2	1	0	−1	0	1	25	25/1
	z_j	3M	9M	−M	M	M	M	45M	
	$z_j - c_j$	3M−1	9M−2	−M	0	0			
			↑ 도입						

▌그림 2-14▐ 초기심플렉스 테이블에서의 도입변수와 방출변수의 선택

이제 새로운 기저변수로 x_2를 추가하여 테이블을 갱신한다. 갱신과정은 먼저 1행에 1/8을 곱하여 새로운 1행을 만든 다음, 바뀐 1행에 −1을 곱한 값과 기존 2행의 값들을 더한 값을 새로운 2행으로 한다. 그 결과는 [그림 2-15]와 같다. 여기서 방출변수인 a_1은 더이상 나타나지 않는다. 그 이유는 방출된 변수 a_1은 big-M으로 인해 더이상 기저변수로 진입될 가능성이 없다. 따라서 더 고려할 필요가 없으므로 이 단계에서 제거한다.

1. 기존 1행에 1/8을 곱해 새롭게 구한 1행

c_b \ c_j	기저변수	1 x_1	2 x_2	0 s_1	0 s_2	M a_2	RHS
2	x_2	1/8	1	−1/8	0	0	5/2
M	a_2	15/8	0	1/8	−1	1	45/2
	z_j						
	$z_j - c_j$						

2. 새로운 1행에 −1을 곱해 기존 2행에 더한 값으로 대체하여 새롭게 구한 2행

▌그림 2-15▐ 제약식 계수의 갱신

새로운 기저변수로 갱신한 다음에는 현재해가 최적해인지 판정한다. 최적해 판정을 위해서는 각 변수에 대한 $z_j - c_j$값을 계산한다. 계산한 결과는 [그림 2-16]과 같다. $z_j - c_j$값 중, 0보다 큰 값이 존재하므로 현재해는 최적해가 아니다.

c_b \ c_j	기저 변수	1 x_1	2 x_2	0 s_1	0 s_2	M a_2	RHS
2	x_2	1/8	1	−1/8	0	0	5/2
M	a_2	15/8	0	1/8	−1	1	45/2
	z_j	15M/8+1/4	2	−1/4	−M	M	45M/2+5
	$z_j - c_j$	15M/8−3/4	0	−1/4	−M	0	

0보다 큰 값이 존재함

그림 2-16 최적해 판정

[그림 2-16]에서 변수 x_1의 $z_j - c_j$값이 $\frac{15M}{8} - \frac{3}{4}$으로 0보다 큰 가장 큰 변수이므로 새로운 도입변수가 된다. 방출변수는 도입변수 행의 계수와 RHS를 비교하여 결정한다.

x_2의 경우: $\frac{5/2}{1/8} = 20$

a_2의 경우: $\frac{45/2}{15/8} = 12$

위와 같이 현재의 기저변수 x_2의 경우에는 20, a_2의 경우에는 12이므로 a_2가 방출변수가 된다. 이상의 결과를 요약하면, [그림 2-17]과 같다.

c_b \ c_j	기저변수	1 x_1	2 x_2	0 s_1	0 s_2	M a_2	RHS
2	x_2	1/8	1	−1/8	0	0	5/2 (5/2)/(1/8)
M	a_2	(15/8)	0	1/8	−1	1	45/2 (45/2)/(15/8)(방출)
	z_j	15M/8+1/4	2	−1/4	−M	M	45M/2+5
	z_j-c_j	15M/8−3/4	0	−1/4	−M	0	
		↑ 도입					

그림 2-17 도입변수와 방출변수의 선택

이제 새로운 기저변수로 x_1를 추가(a_2 방출)하여 테이블을 갱신한다. 갱신과정은 먼저 2행에 8/15을 곱하여 새로운 2행을 만든 다음, 바뀐 2행에 −1/8을 곱한 값과 기존 1행의 값들을 더한 값을 새로운 1행으로 한다. 그 결과는 [그림 2−18]과 같다. 여기서 방출변수인 a_2은 더이상 나타나지 않는다. 그 이유는 앞 단계에서 a_1이 방출된 후 삭

2. 새로운 2행에 −1/8을 곱해 기존 1행에 더한 값으로 대체하여 새롭게 구한 2행

c_b \ c_j	기저변수	1 x_1	2 x_2	0 s_1	0 s_2	RHS
2	x_2	0	1	−2/15	−1/15	1
1	x_1	1	0	1/15	−8/15	12
	z_j					
	z_j-c_j					

1. 기존 2행에 8/15을 곱해 새롭게 구한 1행

그림 2-18 제약식 계수의 갱신(두번째 과정)

제된 것과 마찬가지로, big−M으로 인해 더이상 기저변수로 진입될 가능성이 없기 때문이다.

새로운 기저변수로 갱신한 다음에는 현재해가 최적해인지 판정한다. 최적해 판정을 위해서는 각 변수에 대한 $z_j - c_j$값을 계산한다. 계산한 결과는 [그림 2−19]와 같다.

c_b \ c_j	기저 변수	1 x_1	2 x_2	0 s_1	0 s_2	RHS
2	x_2	0	1	−2/15	−1/15	1
1	x_1	1	0	1/15	−8/15	12
	z_j	1	2	−1/15	−2/3	14
	$z_j - c_j$	0	0	−1/5	−2/3	

모든 값이 0보다 작거나 같으므로 현재해가 최적해이다.

그림 2−19 최적해 판정

[그림 2−19]와 같이, 최적해 판정결과 모든 $z_j - c_j$ 값이 0보다 작거나 같으므로 현재해가 최적해이다. 이 문제의 최적해는 $x_1^* = 12$, $x_2^* = 2$이며, 이때의 목적함수 값은 $z^* = 14$임을 알 수 있다.

이 결과는 앞서 그래프 해법을 통해 구한 결과와 같음을 알 수 있다.

5 • 선형계획법의 특수한 경우

1) 실행불가능해

선형계획 모형에서 실행가능영역이 존재하지 않을 경우, 실행불가능해(infeasible solution)라고 한다. 다음 예를 통해 심플렉스법에서 어떻게 실행불가능해를 갖는지를 찾을 수 있는지 살펴보자.

예제 2.3 실행불가능해를 갖는 선형계획 문제

다음 선형계획 문제의 해를 구하라.

$$\begin{aligned} \text{Max} \quad & z = x_1 + 2x_2 \\ \text{s.t} \quad & x_1 + x_2 \le 3 \\ & x_1 \ge 4 \\ & x_1, x_2 \ge 0 \end{aligned}$$

[예제 2.3]의 선형계획 문제를 심플렉스법으로 풀기 위해, 여유변수(초과변수), 인공변수를 도입하여 표준형으로 바꾼 모형은 다음과 같다.

[표준형]

$$\begin{aligned} \text{Max} \quad & z = x_1 + 2x_2 + 0s_1 + 0s_2 - Ma_1 \\ \text{s.t} \quad & x_1 + x_2 + s_1 = 3 \\ & x_1 - s_2 + a_1 = 4 \\ & x_1, x_2, s_1, s_2, a_1 \ge 0 \end{aligned}$$

[그림 2-20]은 s_1과 a_1을 기저변수로 하는 초기 심플렉스 테이블이다.

c_b \ c_j	기저변수	1 x_1	2 x_2	0 s_1	0 s_2	$-$M a_1	RHS
0	s_1	1	1	1	0	0	3 (방출)
$-$M	a_1	1	0	0	-1	1	4
	z_j	$-$M	0	0	M	$-$M	3$-$4M
	$c_j - z_j$	1+M	2	0	$-$M	0	
		⬆ 도입					

▌그림 2-20▌ 초기 심플렉스 테이블에서 도입변수와 방출변수의 선택

여기에서 도입변수는 x_1, 방출변수는 s_1으로 선택되었다. x_1을 새로운 기저변수로 대체하여 심플렉스 테이블을 갱신한 후, $c_j - z_j$값을 구하면, [그림 2-21]과 같이 모든 변수의 $c_j - z_j$값이 0보다 작거나 같다. 따라서 현재해가 최적해가 되는데, 인공변수인 a_1이 기저변수로 남아 있는 상태이다. 이는 현재해가 실행불가능해임을 의미한다.

최적해에서 인공변수가 기저변수로 남아있으므로, 이문제는 실행불가능해를 가진다.

c_b \ c_j	기저변수	1 x_1	2 x_2	0 s_1	0 s_2	$-$M a_1	RHS
1	x_1	1	1	1	0	0	3
$-$M	a_1	0	-1	-1	-1	1	1
	z_j	1	1+M	1+M	M	$-$M	3$-$M
	$c_j - z_j$	0	1$-$M	$-1-$M	$-$M	0	

모든 값이 0보다 작거나 같으므로 현재해가 최적해이다.

▌그림 2-21▌ 실행불가능해를 갖는 경우

2) 무한해

선형계획 모형에서 목적함수의 값이 무한히 커지거나 작아질 때, 무한해(unbounded solution)를 갖는다고 말한다. [예제 2.4]를 통해 무한해를 갖는 선형계획 문제에 대해 살펴보자.

예제 2.4 무한해를 갖는 선형계획 문제

다음 선형계획 문제의 해를 구하라.

$$\begin{aligned} \text{Max} \quad & z = x_1 + x_2 \\ \text{s.t} \quad & -2x_1 + x_2 \le 2 \\ & x_1 \ge 4 \\ & x_1, x_2 \ge 0 \end{aligned}$$

[예제 2.4]의 모형을 표준형으로 변환하면 다음과 같다.

[표준형]

$$\begin{aligned} \text{Max} \quad & z = x_1 + x_2 + 0s_1 + 0s_2 - Ma_1 \\ \text{s.t} \quad & -2x_1 + x_2 + s_1 = 2 \\ & x_1 - s_2 + a_1 = 4 \\ & x_1, x_2, s_1, s_2, a_1 \ge 0 \end{aligned}$$

이제 기저변수를 s_1과 a_1으로 하는 초기 심플렉스 테이블을 작성하면 [그림 2-22]와 같다.

c_b \ c_j	기저변수	1 x_1	2 x_2	0 s_1	0 s_2	−M a_1	RHS
0	s_1	−2	1	1	0	0	2
−M	a_1	(1)	0	0	−1	1	4 (방출)
	z_j	−M	0	0	M	−M	2−4M
	c_j-z_j	1+M	1	0	−M	0	
		⬆ 도입					

그림 2-22 초기 심플렉스 테이블에서 도입변수와 방출변수의 선택

여기서 x_1이 도입변수, a_1이 방출변수로 선택되었다. 새로운 도입변수가 x_1으로 대체한 후, 새롭게 c_j-z_j 값을 구하여 정리하면, [그림 2-23]과 같다.

c_b \ c_j	기저변수	1 x_1	2 x_2	0 s_1	0 s_2	−M a_1	RHS
0	s_1	0	(1)	1	−2	2	10 (방출)
1	x_1	1	0	0	−1	1	4
	z_j	1	0	0	−1	1	4
	c_j-z_j	0	1	0	1	−1 −M	
			⬆ 도입				

그림 2-23 두번째 도입변수와 방출변수의 선택

[그림 2-23]에서는 x_2와 s_2 둘 중 하나가 도입변수로 선택될 수 있는데, 여기서는 임의로 x_2를 선택했다고 하자. 그러면 방출변수는 s_1이 된다. 이제 새로운 도입변수 x_2를 추가(s_1 방출)하여 테이블을 갱신한 결과는 [그림 2-24]와 같다.

이 값이 모두 음수로써, 방출변수를 구할 수 없다.
이 경우 무한해를 갖게 된다.

c_b \ c_j	기저변수	1 x_1	2 x_2	0 s_1	0 s_2	−M a_1	RHS	
1	x_2	0	1	1	−2	2	10	10/−2=−20
1	x_1	1	0	0	−1	1	4	4/−1=−4
	z_j	1	1	1	−3	3	14	
	$c_j - z_j$	0	0	−1	3	−3 −M		
					↑ 도입			

▌그림 2-24▌ 무한해를 갖는 경우

여기서 다시 $c_j - z_j$값들을 계산해 보면, s_2가 새로운 도입변수로 선택된다. 그런데 도입변수 s_2의 값을 한 단위 증가시키면, 그 값이 줄어드는 변수가 방출변수가 되는데, 방출변수 후보인 x_2와 x_1의 값은 오히려 각각 20단위, 4단위 증가하게 된다. 따라서 새로운 도입변수 s_2의 값을 무한히 증가시키더라도 아무런 제약을 받지 않게 된다. 결국 이 문제는 무한해를 갖는 경우이다.

6 • 엑셀을 이용한 선형계획 해법

앞서 선형계획 문제에 대한 해법 절차로 그래프 해법과 심플렉스법을 살펴보았다. 그래프 해법은 심플렉스법의 원리를 제공하며 간단하게 적용할 수 있다는 장점이 있으나, 결정변수가 2개인 경우에만 적용할 수 있다는 한계가 있다. 심플렉스법은 세 개 이상의 변수가 있는 복잡한 선형계획 문제에 대한 체계적이고 과학적인 해법 절차를 제공하고 있다. 그러나 변수의 수가 많아지면 최적해를 구하는 데 많은 시간이 소요된다.

여기에서는 가장 널리 이용되고 있는 마이크로소프트사의 엑셀 최적화 도구를 이용하여 선형계획 문제의 해를 구하는 과정을 살펴본다.

1) '해 찾기' 메뉴 설치

만약 자신이 사용하는 PC에 설치된 엑셀의 메뉴 중 '데이터' 메뉴의 하위 메뉴에 최적화 도구인 '해 찾기'가 없다면 이를 먼저 설치해야 한다. 이 책에서는 MS-Office 2016 버전을 기준으로 '해 찾기' 메뉴를 설치하고 활용하는 과정을 설명한다(만약 '해찾기' 메뉴가 이미 설치되어 있다면 이 과정은 무시한다). '해 찾기' 메뉴를 설치하기 위해서는 먼저 상단의 메뉴 중, '파일'을 클릭한 후, '옵션'을 선택한다. 그러면 'Excel 옵션' 창이 나타난다.

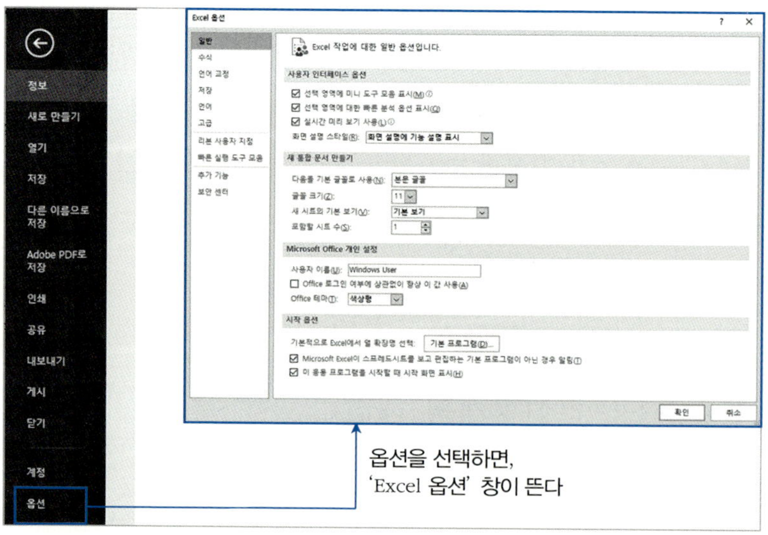

▌그림 2-25▐ '해 찾기' 기능 추가하기(1)

'Excel 옵션' 창에서 (1) '추가 기능' 메뉴를 선택하고, (2) 'Excel 추가 기능'을 선택한 다음, (3) '이동(G)...'을 클릭한다([그림 2-26]).

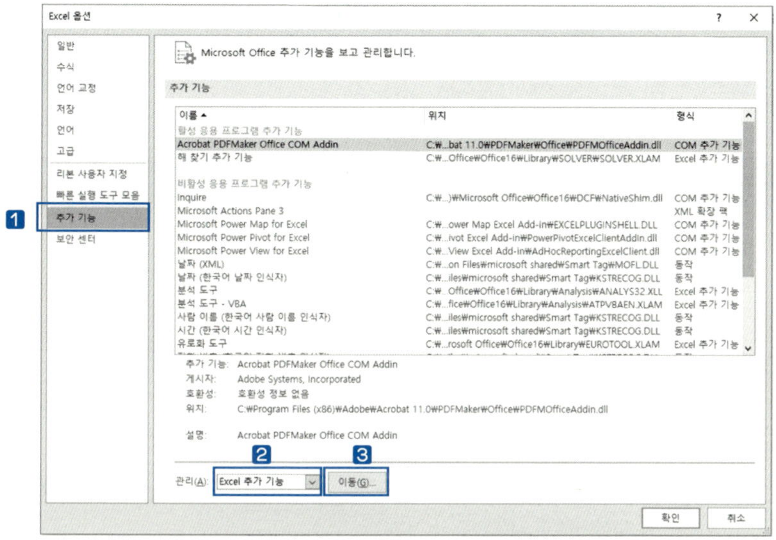

▌그림 2-26▐ '해 찾기' 기능 추가하기(2)

그러면 [그림 2-27]과 같은 '추가 기능' 창이 나타나는데, 이 창에서 '해 찾기 추가 기능'의 체크박스를 체크한 후, 오른쪽 상단 '확인'버튼을 클릭한다.

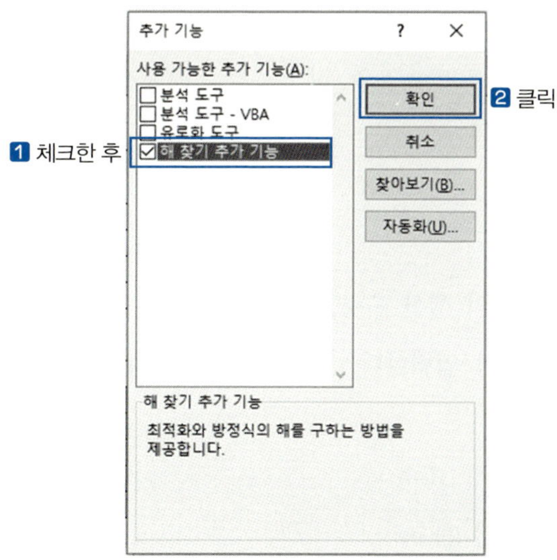

▌그림 2-27▐ '해 찾기' 기능 추가하기(3)

이 과정이 모두 완료되면 [그림 2-28]과 같이 '데이터' 메뉴의 오른쪽에 '해 찾기' 아이콘이 설치된 모습을 볼 수 있다.

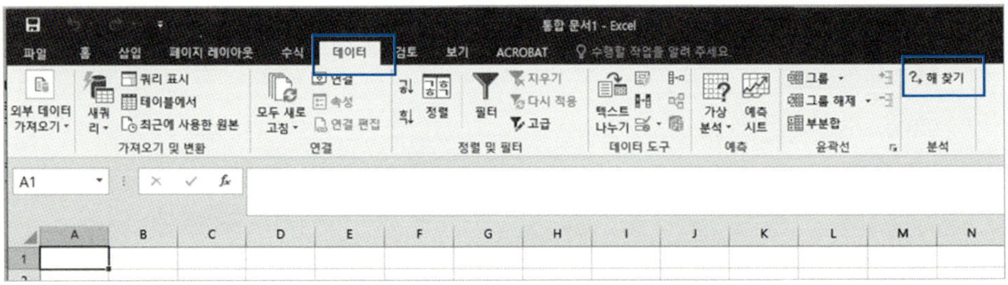

▌그림 2-28▐ '해찾기' 메뉴 설치 완료

2) 데이터 및 수식 입력

앞서 다룬 [예제 2.1]을 통해 엑셀을 이용한 선형계획 문제의 해를 찾는 과정을 살펴본다. 먼저 선형계획 모형에 대해 데이터 및 해당 수식을 입력하는 과정을 살펴보자.

[예제 2.1] Max $z = 2x_1 + x_2$

s.t $x_1 + 2x_2 \le 20$ (목재 사용량 제약)

$4x_1 + x_2 \le 24$ (노동시간 제약)

$x_1, x_2 \ge 0$

[예제 2.1]에서 x_1은 책상의 생산 수량, x_2는 의자의 생산 수량이다. 이 모형의 데이터를 엑셀 창에 다음과 같이 입력한다. 이상의 입력 결과는 [그림 2-29]와 같다.

- 셀 C5~D5: 목적함수 계수
- 셀 C9~D10: 제약식 계수
- 셀 G9~G10: 제약식의 우변항 값

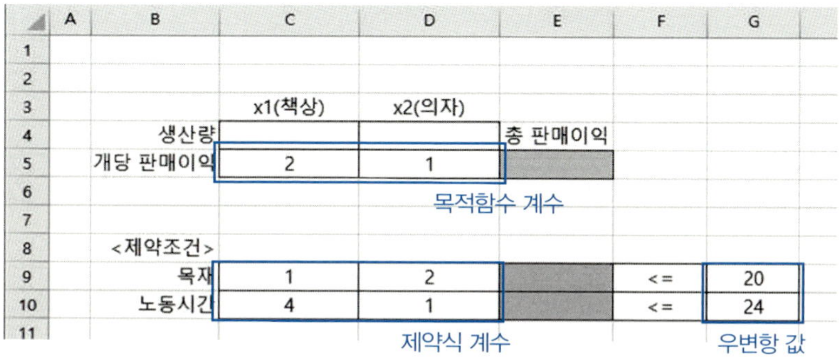

[그림 2-29] 엑셀 입력 화면(1): 모형의 계수 입력

이 화면에서 목적함수(총 판매이익) 식을 셀 E5에 입력한다. 목적함수 수식은 $2x_1 + x_2$이다. 따라서 셀 E5에 다음과 같이 입력한다.

– 목적함수 수식(셀 E5): "=C5*C4+D5*D4"

다음으로 제약조건 수식을 입력한다. 목재 사용량 제약조건의 좌변항은 $x_1 + 2x_2$이므로, 셀 E9에 다음과 같이 입력한다.

– 목재사용량 수식(셀 E9): "=C9*C4+D9*D4"

같은 방식으로 노동시간 사용량 수식은 다음과 같이 입력한다.

– 노동시간 사용량 수식(셀 E10): "=C10*C4+D10*D4"

또한 결정변수 x_1, x_2는 셀 C4와 C5에 기록된다. 결정변수의 초기값은 모두 "0"으로 입력한다. 이상의 수식을 입력한 화면은 [그림 2-30]과 같다.

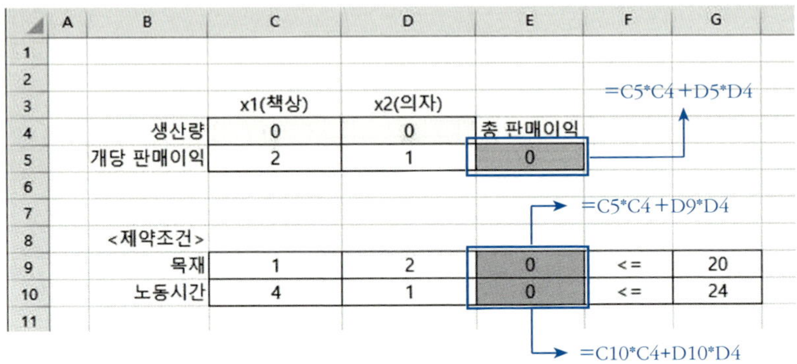

▌그림 2-30▐ 엑셀 입력 화면(2): 목점함수와 제약조건 식 입력

3) '해 찾기' 기능을 이용한 최적해 구하기

모든 데이터와 수식을 입력한 후에는 '해 찾기' 메뉴를 클릭하여 '해 찾기 매개 변수' 창을 활성화시킨다([그림 2-31]).

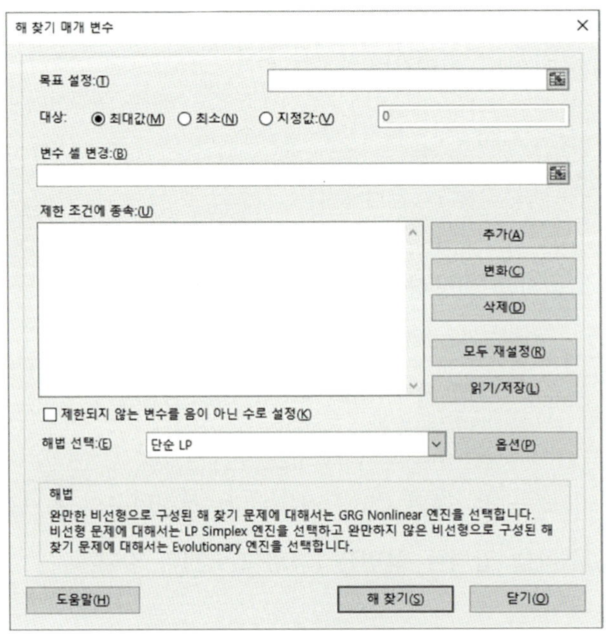

▌그림 2-31▐ '해 찾기 매개 변수' 창

'해 찾기 매개 변수'창에서 먼저 '목표 설정(T)' 창에 셀 E5를 클릭하여 입력한다. 이 문제는 최대화 문제이므로, '대상' 항목에서 '최대값(M) 버튼을 클릭한다. 다음으로 '변수 셀 변경(B)' 창에 커서를 놓고 변수 셀에 해당하는 'C4:D4'를 드래그하여 변수 셀을 지정한다([그림 2-32]).

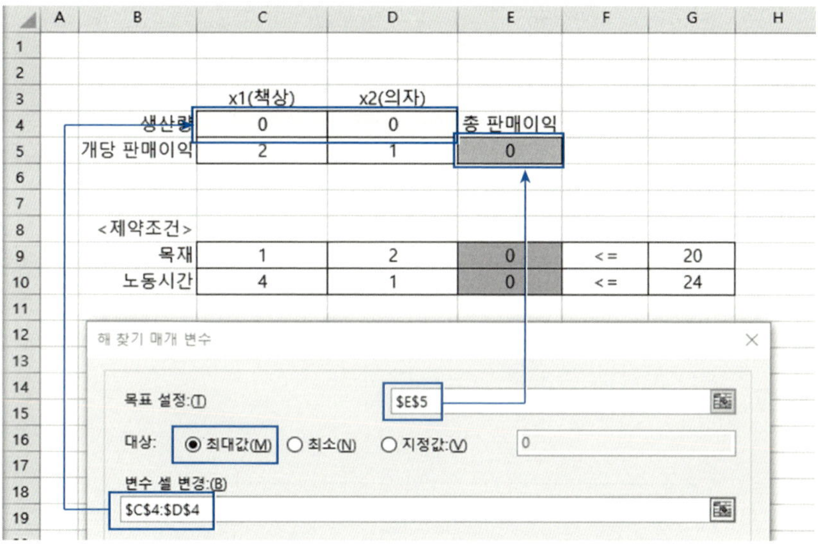

▌그림 2-32▐ '해 찾기 매개 변수' 항목 입력(1)

'제한 조건에 종속(U)' 칸에는 제한 조건과 비음제약식이 입력된다. 이를 입력하기 위해서는 '추가(A) 버튼을 클릭한다([그림 2-33]).

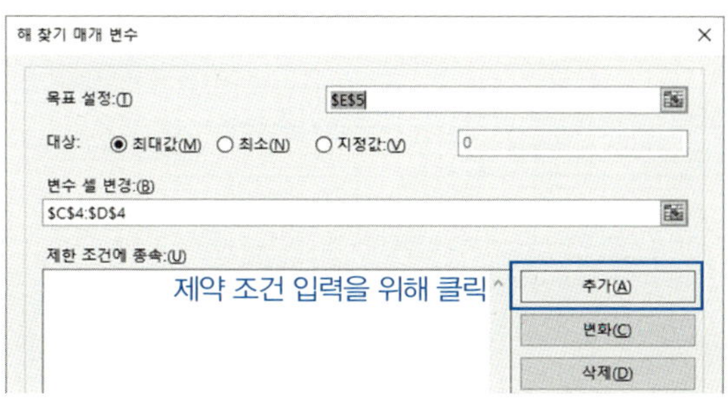

▌그림 2-33▐ 제한 조건 입력을 위한 '추가(A)' 버튼 클릭

이 버튼을 클릭하면 [그림 2-34]와 같은 '제한 조건 추가' 창이 나타난다. 여기에 제한조건식을 입력하고 나서, 아래 쪽 '추가(A)' 버튼을 클릭한 후 비음제약식을 [그림 2-35]와 같이 입력한다.

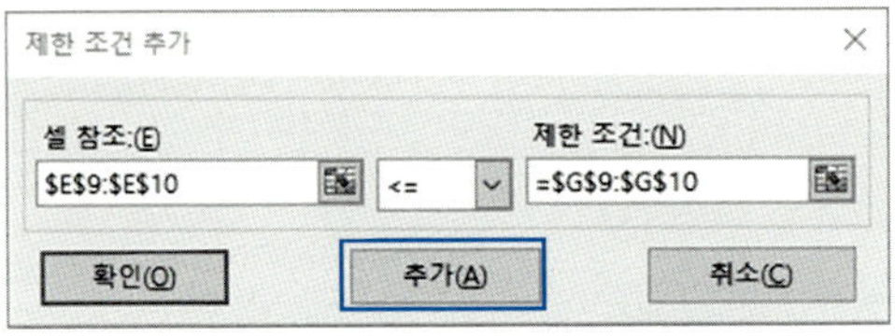

▌그림 2-34▐ '제한 조건 추가' 입력(1): 제한 조건

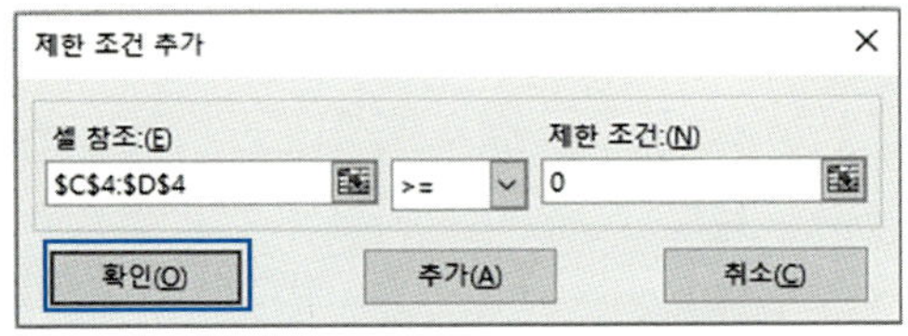

▌그림 2-35▐ '제한 조건 추가' 입력(2): 비음 조건

그 다음 '확인(O)' 버튼을 클릭하면 [그림 2-36]과 같이 모든 창의 입력이 완료된 '해 찾기 매개 변수' 창으로 돌아온다. 여기에서 아래 쪽 '해법 선택(E)' 항목에서 '단순 LP'를 선택한 후 '해 찾기(S)' 버튼을 클릭한다.

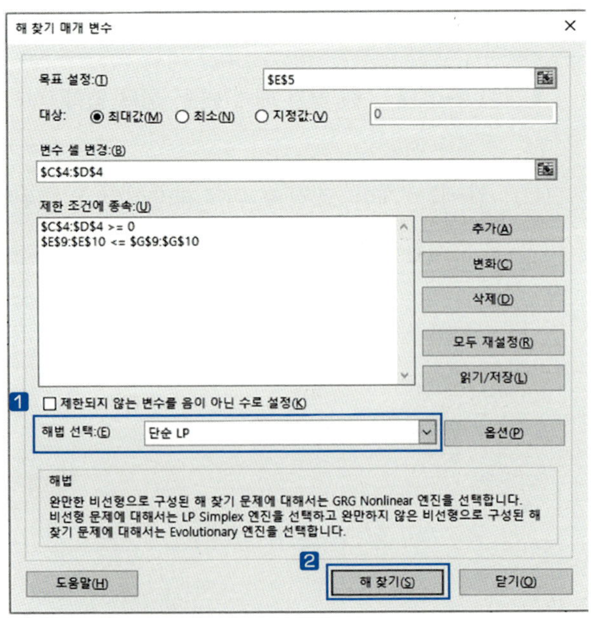

▌그림 2-36▐ '해 찾기 매개 변수' 입력 완성

그러면 [그림 2-37]과 같이 '해 찾기 결과' 창이 뜬다. 여기서 '해 찾기 해 보존'을 선택한 후, '확인' 버튼을 누른다.

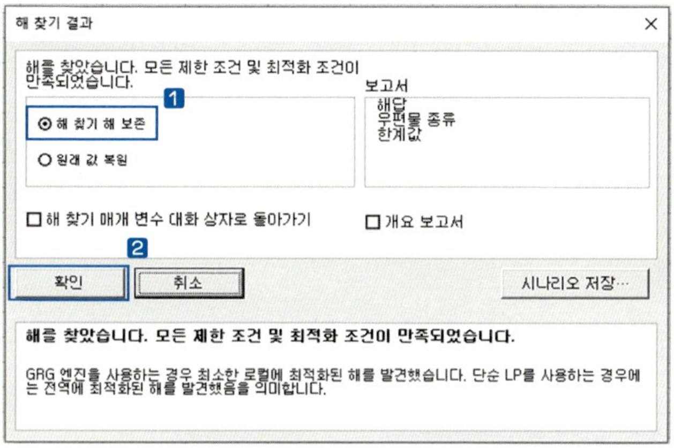

▌그림 2-37▐ '해 찾기 결과' 창

최종 결과는 [그림 2-38]과 같다.

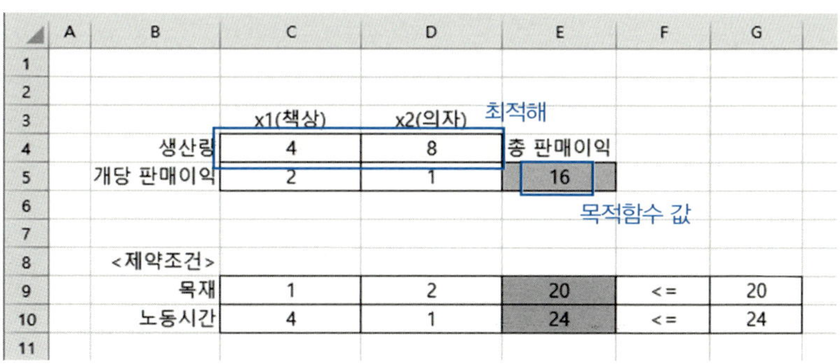

▌그림 2-38▐ [예제 2.1]의 최적해

4) 실행불가능해를 갖는 경우

앞에서 살펴 본 [예제 2.3]은 실행불가능해를 갖는 선형계획 문제이다. 이 경우 엑셀을 이용한 해법에서 어떻게 실행불가능해를 갖는지를 알 수 있는지를 살펴보자.

[예제 2.3] Max $z = x_1 + 2x_2$

s.t $x_1 + x_2 \leq 3$

$x_1 \geq 4$

$x_1, x_2 \geq 0$

(1) 데이터 입력

- 셀 C5~D5: 목적함수의 계수를 입력한다.
- 셀 C9~D10: 제약식의 계수를 입력한다.
- 셀 G9~G10: 제약식의 우변항 값을 입력한다.

(2) 변수 셀

셀 C4 와 C5를 각각 변수 x_1과 x_2의 값을 입력하는 셀로 지정하고 초기값으로 0을 입력한다.

(3) 목표 설정

목표 셀로 셀 E5를 지정한다. 목적함수 식은 $x_1 + 2x_2$이므로, 셀 E5에 다음과 같이 입력한다.

- 목적함수 수식(셀 E5): "=C5*C4+D5*D4"

(4) 제한 조건 셀

제약식 1과 제약식 2의 수식을 셀 E9와 E10에 각각 다음과 같이 입력한다.

– 제약식 1 수식(셀 E9): “=C9*C4+D9*D4”

– 제약식 1 수식(셀 E10): “=C10*C4+D10*D4”

현재까지 입력한 내용이 [그림 2-39]이다.

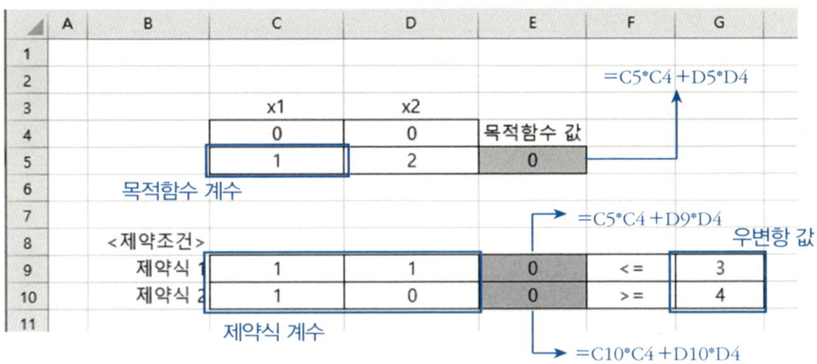

▌그림 2-39▐ 데이터 및 수식 입력

(5) 해 찾기 매개 변수

‘해 찾기’ 메뉴를 선택하여 ‘해 찾기 매개 변수’ 창을 활성화시킨 다음 각 항목에 다음과 같이 입력/선택한다.

– 목표 설정(T): $E$5

– 대상: ‘최대화(M)’ 선택

– 변수 셀 변경(B): $C$4:$D$4

– 제한 조건에 종속(U): $E$9 [=$G$9

$E$10 >=$G$10

$C$4:$D$4 >=0

– 해법 선택(E): ‘단순 LP’ 선택

[그림 2-40]은 이상의 입력이 완료된 '해 찾기 매개 변수' 창이다.

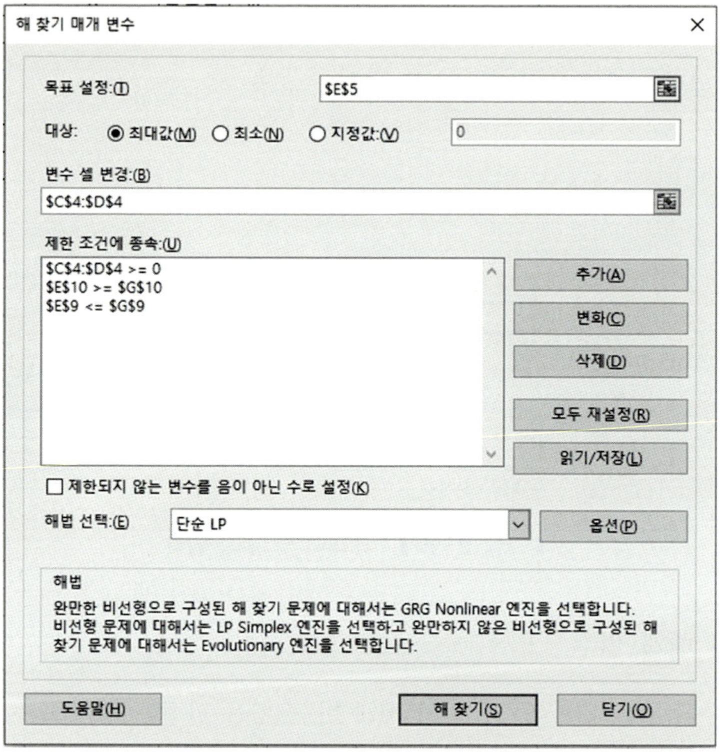

그림 2-40 '해 찾기 매개 변수' 창

모든 입력이 완료된 '해 찾기 매개 변수' 창에서 '해 찾기(S)' 버튼을 클릭하면, [그림 2-41]과 같이 '해 찾기 결과' 창을 볼 수 있는데, 이 창에 "최적해를 찾지 못했습니다. 모든 제한 조건이 만족되는 지점을 찾을 수 없습니다."라는 메시지가 나타난다. 이는 이 문제의 제약 조건식을 모두 만족하는 실행 가능해가 존재하지 않음을 의미한다.

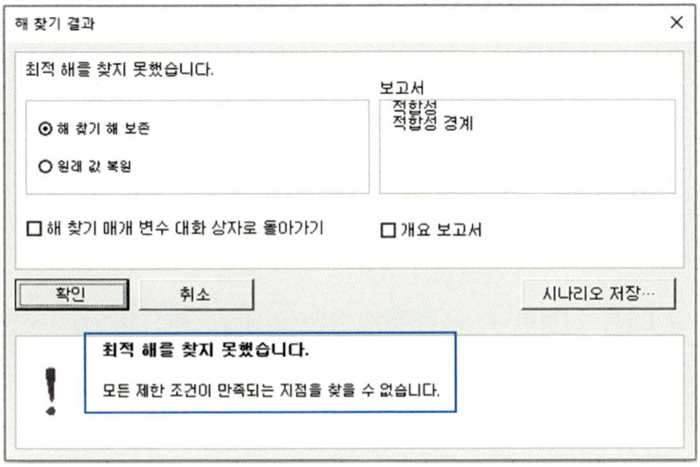

그림 2-41 실행불가능해를 갖는 경우의 '해 찾기 결과' 창

5) 무한해를 갖는 경우

앞서 다룬 무한해를 갖는 선형계획 문제인 [예제 2.4]를 통해, 엑셀에서 무한해를 갖는 경우는 어떻게 나타나는지 살펴본다.

[예제 2.4] Max $z = x_1 + x_2$

s.t

$$-2x_1 + x_2 \le 2$$
$$x_1 \ge 4$$
$$x_1, x_2 \ge 0$$

(1) 데이터 입력

- 셀 C5~D5: 목적함수의 계수를 입력한다.
- 셀 C9~D10: 제약식의 계수를 입력한다.
- 셀 G9~G10: 제약식의 우변항 값을 입력한다.

(2) 변수 셀

셀 C4와 C5를 각각 변수 x_1과 x_2의 값을 입력하는 셀로 지정하고 초기값으로 0을 입력한다.

(3) 목표 설정

목표 셀로 셀 E5를 지정한다. 목적함수 식은 x_1+x_2 이므로, 셀 E5에 다음과 같이 입력한다.

- 목적함수 수식(셀 E5): "=C5*C4+D5*D4"

(4) 제한 조건 셀

제약식 1과 제약식 2의 수식을 셀 E9 와 E10에 각각 다음과 같이 입력한다.

- 제약식 1 수식(셀 E9): "=C9*C4+D9*D4"
- 제약식 1 수식(셀 E10): "=C10*C4+D10*D4"

이상의 입력 내용은 [그림 2-42]이다.

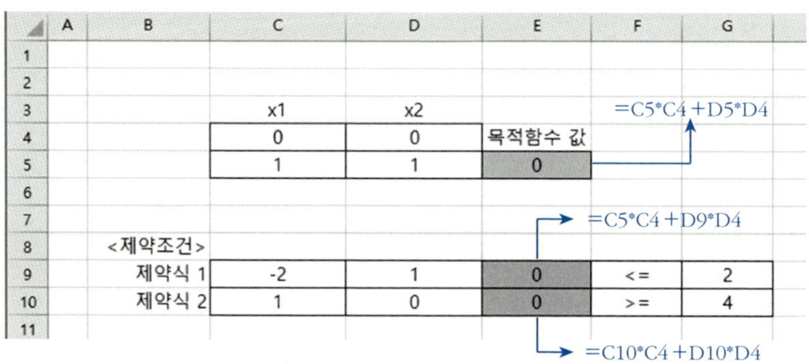

그림 2-42 데이터 및 수식 입력

(5) 해 찾기 매개 변수

'해 찾기' 메뉴를 선택하여 '해 찾기 매개 변수' 창을 활성화시킨 다음 각 항목에 다음과 같이 입력/선택한다.

- 목표 설정(T): $E$5
- 대상: '최대화(M)' 선택
- 변수 셀 변경(B): $C$4:$D$4
- 제한 조건에 종속(U): $E$9 < =$G$9
  $E$10 > =$G$10
  $C$4:$D$4 > =0
- 해법 선택(E): '단순 LP' 선택

[그림 2-43]은 이상의 입력이 완료된 '해 찾기 매개 변수' 창이다.

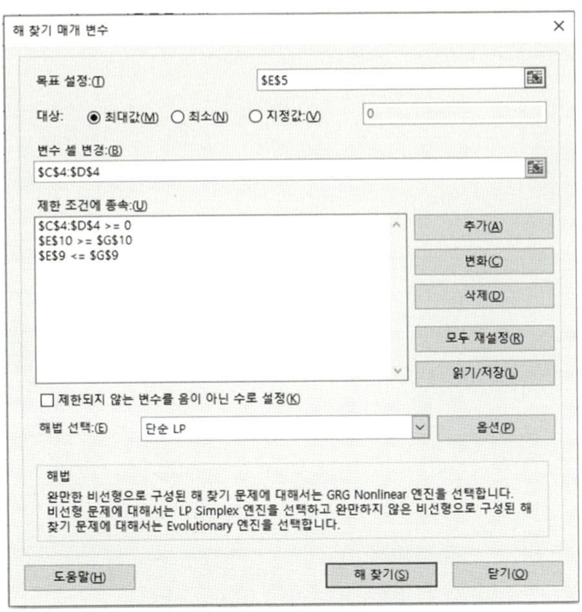

그림 2-43 '해 찾기 매개 변수' 창

모든 입력이 완료된 '해 찾기 매개 변수' 창에서 '해 찾기(S)' 버튼을 클릭하면, [그림 2-44]과 같이 '해 찾기 결과' 창이 나타난다.

[예제 2.4]와 같이 무한해를 갖는 선형계획 문제에서는 "목표 셀 값에 수렴하지 않습니다. 목표 셀을 원하는 만큼 크게(최소화하는 경우에는 원하는 만큼 작게) 만들 수 있습니다."라는 메시지가 나타난다.

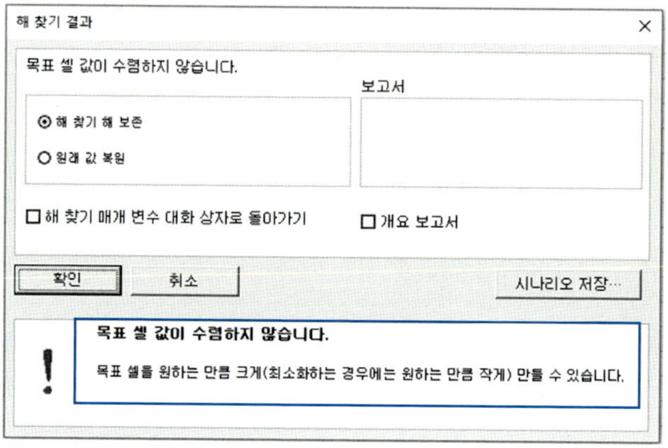

[그림 2-44] 무한해를 갖는 경우의 '해 찾기 결과' 창

연 | 습 | 문 | 제

1 선형계획법의 그래프해법을 적용하기 어려운 경우에 대하여 설명하라.

2 그래프해법과 심플렉스법의 유사점 및 차이점에 대하여 설명하라.

3 화장품을 판매하고 있는 A사는 부산, 울산, 경남 등 3개 지역에 배치할 영업 사원수를 결정하고자 한다. 이 회사가 3개 지역에 배치할 수 있는 영업사원의 수는 100명이다. 각 지역별로 영업사원 1인당 예상되는 연간 이익은 부산이 25백만 원, 울산은 18백만 원, 경남은 31백만 원이다. 또한, 지역별로 영업사원 1인당 소요되는 각종 경비에도 차이가 있는데, 연간 1인당 비용은 부산 5백만 원, 울산 11백만 원, 경남 7백만 원이다. 회사는 이러한 비용을 충당하기 위해 총 700백만 원의 예산을 확보하고 있다. 이 회사는 각 지역별로 최소한 10명씩의 영업사원을 배치할 계획이다. 회사의 이익을 최대로 만들기 위해서 각 지역에 몇 명씩의 영업사원을 배치해야 하는 지를 결정하기 위한 선형계획 모형을 작성하라.

4 BNM 출판사는 새로운 "경영과학 개론"책을 출판하기로 하고 인쇄를 시작하려고 한다. 인쇄 후, 이 책을 제본하는 방법은 문고본, 장정본, 바인더본 세 종류가 있다. 이 출판사는 판매 정책에 의해서 최소한 문고본 5,000부, 장정본 4,000부, 바인더본 2,500부를 생산하여야 한다. 이 회사는 2대의 제본 기계(각각 기계 A, 기계 B)를 보유하고 있다. 기계 A는 150시간, 기계 B는 230시간이 사용 가능하다, 또한, 기계 A의 시간당 사용 비용은 13,000원이며, 시간당 50권의 문고본, 시간당 40권의 장정본, 혹은 시간당 30권의 바인더본을 제본할 수 있다. 그리고, 기계 B의 시간당 사용 비용은 18,000원이며, 시간당 60권의 문고본, 시간당 35권의 장정본, 혹은 시간당 28권의 바인더본을 제본할 수 있다. 총 제본 비용을 최소화할 수 있는 제본 방법을 구하기 위한 선형계획 모형을 작성하라.

5 다음 선형계획 문제에 대해서 물음에 답하라.

$$
\begin{aligned}
\text{Max} \quad & z = 9x_1 + 7x_2 \\
\text{s.t} \quad & 2x_1 + x_2 \le 40 \\
& x_1 + 3x_2 \le 30 \\
& x_1,\ x_2 \ge 0
\end{aligned}
$$

(1) 그래프 해법으로 최적해를 구하라.

(2) 심플렉스법으로 최적해를 구하라.

연 | 습 | 문 | 제

(3) 엑셀을 이용하여 최적해를 구하라.

6 다음 선형계획 문제에 대해서 물음에 답하라.

$$\begin{aligned} \text{Min} \quad & z = 5x_1 + 4x_2 \\ \text{s.t} \quad & 12x_1 + 6x_2 \geq 72 \\ & 5x_1 + 6x_2 \geq 40 \\ & x_1, x_2 \geq 0 \end{aligned}$$

(1) 그래프 해법으로 최적해를 구하라.
(2) 심플렉스법으로 최적해를 구하라.
(3) 엑셀을 이용하여 최적해를 구하라.

7 다음 선형계획 문제에 대해서 물음에 답하라.

$$\begin{aligned} \text{Max} \quad & z = 2x_1 + x_2 \\ \text{s.t} \quad & 2x_1 + 5x_2 \leq 60 \\ & x_1 + x_2 \leq 18 \\ & 3x_1 + x_2 \leq 44 \\ & x_1, x_2 \geq 0 \end{aligned}$$

(1) 그래프 해법으로 최적해를 구하라.
(2) 심플렉스법으로 최적해를 구하라.
(3) 엑셀을 이용하여 최적해를 구하라.

8 엑셀을 이용하여 다음 선형계획 문제의 최적해를 구하라.

$$\begin{aligned} \text{(목적함수) 최대화} \quad & z = 60x_1 + 90x_2 + 90x_3 + 55x_4 \\ \text{(제약 조건)} \quad & 3x_1 + 2x_2 \leq 40 \\ & 4x_1 + x_2 \leq 25 \\ & 20x_1 + 25x_3 \leq 200 \\ & x_1 + 2x_4 \leq 22 \\ & x_1, x_2, x_3, x_4 \geq 0 \end{aligned}$$

management science

Chapter 3

선형계획법의 응용 및 민감도 분석

1. 서론
2. 선형계획법의 응용
3. 민감도 분석

CHAPTER 03 management science

선형계획법의 응용 및 민감도 분석

1 • 서론

선형계획법은 다양한 경영의사결정 상황에 활용될 수 있다. 이 장에서는 선형계획 모형을 적용하여 최적해를 구할 수 있는 몇 가지 응용문제를 다룬다. 예제를 통해 선형계획 모형을 작성하고, 앞 장에서 배운 엑셀을 이용하여 해를 구하는 과정을 살펴본다.

또한, 선형계획 모형에서 목적함수의 계수나 제약 조건의 계수 등에 변화가 생겼을 때 최적해에는 어떤 영향을 끼치게 되는지 분석하기 위한 민감도 분석에 대해서도 다룬다.

2 • 선형계획법의 응용

예제 3.1 제품생산 조합(Product Mix)

중소제과업체인 대명제과는 세 종류의 신제품 과자 A, B, C 를 개발하여 출시하려고 한다. A, B, C의 개당 판매 수익은 각각 500원, 350원, 450원으로 예상하고 있다. 이 회사는 이 신제품들의 생산에 들어가는 재료 중 국내산 밀가루와 옥수수가루의 수급이 힘들 것으로 예상하고 있다. 밀가루는 연간 3,000kg이 가용하며, 옥수수가루는 200kg 가용할 것으로 예상된다. 그리고 A, B, C 각각을 생산하는 데 필요한 밀가루와 옥수수가루의 양은 다음과 같다.

원재료	제품			원재료 가용량
	A	B	C	
밀가루 옥수수가루	250g 100g	180g 40g	220g 70g	3,000kg 200kg
개당 판매수익	500원	250원	450원	

또한 대명제과는 정책적으로 두 가지 생산방식을 정하였다. 첫째는 제품 A의 생산량은 연간 50,000개 이하로 한다. 둘째는 B의 생산량을 C의 두 배 이상으로 한다.
이상과 같은 상황에서 대명제과가 올해 수익을 최대화하기 위해서는 각각의 신제품을 몇 개씩 생산하는 것이 가장 이상적일까?

결정변수는 신제품 A, B, C 각각의 생산 수량으로 정의한다.

(결정 변수)

x_1: A의 생산 수량

x_2: B의 생산 수량

x_3: C의 생산 수량

목적 함수는 총 판매이익을 최대화하는 것이다.

(목적 함수)

Max $\quad z = 500x_1 + 250x_2 + 450x_3$ (단위: 원)

밀가루의 가용량과 옥수수가루의 가용량은 제한되어 있다. 또한, A의 생산량은 50,000개 이하이어야 하며, B의 생산량은 C의 두 배 이상이 되어야 한다. 따라서 제약 조건은 다음과 같다.

(제약 조건)

(1) 밀가루의 가용량은 3,000kg(=3,000,000g)이다.

$\Rightarrow\ 250x_1 + 180x_2 + 220x_3 \leq 3,000,000$

(2) 옥수수가루의 가용량은 200kg(=200,000g)이다.

$\Rightarrow\ 100x_1 + 40x_2 + 70x_3 \leq 200,000$

(3) A의 생산량은 50,000개 이하이다.

$\Rightarrow\ x_1 \leq 50,000$

(4) B의 생산량은 C의 두배 이상이어야 한다.

$\Rightarrow\ x_2 \geq 2x_3\ \ (\Rightarrow x_2 - 2x_3 \geq 0)$

정리하면, 선형계획 모형은 다음과 같다.

[예제 3.1] Max $z = 500x_1 + 250x_2 + 450x_3$

s.t

$$
\begin{aligned}
&250x_1 + 180x_2 + 220x_3 \leq 3,000,000 \\
&100x_1 + 40x_2 + 70x_3 \leq 200,000 \\
&x_1 \leq 50,000 \\
&x_2 - 2x_3 \geq 0 \\
&x_1, x_2, x_3 \geq 0
\end{aligned}
$$

[예제 3.1] 모형에 대해, 엑셀을 이용하여 해를 구해보자.

(1) 데이터 입력

- 셀 C5~E5: 목적함수의 계수를 입력한다.
- 셀 C9~E12: 제약식의 계수를 입력한다.
- 셀 H9~H12: 제약식의 우변항 값을 입력한다.

(2) 변수 셀

셀 C4~E4를 각각 변수 x_1, x_2, x_3의 값을 입력하는 셀로 지정하고 초기값으로 0을 입력한다.

(3) 목표 설정

목표 셀로 셀 F5를 지정한다. 목적함수 식은 $500x_1+250x_2+450x_3$이므로, 셀 F5에 다음과 같이 입력한다.

– 목적함수 수식(셀 F5): "=SUMPRODUCT(C5:E5,C4:E4)"

(4) 제한 조건 셀

첫 번째 제약 조건(밀가루 가용량)에 대해 셀 F9에 다음과 같이 입력한다.

– 밀가루 가용량 제약(셀 F9): "=SUMPRODUCT(C9:E9,$C$4:$E$4)"

셀 F9를 선택하고 이를 셀 F10 부터 F12까지 드래그하여 복사한다. [그림 3–1]은 이상의 데이터 및 수식을 입력한 것이다.

	A	B	C	D	E	F	G	H
1								
2								
3			x1(A 생산량)	x2(A 생산량)	x3(A 생산량)			
4			0	0	0	목적함수 값		
5			500	250	450	0		
6								
7								
8		<제약조건>						
9		밀가루 가용량	250	180	220	0	<=	3000000
10		옥수수가루 가용량	100	40	70	0	<=	200000
11		A생산량	1	0	0	0	<=	50000
12		B,C생산량의 관계	0	1	-2	0	>=	0

그림 3–1 데이터 및 수식 입력

(5) 해 찾기 매개 변수

'해 찾기' 메뉴를 선택하여 '해 찾기 매개 변수' 창을 활성화시킨 다음 각 항목에 다음과 같이 입력/선택한다.

- 목표 설정(T): $F$5
- 대상: '최대화(M)' 선택
- 변수 셀 변경(B): $C$4:$E$4
- 제한 조건에 종속(U): $C$4:$E$4 ＞＝0
  $F$12 ＞＝$H$12
  $F$9:$F$11 ＜＝$H$9:$H$11
- 해법 선택(E): '단순 LP' 선택

[그림 3-2]는 이상의 입력이 완료된 '해 찾기 매개 변수' 창이다.

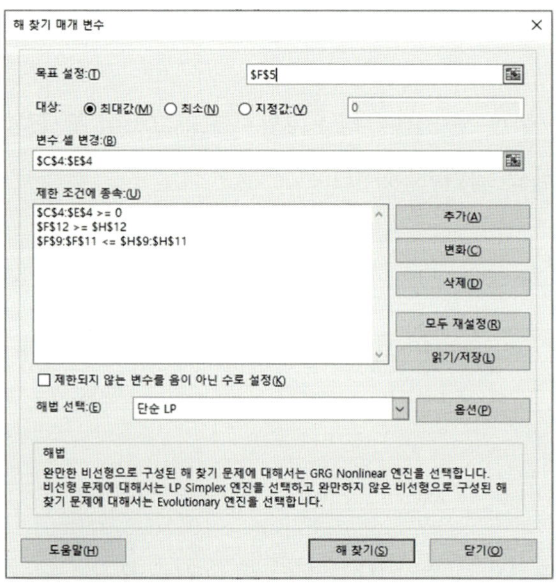

[그림 3-2] '해 찾기 매개 변수' 창

모든 입력이 완료된 '해 찾기 매개 변수' 창에서 '해 찾기(S)' 버튼을 클릭하여 최적해를 구한다. 최적해는 [그림 3-3]과 같다.

최적해는 $x_1 = 0$, $x_2 = 2666.67$, $x_3 = 1333.33$이며, 목적함수 값은 $z = 1266666.67$이다.

	A	B	C	D	E	F	G	H
1								
2								
3			x1(A 생산량)	x2(B 생산량)	x3(C 생산량)			
4			0	2666.67	1333.33	목적함수 값		
5			500	250	450	1266666.67		
6								
7								
8		<제약조건>						
9		밀가루 가용량	250	180	220	773333.33	<=	3000000
10		옥수수가루 가용량	100	40	70	200000	<=	200000
11		A생산량	1	0	0	0	<=	50000
12		B,C생산량의 관계	0	1	-2	0	>=	0
13								

그림 3-3 [예제 3.1]의 최적해

예제 3.2 투자 포트폴리오

한국 대학은 기업들로부터 기부 받은 자금을 운용해 학생들의 장학금을 늘리고자 한다. 현재 이 대학의 투가 가능한 총금액은 780억 원이다. 이를 3년간 운용하여 이로부터 얻는 투자 수익을 최대화하고자 한다. 대학이 고려중인 투자 방법은 은행예금, 채권투자, 주식투자, 그리고 부동산(빌딩)투자이다. 각 투자 대안별로 3년간 얻을 수 있는 예상 수익은 다음 표와 같다.

투자 방법	3년 예상 수익률(%)
은행예금	4
채권	4.5
주식	7
부동산(빌딩)	6

아무런 제약이 없다면 수익률이 가장 좋은 대안에 많은 자금을 투자할 수 있겠으나, 상대적으로 수익률이 높은 주식이나 부동산 투자의 경우에는 투자에 대한 리스크가 크다. 이에 이 대학의 이사회는 리스크 회피를 위해 주식과 부동산 투자에 대해 각각 총 투자 가능액의 20%와 30%를

초과할 수 없다는 제한을 두었다. 같은 이유로, 채권 투자액은 주식 투자액의 2배 이상으로 하기로 결정하였다.
이 외에도 긴급한 자금 운용을 위해 자금회수가 용이한 은행예금에 최소한 300억 원을 투자하기로 결정하였다. 또한, 최근의 대학 내 창업분위기를 반영하여 부동산 투자에 대해서도 적극적으로 반영하기로 하였는데, 전체 투자 가능 금액 중 최소 15% 이상을 부동산에 투자하기로 결정하였다. 이 대학은 투자 수익률을 최대로 하기 위한 최적의 투자방안을 참고자 한다.

[예제 3.2]의 결정변수는 각각의 투자 대안별 투자 금액이다.

(결정 변수)

x_1: 은행예금 투자 금액(단위: 억 원)

x_2: 채권 투자 금액(단위: 억 원)

x_3: 주식 투자 금액(단위: 억 원)

x_4: 부동산 투자 금액(단위: 억 원)

목적함수는 각 투자 대안별 수익 액의 합이다. 따라서 다음과 같이 나타낼 수 있다.

(목적 함수)

Max $z = 4x_1 + 4.5x_2 + 7x_3 + 6x_4$ (단위: 억 원)

제약 조건은 투자 방침에 따른 조건들이다. 또한, 총 투자금액이 780을 넘지 않는 것도 제약 조건이다.

(제약 조건)

(1) 주식투자금액은 총 투자 가능액의 20%($780 \times 0.2 = 156$억 원)로 제한된다.

$\Rightarrow x_3 \leq 156$

(2) 부동산투자금액은 총 투자 가능액의 30%(780×0.2=234억 원)로 제한된다.

$\Rightarrow x_4 \leq 234$

(3) 채권투자 금액은 주식투자금액보다 2배 이상이어야 한다.

$\Rightarrow x_2 \geq 2x_3$ ($\Rightarrow x_2 - 2x_3 \geq 0$)

(4) 은행예금은 최소한 300억 원이다.

$\Rightarrow x_1 \geq 300$

(5) 부동산투자금액은 총 투자 가능액의 15%(780×0.15=117억원) 이상이어야 한다.

$\Rightarrow x_4 \geq 117$

(6) 총 투자 가능 금액은 780억 원이다.

$\Rightarrow x_1 + x_2 + x_3 + x_4 \leq 780$

정리하면, 선형계획 모형은 다음과 같다.

[예제 3.2]

$$
\begin{aligned}
\text{Max} \quad & z = 4x_1 + 4.5x_2 + 7x_3 + 6x_4 \\
\text{s.t} \quad & x_3 \leq 156 \\
& x_4 \leq 234 \\
& x_2 - 2x_3 \geq 0 \\
& x_1 \geq 300 \\
& x_4 \geq 117 \\
& x_1 + x_2 + x_3 + x_4 \leq 780 \\
& x_1, x_2, x_3, x_4 \geq 0
\end{aligned}
$$

[예제 3.2] 모형에 대해, 엑셀을 이용하여 해를 구해보자.

(1) 데이터 입력

- 셀 C5~F5: 목적함수의 계수를 입력한다.
- 셀 C9~F14: 제약식의 계수를 입력한다.
- 셀 I9~I14: 제약식의 우변항 값을 입력한다.

(2) 변수 셀

셀 C4~F4를 각각 변수 x_1, x_2, x_3, x_4의 값을 입력하는 셀로 지정하고 초기값으로 0을 입력한다.

(3) 목표 설정

목표 셀로 셀 G5를 지정한다. 목적함수 식은 $4x_1 + 4.5x_2 + 7x_3 + 6x_4$이므로, 셀 G5에 다음과 같이 입력한다.

- 목적함수 수식(셀 G5): "=SUMPRODUCT(C5:F5,C4:F4)"

(4) 제한 조건 셀

첫 번째 제약 조건에 대해 셀 G9에 다음과 같이 입력한다.

- 밀가루 가용량 제약(셀 G9): "=SUMPRODUCT(C9:F9,$C$4:$F$4)"

셀 G9를 선택하고 이를 셀 G10부터 G14까지 드래그하여 복사한다. [그림 3-4]는 이상의 데이터 및 수식을 입력한 것이다.

	A	B	C	D	E	F	G	H	I
1									
2									
3			x1(예금)	x2(채권)	x3(주식)	x4(빌딩)			
4			0	0	0	0	목적함수 값		
5			4	4.5	7	6	0		
6									
7									
8		<제약조건>							
9		주식 : 20% 이내	0	0	1	0	0	<=	156
10		빌딩 : 30% 이내	0	0	0	1	0	<=	234
11		채권은 주식의 2배 이상	0	1	-2	0	0	>=	0
12		예금은 300억 이상	1	0	0	0	0	>=	300
13		빌딩 : 15% 이상	0	0	0	1	0	>=	117
14		총 투자액 : 780억 이내	1	1	1	1	0	<=	780
15									

그림 3-4 데이터 및 수식 입력

(5) 해 찾기 매개 변수

'해 찾기' 메뉴를 선택하여 '해 찾기 매개 변수' 창을 활성화시킨 다음 각 항목에 다음과 같이 입력/선택한다.

- 목표 설정(T): $G$5
- 대상: '최대화(M)' 선택
- 변수 셀 변경(B): $C$4:$F$4
- 제한 조건에 종속(U): $C$4:$F$4 >=0
  $G$9:$G$10 <=$I$9:$I$10
  $G$11:$G$13 >=$I$11:$I$13
  $G$14 <=$I$14
- 해법 선택(E): '단순 LP' 선택

[그림 3-5]는 이상의 입력이 완료된 '해 찾기 매개 변수' 창이다.

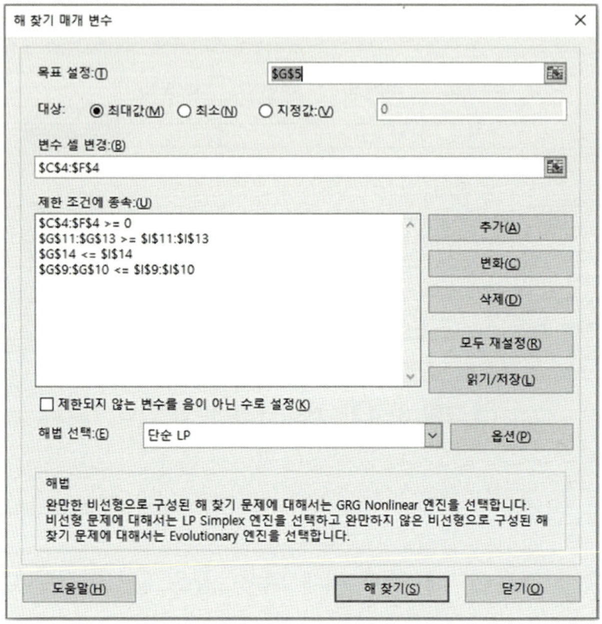

▌그림 3-5▐ '해 찾기 매개 변수' 창

모든 입력이 완료된 '해 찾기 매개 변수' 창에서 '해 찾기(S)' 버튼을 클릭하여 최적해를 구한 결과는 [그림 3-6]과 같다. 최적해는 $x_1 = 300$, $x_2 = 164$, $x_3 = 82$, $x_4 = 234$이며, 목적함수 값은 $z = 3916$이다.

	A	B	C	D	E	F	G	H	I
1									
2									
3			x1(예금)	x2(채권)	x3(주식)	x4(빌딩)			
4			300	164	82	234	목적함수 값		
5			4	4.5	7	6	3916		
6									
7									
8		<제약조건>							
9		주식 : 20% 이내	0	0	1	0	82	<=	156
10		빌딩 : 30% 이내	0	0	0	1	234	<=	234
11		채권은 주식의 2배 이상	0	1	-2	0	0	>=	0
12		예금은 300억 이상	1	0	0	0	300	>=	300
13		빌딩 : 15% 이상	0	0	0	1	234	>=	117
14		총 투자액 : 780억 이내	1	1	1	1	780	<=	780
15									

▌그림 3-6▐ [예제 3.2]의 최적해

예제 3.3 인력수급계획

중저가형 스마트폰을 생산하여 전세계에 수출하고 있는 대한전기(주)는 폴더블 스마트폰을 개발하려고 한다. 이를 위해, 대규모의 인력 채용을 고려하고 있다. 고려중인 각 직군별 연봉은 개발직 1억 원, 생산직 7천만 원, 영업직 8천만 원, 관리직 5천만 원이다. 이 회사는 개발하고자 하는 폴더블 스마트폰 분야에서 시장점유율 1위 기업이 되기 위해서는 연간 최소 800만대를 생산해야 하며, 이 중, 최소 700만 대 이상을 판매하여야 한다. 생산직 일인당 연간 생산가능수량은 2만 대이며, 영업직 1인당 연간 판매 가능 수량은 5천 대이다. 또한 개발직을 제외한 3개 직군의 각 직군별로 1인당 연간 근무 시간은 다음과 같다.

직군	1인당 연간 근무 시간
생산직	2,200
영업직	2,500
관리직	2,000

연간 생산한 제품의 판매를 위해서는 생산, 영업, 관리직의 총 근무시간은 50만 시간 이상이어야 한다. 또한 개발직은 최소 100명 이상 채용하여야 한다. 이 회사는 생산 및 판매 조건을 충족시키면서 인력수급 비용을 최소화하기 위한 방안을 찾고자 한다.

[예제 3.3]의 결정변수는 각각의 투자 대안별 투자 금액이다.

(결정 변수)

x_1: 개발직 채용인원

x_2: 생산직 채용인원

x_3: 영업직 채용인원

x_4: 관리직 채용인원

목적 함수는 인력 채용시 소요되는 총비용을 최소화하는 것이므로 다음과 같이 나타낼 수 있다.

(목적 함수)

Min $\quad z = x_1 + 0.7x_2 + 0.8x_3 + 0.5x_4$ (단위: 억 원)

제약 조건은 다음과 같다.

(제약 조건)

(1) 생산직 1인당 2만대 생산 가능하며, 연간 최소 800만대 이상 생산해야 한다.

$\Rightarrow 20,000x_2 \geq 8,000,000$

(2) 영업직 1인당 5천대 판매 가능하며, 연간 최소 700만대 이상 판매해야 한다.

$\Rightarrow 5,000x_3 \geq 7,000,000$

(3) 생산직, 영업직, 관리직의 총 근무 시간의 합은 50만 시간 이상이어야 한다.

$\Rightarrow 2,200x_2 + 2,500x_3 + 2,000x_4 \geq 500,000$

(4) 개발직은 최소 100명 이상 채용한다.

$\Rightarrow x_1 \geq 100$

정리하면, 선형계획 모형은 다음과 같다.

[예제 3.3] Min $\quad z = x_1 + 0.7x_2 + 0.8x_3 + 0.5x_4$

s.t

$$20,000x_2 \geq 8,000,000$$

$$5,000x_3 \geq 7,000,000$$

$$2,200x_2 + 2,500x_3 + 2,000x_4 \geq 500,000$$

$$x_1 \geq 100$$

$$x_1, x_2, x_3, x_4 \geq 0$$

[예제 3.3] 모형에 대해, 엑셀을 이용하여 해를 구해보자.

(1) 데이터 입력

- 셀 C5~F5: 목적함수의 계수를 입력한다.
- 셀 C9~F12: 제약식의 계수를 입력한다.
- 셀 I9~I12: 제약식의 우변항 값을 입력한다.

(2) 변수 셀

셀 C4~F4를 각각 변수 x_1, x_2, x_3, x_4의 값을 입력하는 셀로 지정하고 초기값으로 0을 입력한다.

(3) 목표 설정

목표 셀로 셀 G5를 지정한다. 목적함수 식은 $x_1 + 0.7x_2 + 0.8x_3 + 0.5x_4$이므로, 셀 G5에 다음과 같이 입력한다.

- 목적함수 수식(셀 G5): "=SUMPRODUCT(C5:F5,C4:F4)"

(4) 제한 조건 셀

첫 번째 제약 조건에 대해 셀 G9에 다음과 같이 입력한다.

- 연간 생산량 제약(셀 G9): "=SUMPRODUCT(C9:F9,$C$4:$F$4)"

셀 G9를 선택하고 이를 셀 G10부터 G12까지 드래그하여 복사한다. [그림 3-7]은 이상의 데이터 및 수식을 입력한 것이다.

	A	B	C	D	E	F	G	H	I
1									
2									
3			x1(개발직)	x2(생산직)	x3(영업직)	x4(관리직)			
4			0	0	0	0	목적함수 값		
5			1	0.7	0.8	0.5	0		
6									
7									
8		<제약조건>							
9		연간 800만대 이상 생산	0	20000	0	0	0	>=	8000000
10		연간 700만대 이상 판매	0	0	5000	0	0	>=	7000000
11		50만시간 이상 근무	0	2200	2500	2000	0	>=	500000
12		개발직 100명 이상	1	0	0	0	0	>=	100
13									

▌그림 3-7▌ 데이터 및 수식 입력

(5) 해 찾기 매개 변수

'해 찾기' 메뉴를 선택하여 '해 찾기 매개 변수' 창을 활성화시킨 다음 각 항목에 다음과 같이 입력/선택한다.

- 목표 설정(T): $G$5
- 대상: '최소(N)' 선택
- 변수 셀 변경(B): $C$4:$F$4
- 제한 조건에 종속(U): $C$4:$F$4 >=0

  $G$9:$G$12 >=$I$9:$I$12
- 해법 선택(E): '단순 LP' 선택

[그림 3-8]은 이상의 입력이 완료된 '해 찾기 매개 변수' 창이다.

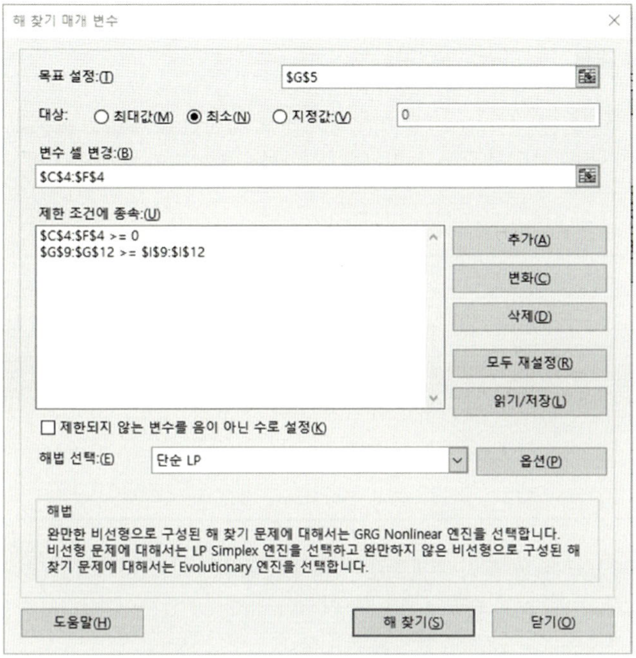

그림 3-8 '해 찾기 매개 변수' 창

모든 입력이 완료된 '해 찾기 매개 변수' 창에서 '해 찾기(S)' 버튼을 클릭하여 최적해를 구한 결과는 [그림 3-9]와 같다.

최적해는 $x_1 = 100$, $x_2 = 400$, $x_3 = 1,400$, $x_4 = 0$이며, 목적함수 값은 $z = 1,500$이다.

	A	B	C	D	E	F	G	H	I
1									
2									
3			x1(개발직)	x2(생산직)	x3(영업직)	x4(관리직)			
4			100	400	1400	0	목적함수 값		
5			1	0.7	0.8	0.5	1500		
6									
7									
8		<제약조건>							
9		연간 800만대 이상 생산	0	20000	0	0	8000000	>=	8000000
10		연간 700만대 이상 판매	0	0	5000	0	7000000	>=	7000000
11		50만시간 이상 근무	0	2200	2500	2000	4380000	>=	500000
12		개발직 100명 이상	1	0	0	0	100	>=	100
13									

그림 3-9 [예제 3.3]의 최적해

예제 3.4 생산 계획

로보틱스(주)는 자동화된 생산시스템을 이용하여 하루 24시간 중단 없이 제품을 생산한다. 수요는 매일 달라지며, 변화되는 수요를 충족시키기 위하여 매주 요일별 생산해야 하는 최소 수량은 다음과 같다.

요일	최소 생산산량(개)
월	12,000
화	18,000
수	25,000
목	30,000
금	28,000
토	8,000
일	6,000

이 회사의 생산 로봇은 높은 준비 비용으로 인해 작업을 한번 시작하면 3일 연속 작업이 진행된다. 또한 3일이 지나면 충분한 휴식 시간이 주어져야 한다. 이 생산 로봇의 하루 생산량은 100개이다. 토요일과 일요일에는 새로운 로봇을 작업에 투입할 수 없다. 로보틱스(주)는 위의 조건들을 모두 만족하면서 생산 작업 현장에 매일 투입해야하는 생산 로봇을 최소화하고자 한다.

[예제 3.4]의 결정변수는 월요일부터 금요일까지 각 요일별 새로 투입할 로봇의 수이다(토요일과 일요일에는 새로운 로봇을 투입할 수 없다).

(결정 변수)

x_1: 월요일에 새로 투입되는 로봇의 수

x_2: 화요일에 새로 투입되는 로봇의 수

x_3: 수요일에 새로 투입되는 로봇의 수

x_4: 목요일에 새로 투입되는 로봇의 수

x_5: 금요일에 새로 투입되는 로봇의 수

목적 함수는 총 투입되는 로봇의 수를 최소화하는 것이다.

(목적 함수)

Min $z = x_1 + x_2 + x_3 + x_4 + x_5$ (단위: 대)

제약 조건은 각 요일별 최소 생산 수량과 관련된 것이다.

(제약 조건)

(1) 월요일 투입되는 로봇은 혼자 작업해야 하며, 12,000대 이상 생산해야 한다.

$\Rightarrow 100x_1 \geq 12,000$

(2) 화요일 제품생산은 월요일과 화요일에 투입된 로봇이 작업하며, 18,000대 이상 생산해야 한다.

$\Rightarrow 100(x_1 + x_2) \geq 18,000$

(3) 수요일 제품생산은 월, 화, 수 3일간 투입된 투입된 로봇이 작업하며, 25,000대 이상 생산해야 한다.

$\Rightarrow 100(x_1 + x_2 + x_3) \geq 25,000$

(4) 목요일 제품생산은 화, 수, 목 3일간 투입된 투입된 로봇이 작업하며, 30,000대 이상 생산해야 한다.

$\Rightarrow 100(x_2 + x_3 + x_4) \geq 30,000$

(5) 금요일 제품생산은 수, 목, 금 3일간 투입된 투입된 로봇이 작업하며, 28,000대 이상 생산해야 한다.

$\Rightarrow 100(x_3 + x_4 + x_5) \geq 28,000$

(6) 토요일 제품생산은 목요일과 금요일에 투입된 투입된 로봇이 작업하며, 8,000대 이상 생산해야 한다.

$\Rightarrow 100(x_4 + x_5) \geq 8,000$

(7) 일요일 제품생산은 금요일에 투입된 투입된 로봇이 작업하며, 6,000대 이상

생산해야 한다.

$\Rightarrow 100x_5 \geq 6{,}000$

정리하면, 선형계획 모형은 다음과 같다.

[예제 3.4] Min $z = x_1 + x_2 + x_3 + x_4 + x_5$

s.t

$$
\begin{aligned}
&100x_1 \geq 12{,}000 \\
&100(x_1 + x_2) \geq 18{,}000 \\
&100(x_1 + x_2 + x_3) \geq 25{,}000 \\
&100(x_2 + x_3 + x_4) \geq 30{,}000 \\
&100(x_3 + x_4 + x_5) \geq 28{,}000 \\
&100(x_4 + x_5) \geq 8{,}000 \\
&100x_5 \geq 6{,}000 \\
&x_1, x_2, x_3, x_4, x_5 \geq 0
\end{aligned}
$$

[예제 3.4] 모형에 대해, 엑셀을 이용하여 해를 구해보자.

(1) 데이터 입력

- 셀 C5~F5: 목적함수의 계수를 입력한다.
- 셀 C9~G15: 제약식의 계수를 입력한다.
- 셀 J9~J15: 제약식의 우변항 값을 입력한다.

(2) 변수 셀

셀 C4~G4를 각각 변수 x_1, x_2, x_3, x_4, x_5의 값을 입력하는 셀로 지정하고 초기값으로 0을 입력한다.

(3) 목표 설정

목표 셀로 셀 H5를 지정한다. 목적함수 식은 $x_1+x_2+x_3+x_4+x_5$이므로, 셀 H5에 다음과 같이 입력한다.

- 목적함수 수식(셀 H5): "=SUMPRODUCT(C5:G5,C4:G4)"

(4) 제한 조건 셀

첫 번째 제약 조건에 대해 셀 H9에 다음과 같이 입력한다.

- 첫 번째 제약(셀 H9): "=SUMPRODUCT(C9:G9,$C$4:$G$4)"

셀 H9를 선택하고 이를 셀 H10 부터 H15까지 드래그하여 복사한다.
[그림 3-10]은 이상의 데이터 및 수식을 입력한 것이다.

	A	B	C	D	E	F	G	H	I	J
1										
2			<요일별 투입 로봇의 수>							
3			x1(월)	x2(화)	x3(수)	x4(목)	x5(금)			
4			0	0	0	0	0	목적함수 값		
5			1	1	1	1	1	0		
6										
7										
8	<제약조건:요일별 생산량>									
9		월요일	1	0	0	0	0	0	>=	120
10		화요일	1	1	0	0	0	0	>=	180
11		수요일	1	1	1	0	0	0	>=	250
12		목요일	0	1	1	1	0	0	>=	300
13		금요일	0	0	1	1	1	0	>=	250
14		토요일	0	0	0	1	1	0	>=	80
15		일요일	0	0	0	0	1	0	>=	60
16										

그림 3-10 데이터 및 수식 입력

(5) 해 찾기 매개 변수

'해 찾기' 메뉴를 선택하여 '해 찾기 매개 변수' 창을 활성화시킨 다음 각 항목에 다음과 같이 입력/선택 한다.

– 목표 설정(T): $H$5
– 대상: '최소(N)' 선택
– 변수 셀 변경(B): $C$4:$G$4
– 제한 조건에 종속(U): $C$4:$G$4 >=0
$H$9:$H$15 >=$J$9:$J$15
– 해법 선택(E): '단순 LP' 선택

[그림 3-11]은 이상의 입력이 완료된 '해 찾기 매개 변수' 창이다.

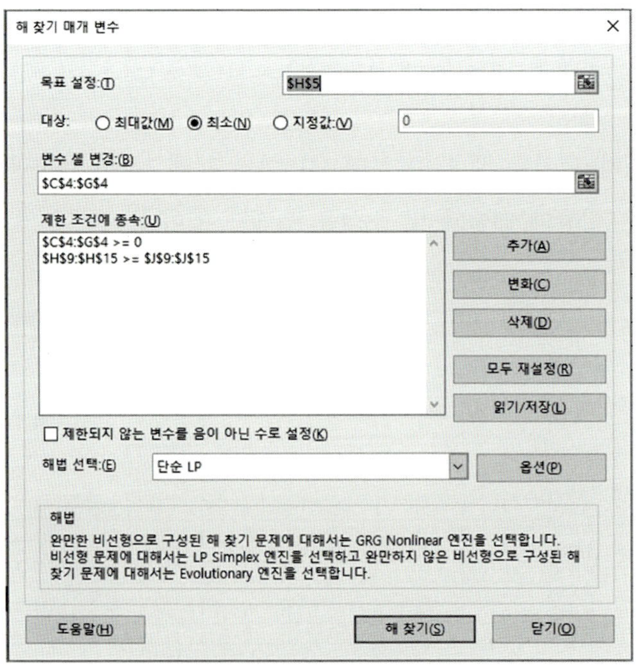

▌그림 3-11▐ '해 찾기 매개 변수' 창

모든 입력이 완료된 '해 찾기 매개 변수' 창에서 '해 찾기(S)' 버튼을 클릭하여 최적해를 구한 결과는 [그림 3-12]와 같다.

최적해는 $x_1 = 120$, $x_2 = 60$, $x_3 = 220$, $x_4 = 20$, $x_5 = 60$이며, 목적함수 값은 $z = 480$이다.

	A	B	C	D	E	F	G	H	I	J
1										
2					<요일별 투입 로봇의 수>					
3			x1(월)	x2(화)	x3(수)	x4(목)	x5(금)			
4			120	60	220	20	60	목적함수 값		
5			1	1	1	1	1	480		
6										
7										
8	<제약조건:요일별 생산량>									
9		월요일	1	0	0	0	0	120	>=	120
10		화요일	1	1	0	0	0	180	>=	180
11		수요일	1	1	1	0	0	400	>=	250
12		목요일	0	1	1	1	0	300	>=	300
13		금요일	0	0	1	1	1	300	>=	250
14		토요일	0	0	0	1	1	80	>=	80
15		일요일	0	0	0	0	1	60	>=	60
16										

그림 3-12 [예제 3.4]의 최적해

3 • 민감도 분석

민감도 분석(sensitivity analysis)은 선형계획 모형의 목적함수식 계수, 제약조건식의 계수, 또는 우변항 값의 변화가 현재의 최적해에 어떻게 영향을 끼치는가를 분석하는 것이다.

선형계획법을 적용하여 문제를 풀 때, 문제에 포함된 데이터들은 확정적인 것으로 간주한다. 그러나 실제 문제에서 이들 계수는 여러 요인들에 의해 언제든지 변화될 수 있다. 데이터(계수값)의 변화가 최적해 혹은 목적함수 값에 어떤 영향을 미치는지를 미리 알아봄으로써, 추후 이러한 변화가 실제로 발생했을 때 신속한 의사결정을 내릴 수 있다.

다음 예제를 통해 엑셀을 이용한 민감도 분석에 대해 자세히 알아보자.

예제 3.5

㈜영남가구는 모델 A와 모델 B 두 종류의 가정용 책상을 생산하고 있다. 모델 A의 완제품 한 개에는 나무 1단위와 철제 1단위가 사용된다. 반면 모델 B 완제품 하나를 만드는 데는 나무만 1 단위가 사용되며 철제는 사용되지 않는다. 이 회사에서 한 달간 모델 A와 B를 생산하려 하는데 가용한 나무는 모두 60단위, 철제는 40단위이다. 또한 앞으로 한 달간 작업 가능 시간은 120시간이며, 모델 A 하나를 생산하는 데는 1시간, 모델 B 하나를 생산하는 데는 3시간이 소요된다. 모델 A와 B의 대당 판매 이익은 각각 30만 원, 40만 원이라고 할 때, ㈜영남가구는 이익을 최대화하기 위해 각 모델을 한 달간 몇 대씩 생산해야 할지 결정하고자 한다.

투입 요소	모델		가용량
	A	B	
나무	1	1	60
철제	1	0	40
공정 시간	1	3	120
개당 판매이익	30만 원	40만 원	

먼저 위 의사결정 상황을 선형계획 모형으로 작성한다. 결정변수는 모델 A와 모델 B의 생산 수량이다.

(결정 변수)

x_1: 모델 A의 생산 수량

x_2: 모델 B의 생산 수량

(주)영남가구는 총판매 이익을 최대화하는 것이 목적이다. 따라서 목적 함수는 다음과 같다.

(목적 함수)

Max $\quad z = 30x_1 + 40x_2$ (단위: 만 원)

[예제 3.5]는 세 가지 투입 요소에 대한 제약이 존재한다.

(제약 조건)

(1) 나무의 가용량은 60단위이다.

$\Rightarrow x_1 + x_2 \le 60$

(2) 철재의 가용량은 40단위이다.

$\Rightarrow x_1 \le 40$

(3) 총 가용시간은 120시간이다.

$\Rightarrow x_1 + 3x_2 \le 120$

정리하면, [예제 3.5]의 선형계획 모형은 다음과 같다.

(선형계획 모형)

$$
\begin{aligned}
\text{Max} \quad & z = 30x_1 + 40x_2 \\
\text{s.t} \quad & x_1 + x_2 \le 60 \\
& x_1 \le 40 \\
& x_1 + 3x_2 \le 120 \\
& x_1, x_2 \ge 0
\end{aligned}
$$

이 문제에 대해 엑셀을 이용하여 최적해를 구한 결과는 다음과 같다([그림 3-13]).

최적해: $x_1^* = 30$, $x_2^* = 30$

목적함수 값: $z^* = 2,100$

	A	B	C	D	E	F	G
1							
2							
3			x1(모델 A)	x2(모델 B)			
4		생산량	30	30	총 판매이익		
5		개당 판매이익	30	40	2100		
6							
7							
8		<제약조건>					
9		나무	1	1	60	<=	60
10		철제	1	0	30	<=	40
11		작업시간	1	3	120	<=	120
12							

그림 3-13 [예제 3.5]의 최적해

이제 엑셀을 이용하여 민감도 분석을 수행하는 과정을 살펴보자. 민감도 분석은 '해 찾기' 메뉴를 이용한다. '해 찾기' 메뉴를 이용하면 [그림 3-14]와 같은 '해 찾기 결과' 창이 나타난다는 것은 2장에서 본 바 있다. 이 창에서 오른쪽에 '보고서'라는 제목의 창이 있고 여기서 '우편물 종류'를 선택하고 '확인' 버튼을 누르면 [그림 3-15]와 같은 '민감도 보고서'라는 새로운 워크시크가 생성된다. ('우편물 종류'는 엑셀 영문 버전을 한글로 번역하면서 생긴 오류인 것으로 보인다. '우편물 종류'는 '민감도'라고 표시해야 적절하다.)

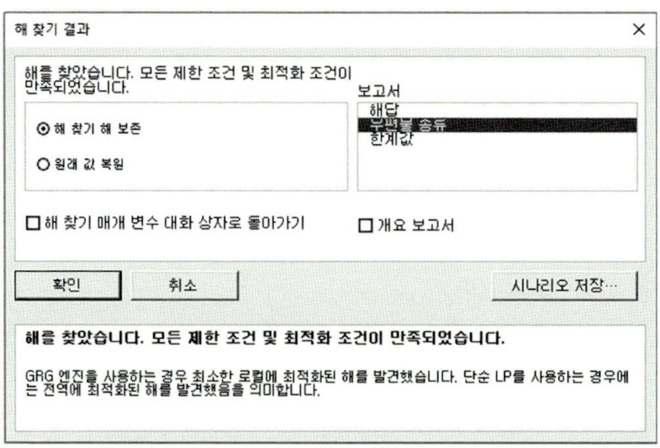

그림 3-14 민감도 분석을 위한 보고서 작성

Microsoft Excel 16.0 민감도 보고서
워크시트 이름: [예제 3.5.xlsx]3-15
보고서 작성일: 2019-02-18 오전 11:09:08

변수 셀

셀	이름	계산 값	한계 비용	목표 셀 계수	허용 가능 증가치	허용 가능 감소치
$C$4	생산량 x1(모델 A)	30	0	30	10	16.66666667
$D$4	생산량 x2(모델 B)	30	0	40	50	10

제한 조건

셀	이름	계산 값	잠재 가격	제한 조건 우변	허용 가능 증가치	허용 가능 감소치
$E$9	나무 사용량	60	25	60	6.666666667	20
$E$10	철제 사용량	30	0	40	1E+30	10
$E$11	작업시간 사용량	120	5	120	60	20

그림 3-15 [예제 3.5]의 민감도 보고서

민감도 보고서를 어떻게 활용할 수 있는지에 대해 알아보자.

(1) 목적함수 계수의 변화

민감도 보고서의 '변수 셀'을 보면 모델 A의 허용 가능 증가치는 10이고, 허용 가능 감소치는 16.67이다. 이 수치는 원래 모델 A의 목표 셀 계수값 30에서 16.67이 감소한 13.33부터 10이 증가한 40 사이이면 현재의 해가 최적해를 계속 유지한다는 것을 의미한다. 따라서 다른 계수 값들은 변하지 않는다고 가정할 때, 모델 A의 개당 판매이익이 13.33만원에서 40만원 사이이면 현재의 최적해 $x_1^* = 30$, $x_2^* = 30$은 여전히 최적해이다.

마찬가지로 모델 B의 목표 셀 계수는 40, 허용 가능 증가치는 50, 허용 가능 감소치는 10이므로, 다른 계수 값들은 변하지 않고 모델 B의 개당 판매이익이 30에서 90사이를 유지할 경우 현재의 최적해 $x_1^* = 30$, $x_2^* = 30$은 여전히 최적해이다.

(2) 우변항 값의 변화

민감도 보고서의 '제한 조건'을 보면 나무의 잠재 가격은 25만 원이다. 잠재 가격의 의미는 나무 한 단위의 경제적 가치를 의미한다. 즉, 나무 한 단위를 더 사용할 수 있다면 총 이익은 25만 원이 늘어나고 한 단위를 덜 사용할 때마다 총이익은 25만 원 감소함을 뜻한다. 다만, 한 단위당 25만 원인 잠재 가격은 일정 범위 내에서만 그 의미를 갖게 되는데, 그 범위를 나타낸 것이 허용 가능 증가치와 허용 가능 감소치이다. 나무의 허용 가능 증가치는 6.67, 허용 가능 감소치는 20이다. 이는 현재의 우변항 값 60에서 20이 줄어든 40부터 6.67이 늘어난 66.67의 범위 내에서는 나무의 잠재 가격이 25만 원임을 뜻한다. 예를 들어, 다른 계수들은 변하지 않는다는 전제하에, 우변항 값이 61로 1만큼 증가(유리의 가용수향이 한 단위 증가)하면, 총 이익은 현재의 2,100만 원에서 25만 원 증가한 2,125만 원이 된다.

철제는 잠재 가격이 0원이다. 이는 허용 가능 증가치와 허용 가능 감소치 범위 내에서 잠재 가격이 0원이며, 목적함수 값이 변하지 않음을 의미한다. 현재의 우변항 값이 40이므로, 30(40−10)에서 무한대(40+무한대)까지 변하더라도 목적함수 값에는 변화가 없다.

작업시간의 잠재가격은 5이다. 허용 가능 증가치와 감소치를 고려한 변동 범위 100(120−20)에서 180(120+60)의 범위에서 잠재가격은 5만 원이며, 이는 한 단위 증가(감소)할 때마다 목적함수 값이 5만큼 증가(감소)함을 뜻한다.

연 | 습 | 문 | 제

1 S전자는 세탁기와 선풍기를 생산하고 있다. 생산은 A, B, C 세 공정으로 이루어진다. 세탁기를 생산하는 데는 A공정 2시간, B공정 1시간, C공정 3시간이 필요하다. 선풍기를 생산하는 데는 A공정 5시간, B공정 1시간, C공정 1시간이 필요하다. A공정, B공정, C공정의 가용시간은 각각 60시간, 18시간, 54시간이다. 또한 세탁기의 대당 이익은 2만 원, 선풍기의 대당이익은 1만 원이다.

(1) S전자의 이익을 최대화하기 위해서는 세탁기와 선풍기 각각 몇 대씩 생산해야 하는지를 구하기 위한 선형계획 모형을 작성하라.
(2) 엑셀을 이용하여 해를 구하라.

2 청량음료 제조업체인 K사는 격화되는 경쟁 환경에 대응하기 위해 수송비 절감을 절실하게 느끼고 있다. 이에 수송비를 절감할 수 있는 방안을 수립하고자 한다. 이 회사는 대전과 마산 두 곳의 공장을 갖고 있으며, 서울, 부산, 광주에 창고를 갖고 있다. 다음 달 두 공장의 생산량(공급량)은 대전 400, 마산 300이다. 각 지역의 수요를 맞추기 위하여 이 수량을 세 곳의 창고로 수송하고자 한다. 각 창고에서 필요한 수량(수요량)은 서울 300, 부산 200, 광주 200이다. 또한 각 공장에서 창고로 단위당 수송비용은 다음 표와 같다. 이 회사의 수송비를 최소화하기 위한 선형계획 모형을 작성하라.

		창고(수요지)			공급량
		서울	부산	광주	
공장 (공급지)	대전	3	6	5	400
	마산	7	2	8	300
수요량		300	200	200	

3 A사는 세 종류의 자동차 부품을 만들어 H 자동차사에 납품한다. 각 부품들은 금형기계와 절삭기계를 차례로 거쳐 만들어지는데, 부품 단위당 생산에 소요되는 각각의 작업시간은 다음과 같다.

부품	금형시간	절삭시간
1	6	4
2	4	5
3	2	4

연 | 습 | 문 | 제

금형기계의 한 달 가용시간은 1,200시간, 절삭기계의 가용시간은 1,000시간이다. 부품 1, 2, 3의 단위당 판매이익은 12만 원, 10만 원, 8만 원이다. 최대의 판매이익을 얻기 위한 각 부품의 생산량을 결정하기 위한 선형계획 모형은 다음과 같다.

결정 변수 x_1: 부품 1의 생산량
x_2: 부품 2의 생산량
x_3: 부품 3의 생산량

Max $z = 12x_1 + 10x_2 + 8x_3$
s.t $6x_1 + 4x_2 + 2x_3 \leq 1200$
$4x_1 + 5x_2 + 4x_3 \leq 1000$
$x_1, x_2, x_3 \geq 0$

이 문제를 엑셀 "해찾기" 기능을 이용하여 해를 구하였고, 민감도 보고서는 다음과 같다.

Microsoft Excel 12.0 민감도 보고서
워크시트 이름: [Book1]Sheet1

값을 바꿀 셀

셀	이름	계산 값	한계 비용	목표 셀 계수	허용 가능 증가치	허용 가능 감소치
$C$4	부품1	175	0	12	12	4
$D$4	부품2	0	-1.5	10	1.5	1E+30
$E$4	부품3	75	0	8	4	1.714285714

제한 조건

셀	이름	계산 값	잠재 가격	제한 조건 우변	허용 가능 증가치	허용 가능 감소치
$F$7	금형	1200	1	1200	300	700
$F$8	절삭	1000	1.5	1000	1400	200

(1) 부품 1, 2, 3의 최적 생산량은 얼마인가?

(2) 현재 가능한 절삭 작업시간은 1,000시간이다. 만약 절삭가능시간이 100시간 더 늘어나 1,100시간이 된다면 총 판매이익은 얼마나 더 증가하게 되는가?

연 | 습 | 문 | 제

(3) 한 외주업체에 금형작업을 추가로 500시간 외주를 주려고 한다. 이 업체는 500시간에 대한 금형 외주비용으로 400만 원을 요구하고 있다. 이 제안을 받아들이는 것이 나은가? 혹은 거절해야 하는가?

management science

Chapter 4

정수계획법

1. 서론
2. 정수계획법의 모형
3. 정수계획법의 해법
4. 엑셀을 이용한 해법

CHAPTER 04 management science

정수계획법

1 • 서론

2장에서 다룬 선형계획(LP) 모형에서는 포함된 모든 결정변수들이 0 또는 양의 실수를 갖는다. 따라서 선형계획 문제의 최적해를 구하면 정수 값이 아닌 실수 값으로 해가 나타나는 경우가 많이 있다. 그러나 실제 현실적인 문제에서 모든 결정변수 혹은 일부 결정변수가 실수가 아닌 정수 값만 가져야 하는 경우가 있다.

이 장에서 다루는 정수계획법(IP: Integer Programming) 모형은 다른 조건은 선형계획법과 동일하고, 추가적으로 모든 변수 (혹은 일부 변수)가 0 혹은 양의 정수 값을 갖는다는 제약이 추가된 것이다. 모든 변수가 0 또는 양의 정수의 값을 가질 경우, 순수정수계획 문제(pure integer programming problems), 변수의 일부만 0 또는 양의 정수의 값을 갖는다는 제약이 추가될 경우에는 혼합정수계획 문제(mixed integer programming problems)라고 한다.

2 • 정수계획법의 모형

다음 [예제 4.1]은 2장의 [예제 2.1]에서 목적 함수와 제약 조건의 계수를 일부 변경시킨 문제이다.

예제 4.1 정수해를 갖지 않는 제품조합 문제

서울가구는 책상과 의자 두 가지 제품을 판매하고 있다. 책상의 개당 판매 이익은 5만원, 의자의 개당 판매 이익은 4만원이다. 책상 한 개를 생산하기 위해서는 1kg의 목재와 4시간의 작업시간이 필요하다. 또한 의자 한 개를 생산하기 위해서는 2kg의 목재와 2시간의 작업시간이 필요하다. 이 회사는 10kg의 목재를 사용할 수 있으며, 가용한 작업시간은 총 27시간이다. 서울가구는 총 판매이익을 최대화하기 위해 책상과 의자를 몇 개씩 생산해야 하는지를 결정하고자 한다. 단, 생산되는 모든 책상과 의자는 모두 판매된다고 가정한다.

생산 요소	제품		생산요소별 가용량
	책상	의자	
목재	1	2	10
작업 시간	4	2	27
개당 판매이익	5만원	4만원	

이 문제를 선형계획법으로 모형화하면 다음 (LP1)과 같다.

$$
\begin{aligned}
\text{(LP1)} \qquad \text{Max} \quad & z = 5x_1 + 4x_2 \\
\text{s.t} \quad & x_1 + 2x_2 \le 10 \\
& 4x_1 + 2x_2 \le 27 \\
& x_1, x_2 \ge 0
\end{aligned}
$$

(LP1)의 최적해는 $x_1^* = 5.67$(책상의 생산 수량), $x_2^* = 2.17$(의자의 생산 수량)이다. 현실적으로 책상과 의자의 생산 수량은 정수가 되어야 한다. 선형계획 모형에서는 각각 5.67, 2.17이 최적해이지만 실제 상황에서는 정수로 해를 구해야 한다. 이렇게 실제 상황에서 정수해를 찾아야 하는 경우 정수계획 모형을 이용하여 해를 구한다.

모형 (LP1)에서 제약조건들을 모두 만족하는 양의 실수 값 x_1과 x_2들 중 목적 함수를 가장 크게 하는 값이 최적해이며, 그 값은 앞서 언급했듯이 $x_1^* = 5.67$, $x_2^* = 2.17$이다. 만약 변수 x_1과 x_2가 모두 정수 값만을 가져야 한다고 가정하면, 모형 (LP1)은 다음과 같은 정수계획 모형 (IP1)이 되다.

$$
\begin{array}{lll}
\text{(IP1)} & \text{Max} & z = 5x_1 + 4x_2 \\
 & \text{s.t} & x_1 + 2x_2 \le 10 \\
 & & 4x_1 + 2x_2 \le 27 \\
 & & x_1, x_2 \ge 0 \ (x_1,\ x_2\text{는 정수})
\end{array}
$$

정수계획 모형 (IP1)은 선형계획 모형 (LP1)에서 결정변수 x_1, x_2가 정수이어야 한다는 정수화 조건만 추가된 것이다. 일반적으로 선형계획 문제 (LP1)은 정수계획 문제 (IP1)의 LP 완화(LP Relaxation) 문제라고 한다.

3 • 정수계획법의 해법

정수계획법 문제를 풀기 위한 해법으로 분지한계법(branch and bound method)을 소개한다. 정수계획 문제의 해법으로 많이 사용되는 분지한계법은 랜드(Land)와 도익(Doig)에 의해 개발된 방법으로 순수정수계획 문제나 혼합정수계획 문제의 해를 구하는데 널리 이용되는 기법이다. 이 기법은 실행가능한 정수해들 중 일부분들을 체계적으로 검토하면서 최적해를 구해나가는 방법이다. 최대화 문제를 기준으로 분지한계법의 해법 절차는 다음과 같다.

step 1) 주어진 정수계획 문제에서 정수제약조건을 무시한 선형계획문제인 LP 완화 문제의 최적해를 구한다.

step 2) LP 완화 문제의 최적해가 모두 정수해를 가지면 그 값이 최적해가 된다. 만약 하나라도 정수해가 아닌 해가 존재할 경우에는 다음 step 3으로 간다.

step 3) 정수값이 아닌 해를 갖는 변수에 대해 두 개의 하위 문제(sub-problem)를 구성한다(분지). 일반적으로 가장 큰 소수값을 갖는 비정수해의 변수를 선택하고 하나는 올림을, 다른 하나는 내림하여 두 하위 문제로 나눈다. 나누어진 두 부분을 원래 문제의 제약식에 추가한다. 이렇게 하는 이유는 비정수해를 갖는 변수를 해당되는 비정수해를 갖지 못하도록 강제하는 것이다.

step 4) 각 하위 문제에 대해서 LP 완화 문제의 목적함수 값을 상한값(ub: upper bound), 정수계획 문제의 목적함수 값을 하한값(lb: lower bound)으로 설정한다(한계). 상한값과 하한값은 분지가 더 늘어남에 따라 변경될 수 있다. 각 분지에서는 선형계획법의 목적함수 값(상한값)이 현재의 하한값보다 더 작은 경우 그 하위 문제는 더이상 고려하지 않는다. 또한, 정수해가 발견될 경우, 이 정수해가 제약조건식을 위반할 경우(실행불가능해)에도 계산을 멈춘다. 만약 발견한 정수해가 각 하위 문제에서의 상한값보다 크거나 같은 경우 그 값이 최적정수해가 된다. step 3과 step 4의 과정을 최적 정수해를 찾을 때까지 반복한다.

앞서 다룬 정수계획 문제(IP1)에 대해서 분지한계법의 상세한 과정을 살펴보자.

(IP1) Max $z = 5x_1 + 4x_2$

s.t $x_1 + 2x_2 \le 10$

$4x_1 + 2x_2 \le 27$

$x_1,\ x_2 \ge 0$($x_1,\ x_2$는 정수)

먼저 (IP1)의 정수제약식을 완화한 선형계획 문제는 다음과 같다.

(LP1) $$\begin{aligned} \text{Max} \quad & z = 5x_1 + 4x_2 \\ \text{s.t} \quad & x_1 + 2x_2 \leq 10 \\ & 4x_1 + 2x_2 \leq 27 \\ & x_1,\ x_2 \geq 0 \end{aligned}$$

(LP1)을 심플렉스법으로 풀면 최적해는 다음과 같다.

$$x_1 = 5.67,\ x_2 = 2.17,\ z = 37$$

x_1과 x_2 모두 정수해가 아니므로 이 둘 중, 더 큰 소수값을 갖는 변수인 x_1을 선택한다. (LP1)의 최적해(x_1)의 값 5.67의 소수 부분을 제거하기 위해서는 두 개의 새로운 제약조건식을 추가한다. 5.67에 가까운 두 정수 값은 5와 6이다. 따라서 추가될 제약식은 $x_1 \leq 5$ 와 $x_1 \geq 6$ 이다. 이 두 개의 제약식이 각각 하나씩 추가된 하위 문제는 5와 6 사이의 모든 소수값들을 제거하게 된다. 결론적으로 (LP1)의 두 하위 문제 (LP1.1), (LP1.2)는 다음과 같다.

(LP1.1) $$\begin{aligned} \text{Max} \quad & z = 5x_1 + 4x_2 \\ \text{s.t} \quad & x_1 + 2x_2 \leq 10 \\ & 4x_1 + 2x_2 \leq 27 \\ & x_1 \leq 5 \\ & x_1,\ x_2 \geq 0 \end{aligned}$$

(LP1.2) $$\begin{aligned} \text{Max} \quad & z = 5x_1 + 4x_2 \\ \text{s.t} \quad & x_1 + 2x_2 \leq 10 \end{aligned}$$

$$4x_1 + 2x_2 \leq 27$$

$$x_1 \geq 6$$

$$x_1,\ x_2 \geq 0$$

(LP1.1)과 (LP1.2)를 심플렉스법을 이용하여 풀면, 최적해는 다음과 같다.

(LP1.1)의 최적해: $x_1 = 5,\ x_2 = 2.5,\ z = 35$

(LP1.2)의 최적해: $x_1 = 6,\ x_2 = 1.5,\ z = 36$

두 문제 모두 정수해가 나오지 않았으므로 계속해서 분지를 진행해 나간다([그림 4-1]).

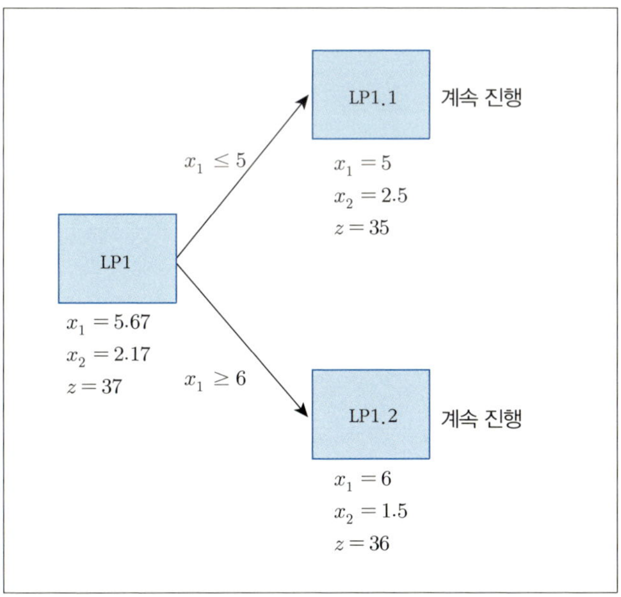

그림 4-1 **분지한계법 진행과정(1)**

먼저 하위 문제 (LP1.1)의 최적해에서 x_2의 값이 2.5이므로, $x_2 \leq 2$와 $x_2 \geq 3$을 각각 추가한 새로운 두 개의 하위 문제 (LP1.1.1)과 (LP1.1.2)를 생성한다.

$$
\begin{aligned}
\text{(LP1.1.1)} \quad & \text{Max} \quad z = 5x_1 + 4x_2 \\
& \text{s.t} \qquad x_1 + 2x_2 \leq 10 \\
& \qquad\qquad 4x_1 + 2x_2 \leq 27 \\
& \qquad\qquad x_1 \leq 5 \\
& \qquad\qquad x_2 \leq 2 \\
& \qquad\qquad x_1,\ x_2 \geq 0
\end{aligned}
$$

$$
\begin{aligned}
\text{(LP1.1.2)} \quad & \text{Max} \quad z = 5x_1 + 4x_2 \\
& \text{s.t} \qquad x_1 + 2x_2 \leq 10 \\
& \qquad\qquad 4x_1 + 2x_2 \leq 27 \\
& \qquad\qquad x_1 \leq 5 \\
& \qquad\qquad x_2 \geq 3 \\
& \qquad\qquad x_1,\ x_2 \geq 0
\end{aligned}
$$

두 하위 문제 (LP1.1.1)과 (LP1.1.2)를 심플렉스법을 이용하여 풀면, 다음과 같이 모두 정수해를 얻는다.

(LP1.1.1)의 최적해: $x_1 = 5,\ x_2 = 2,\ z = 33$

(LP1.1.2)의 최적해: $x_1 = 4,\ x_2 = 3,\ z = 32$

(LP1.1.1)은 정수해를 얻었으므로, 더이상 분지를 진행하지 않는다. 또한 이때의 z값이 33이므로, 원문제 (IP1)의 하한값(lb) 33을 얻게 된다. (LP1.1.2)의 경우에도 정수값을 얻었으므로, 더이상 분지를 진행할 필요가 없다. 다만, 이때 얻은 z값이 32로써 (LP1.1.1)에서 얻은 하한값 33보다 작으므로 이는 최적해가 될 수 없다. [그림 4-2]에 현 단계까지의 결과가 나타나 있다.

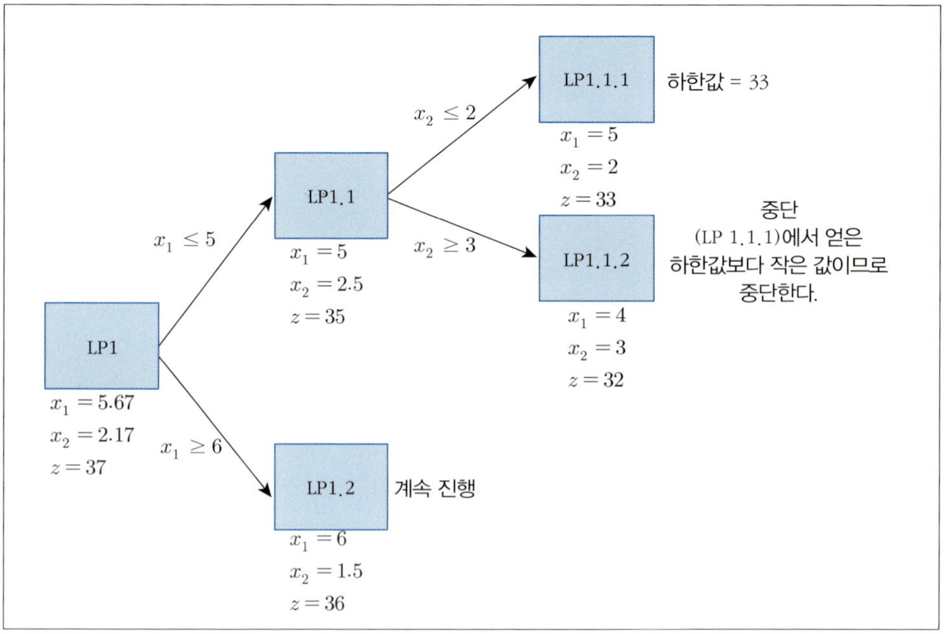

▌그림 4-2▐ 분지한계법 진행 과정(2)

이제 남아있는 분지인 (LP1.2)에서 분지를 진행한다. (LP1.2)의 최적해에서, 변수 x_2의 값이 1.5이므로, $x_2 \le 1$와 $x_2 \ge 2$를 각각 추가한 새로운 두 개의 하위 문제 (LP1.2.1)과 (LP1.2.2)를 다음과 같이 생성한다.

(LP1.2.1)

$$\begin{aligned} \text{Max} \quad & z = 5x_1 + 4x_2 \\ \text{s.t} \quad & x_1 + 2x_2 \le 10 \\ & 4x_1 + 2x_2 \le 27 \\ & x_1 \ge 6 \\ & x_2 \le 1 \\ & x_1,\ x_2 \ge 0 \end{aligned}$$

$$
\begin{aligned}
\text{(LP1.2.2)}\quad \text{Max}\quad & z = 5x_1 + 4x_2 \\
\text{s.t}\quad & x_1 + 2x_2 \le 10 \\
& 4x_1 + 2x_2 \le 27 \\
& x_1 \ge 6 \\
& x_2 \ge 2 \\
& x_1,\ x_2 \ge 0
\end{aligned}
$$

두 하위문제 (LP1.2.1)과 (LP1.2.2)에 대해 심플렉스법으로 구한 최적해는 다음과 같다.

(LP1.2.1)의 최적해: $x_1 = 6.25,\ x_2 = 1,\ z = 35.25$

(LP1.2.2)의 최적해: 실행불가능해(해가 존재하지 않음)

먼저, (LP1.2.2)는 해가 존재하지 않으므로 이 노드는 더이상 진행하지 않고 분지를 중단한다. (LP1.2.1)의 경우에는, 목적함수 값(z)은 35.25로 현재의 하한값 33보다 더 큰 값을 가지므로 계속 분지를 진행한다.

(LP1.2.1)의 최적해(x_1)의 값이 6.25이므로 $x_1 \le 6$와 $x_1 \ge 7$를 추가한 두 하위문제 (LP1.2.1.1)과 (LP1.2.1.2)는 다음과 같다.

$$
\begin{aligned}
\text{(LP1.2.1.1)}\quad \text{Max}\quad & z = 5x_1 + 4x_2 \\
\text{s.t}\quad & x_1 + 2x_2 \le 10 \\
& 4x_1 + 2x_2 \le 27 \\
& x_1 \ge 6 \\
& x_2 \le 1 \\
& x_1 \le 6 \\
& x_1,\ x_2 \ge 0
\end{aligned}
$$

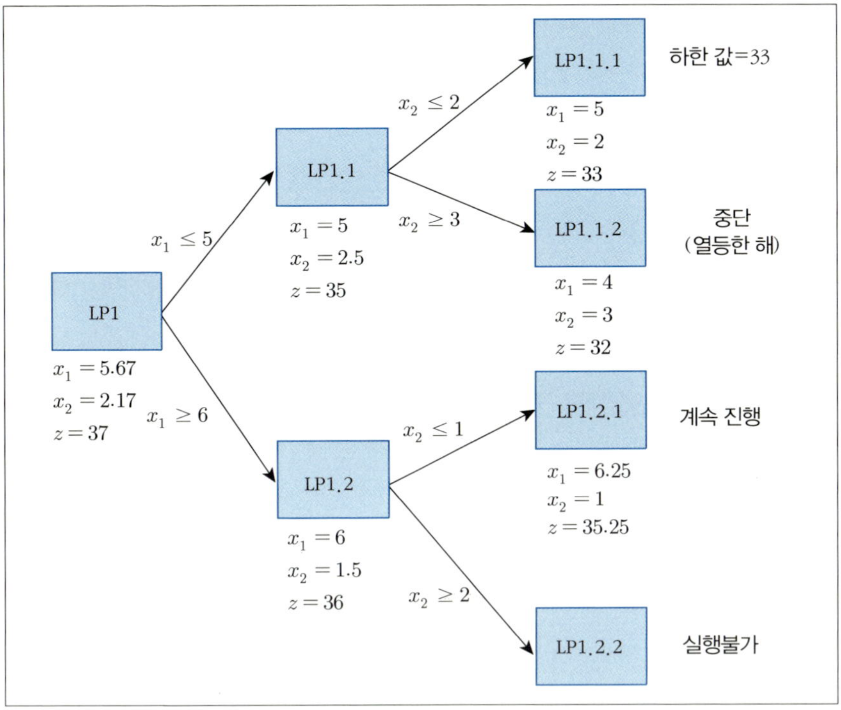

▌그림 4-3▐ 분지한계법 진행과정(3)

$$
\begin{aligned}
\text{(LP1.2.1.2) Max} \quad & z = 5x_1 + 4x_2 \\
\text{s.t} \quad & x_1 + 2x_2 \le 10 \\
& 4x_1 + 2x_2 \le 27 \\
& x_1 \ge 6 \\
& x_2 \le 1 \\
& x_1 \ge 7 \\
& x_1,\ x_2 \ge 0
\end{aligned}
$$

먼저, (LP1.2.1.1)을 심플렉스법으로 풀면 다음과 같은 해를 얻는다.

(LP1.2.1)의 최적해: $x_1 = 6,\ x_2 = 1,\ z = 34$

이 문제의 두 변수는 모두 정수해를 가지므로 더이상 진행하지 않는다. 또한, 목적함수 값(z)이 34로 기존 하한값 33보다 더 큰 값을 가지므로 이 값(34)을 새로운 하한값으로 설정한다.

다음, (LP1.2.1.2)의 경우에는 해가 존재하지 않는다. 따라서 여기에서도 더이상 분지를 진행할 필요가 없다.

이제 더이상 분지를 진행할 필요가 없으므로 (LP1.2.1.1)에서 구한 해가 원문제 (IP1)의 최적 정수해가 된다.

(IP1)의 최적해: $x_1 = 6$, $x_2 = 1$, $z = 34$

이상의 분지한계법 전 과정은 [그림 4-4]와 같다.

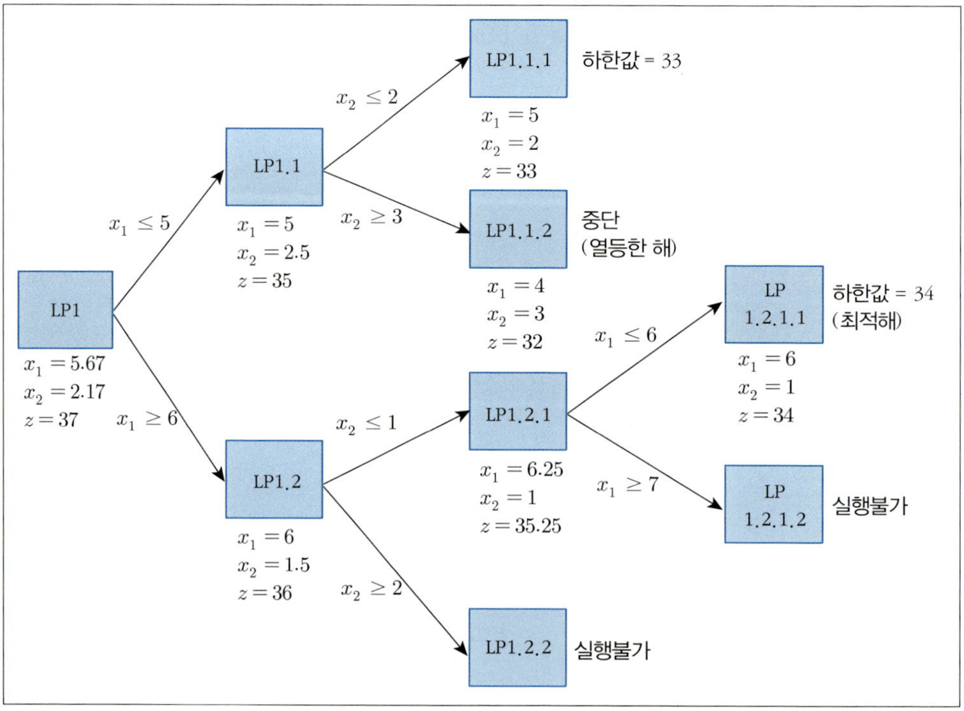

그림 4-4 (IP1)의 최적해

4 • 엑셀을 이용한 해법

정수계획법 문제 역시 선형계획법과 유사하게 엑셀을 이용하여 해를 구할 수 있다. 여기에서는 앞서 분지한계법으로 해를 구했던 (IP1)에 대해서 엑셀을 이용하여 해를 구하는 절차를 살펴본다. (IP1)을 다시 보면 다음과 같다.

$$
\begin{aligned}
\text{(IP1)} \qquad & \text{Max} \quad z = 5x_1 + 4x_2 \\
& \text{s.t} \qquad x_1 + 2x_2 \le 10 \\
& \qquad\quad\ \ 4x_1 + 2x_2 \le 27 \\
& \qquad\quad\ \ x_1,\ x_2 \ge 0 (x_1,\ x_2 \text{는 정수})
\end{aligned}
$$

먼저 엑셀 창에 데이터를 선형계획법과 같은 방법으로 입력한다. [그림 4-5]는 위 문제를 엑셀창에 입력한 내용이다.

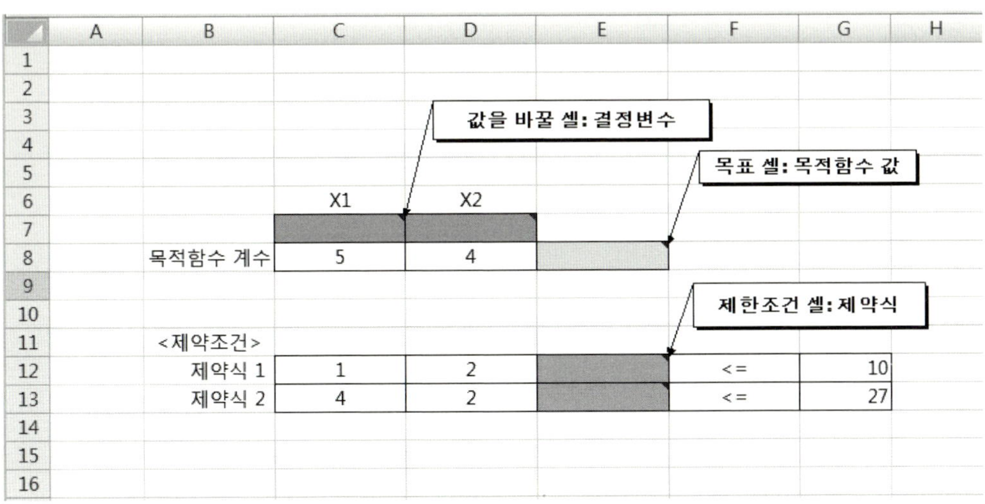

[그림 4-5] 데이터 입력

여기서 목표 셀(E8)과 제한조건 셀(E12:E13)에 입력할 수식은 선형계획법에서의 입력방식과 마찬가지로 다음과 같다.

E8: = C8*C7+D8*D7

E12: = C12*C7+D12*D7

E13: = C13*C7+D13*D7

다음에 '해 찾기 모델 설정' 창을 띄운 후, [그림 4-6]과 같이 선형계획 모형과 마찬가지로 해당 항목에 값을 입력한다. 정수계획법에서는 여기에 한 가지 제한 조건만 추가하면 되는데, 이는 모든 변수가 정수라고 하는 제약이다. 이 제약은 '해 찾기 모델

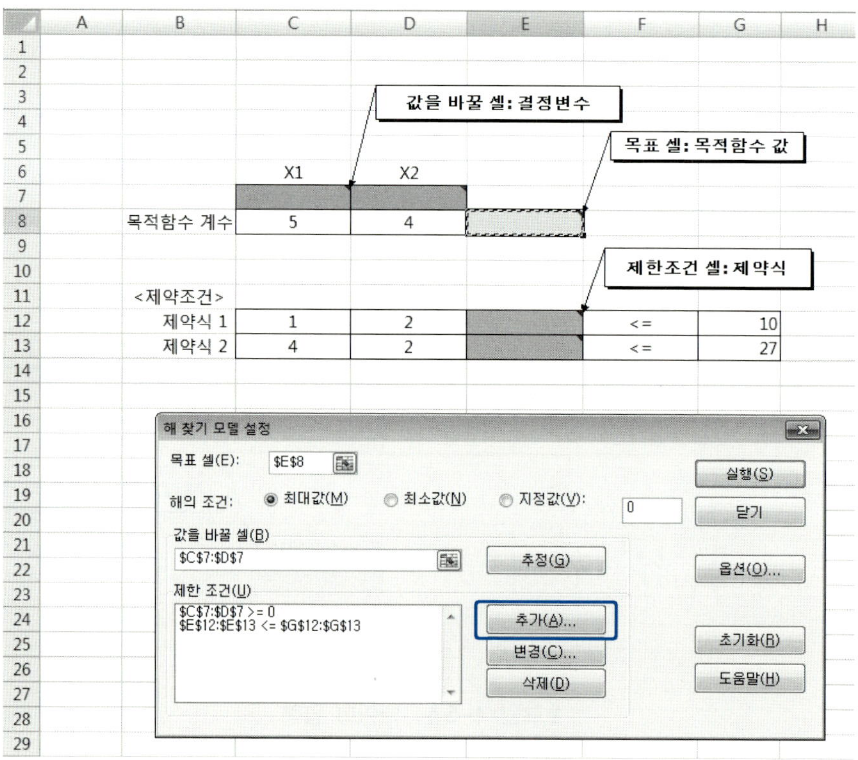

▌그림 4-6▐ 해 찾기 모델 설정

설정' 창에서 '추가(A)...' 버튼을 누른 후 나타나는 [그림 4-7]의 '제한 조건 추가' 창에서 그림과 같이 모든 변수들을 'int'로 선택한다. 그리고 실행을 하면 [그림 4-8]과 같은 최적해를 얻는다.

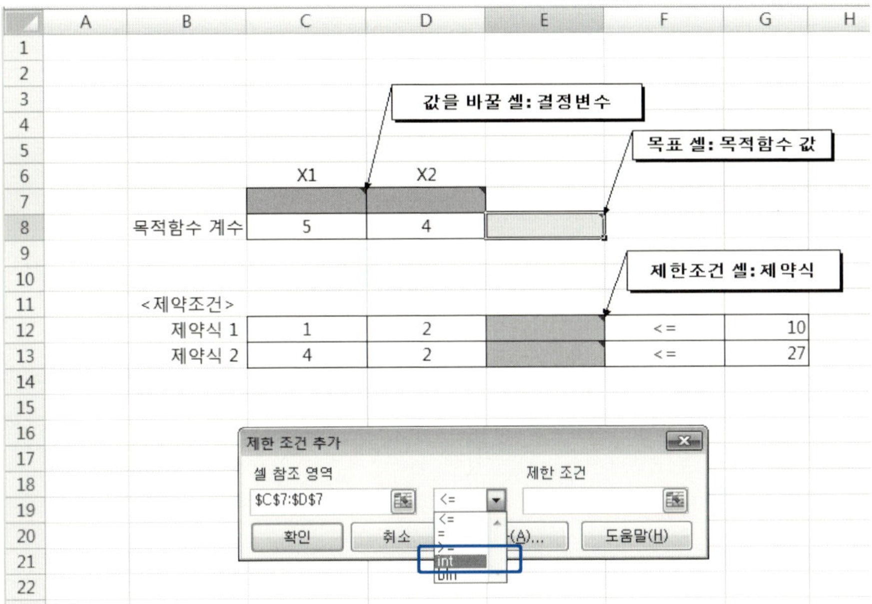

▌그림 4-7▐ 정수 제약의 추가

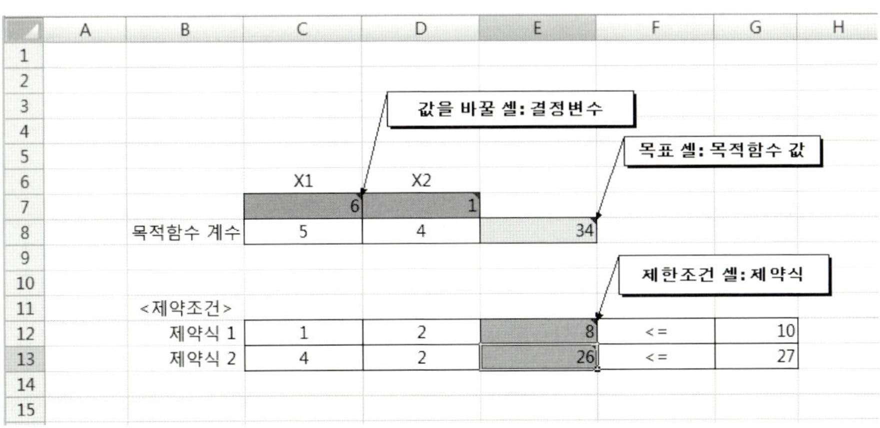

▌그림 4-8▐ 최적해 결과

연 | 습 | 문 | 제

1 정수계획법과 일반적인 선형계획법의 차이를 설명하시오.

2 다음의 문제를 정수계획법으로 풀어서 정수의 해를 구하시오.

Max $z = x_1 + x_2$

s.t $2x_1 + 4x_2 \geq 7$

$x_1 + 6x_2 \geq 7.5$

$x_1,\ x_2 = 0$ ($x_1,\ x_2$는 정수)

3 다음의 문제를 정수계획법으로 풀어서 정수의 해를 구하시오.

Max $z = x_1 + x_2$

s.t $2x_1 + x_2 \leq 2.5$

$x_1 + x_2 \leq 2$

$x_1,\ x_2 = 0$ ($x_1,\ x_2$는 정수)

Chapter

5

management science

수송문제

1. 서론
2. 수송문제의 수학적 모형
3. 수송문제의 해법 절차
4. 엑셀을 이용한 수송문제 해법
5. 불균형 수송문제
6. 특수한 경우의 수송문제

CHAPTER 05 management science

수송문제

1 • 서론

수송문제(transportation problem)는 다수의 공급지부터 다수의 수요지로 물품을 수송하는 데 필요한 총 비용을 최소화할 수 있는 수송 방법을 찾는 문제이다. 예를 들어 다수의 생산 공장(공급지)에서 생산된 물품을 다수의 물류 센터(수요지)로 물품을 수송하는 상황을 고려해 보자. 각각의 생산 공장에는 각기 다른 공급 수량이 정해져 있으며, 각각의 물류 센터에는 필요한 수요량이 정해져 있다. 또한 각 생산 공장으로부터 각 물류 센터로 물품을 수송하는데 필요한 단위 당 수송비용이 주어져 있다. 이때, 생산 공장으로부터 물류 센터로의 최적의 수송 전략을 결정하는 의사결정 문제가 전형적인 수송문제의 예이다.

[그림 5-1]은 4개의 공급지와 4개의 수요지로 구성된 수송문제를 네트워크로 표현한 것이다. 공급지 $i(i=1,2,3,4)$의 공급량 S_i는 각각 $S_1=400$, $S_2=300$, $S_3=600$, $S_4=500$이다. 또한 수요지 $j(j=1,2,3,4)$의 수요량 D_j는 각각 $D_1=350$, $D_2=550$, $D_3=450$, $D_4=450$이다.

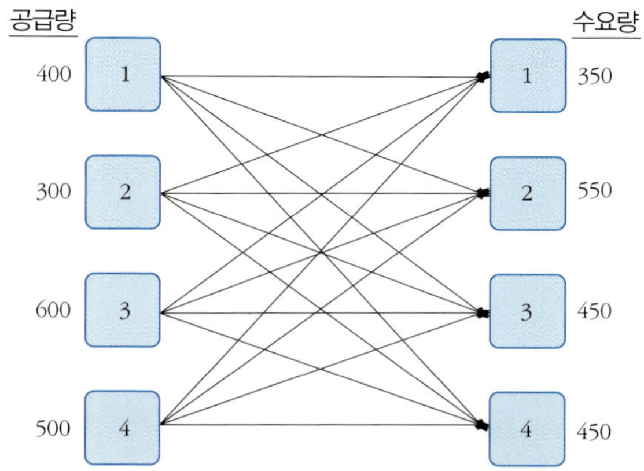

그림 5-1 수송문제의 예

또한 각각의 공급지와 수요지 간에 존재하는 제품 단위당 수송비용은 [그림 5-2]와 같이 주어져 있다. 가령, 공급지 2에서 수요지 1로 제품 10단위를 수송할 경우의 수송비용은 9×10=90이 된다.

공급지 \ 수요지	1	2	3	4	공급량
1	3	5	7	8	400
2	9	6	2	3	300
3	1	8	4	5	600
4	2	4	6	3	500
수요량	350	550	450	450	1800

그림 5-2 수송비용 매트릭스의 예

2 • 수송문제의 수학적 모형

수송문제는 선형계획법 형태의 수학적 모형으로 나타낼 수 있다. m개의 공급지와 n개의 수요지로 이루어진 수송문제에 대해서 수학적 모형은 어떻게 되는지 살펴보자. 먼저 다음과 같이 기호를 정의한다.

c_{ij}: 공급지 i에서 수요지 j까지 단위당 수송비용($i=1, \ldots, m$, $j=1, \ldots, n$)

x_{ij}: 공급지 i에서 수요지 j까지 수송량(결정변수)($i=1, \ldots, m$, $j=1, \ldots, n$)

S_i: 공급지 i의 공급량($i=1, \ldots, m$)

D_j: 수요지 j의 수요량($j=1, \ldots, n$)

이제 수송문제의 수학적 모형은 다음과 같이 나타낼 수 있다.

$$\text{Min} \quad z=\sum_{i=1}^{m}\sum_{j=1}^{n} c_{ij}x_{ij}$$

$$\text{s.t.} \quad \sum_{j=1}^{n} x_{ij} \le S_i, \quad i=1,\cdots,m$$

$$\sum_{i=1}^{m} x_{ij} \ge D_j, \quad j=1,\cdots,n$$

$$x_{ij} \ge 0, \qquad i=1,\cdots,m,\ j=1,\cdots,n$$

앞의 [그림 5-1], [그림 5-2]의 수송문제를 수학적 모형으로 나타내면 다음과 같다.

$$\begin{aligned}\text{Min} \quad z = & 3x_{11}+5x_{12}+7x_{13}+8x_{14} \\ & +9x_{21}+6x_{22}+2x_{23}+3x_{14}\end{aligned}$$

$$
\begin{aligned}
& +1x_{31}+8x_{32}+4x_{33}+5x_{34} \\
& +2x_{41}+4x_{42}+6x_{43}+3x_{44} \\
\text{s.t.} \quad & x_{11}+x_{12}+x_{13}+x_{14} \le 400 \\
& x_{21}+x_{22}+x_{23}+x_{24} \le 300 \\
& x_{31}+x_{32}+x_{33}+x_{34} \le 600 \\
& x_{41}+x_{42}+x_{43}+x_{44} \le 500 \\
& x_{11}+x_{21}+x_{31}+x_{41} \ge 350 \\
& x_{12}+x_{22}+x_{32}+x_{42} \ge 550 \\
& x_{13}+x_{23}+x_{33}+x_{43} \ge 450 \\
& x_{14}+x_{24}+x_{34}+x_{44} \ge 450 \\
& x_{ij} \ge 0,\ i=1,\ 2,\ 3,\ 4,,\ j=1,\ 2,\ 3,\ 4
\end{aligned}
$$

수송문제는 공급량의 합과 수요량의 합이 어떠한지에 따라 균형 수송문제와 불균형 수송문제로 나눌 수 있다. 먼저, 균형 수송문제는 공급지에서의 공급량의 총합과 수요지에서의 수요량의 총합이 같은 수송문제이다. 이러한 조건을 수식으로 표현하면 다음과 같다.

$$\sum_{i=1}^{m} S_i = \sum_{j=1}^{n} D_j$$

균형 수송문제의 경우, 수송문제의 두 가지 유형의 제약식, 즉

$$\sum_{j=1}^{n} x_{ij} \le S_i \ \ (i=1,\cdots,m)\text{과} \ \sum_{i=1}^{m} x_{ij} \le D_j \ \ (j=1,\cdots,n)$$

을 다음과 같이 부등식이 아닌 등식으로 나타내도 같은 의미가 된다.

$$\sum_{j=1}^{n} x_{ij} = S_i \ \ (i = 1, \cdots, m) \text{과} \ \sum_{i=1}^{m} x_{ij} = D_j \ \ (j = 1, \cdots, n)$$

만약 공급지에서의 공급량의 총합과 수요지에서의 수요량의 총합이 다르다면, 이는 불균형 수송문제가 된다. 불균형 수송문제는 두 가지 유형으로 나눌 수 있는데, 첫 번째는 공급량의 총합이 수요량의 총합보다 큰 경우이다. 이 경우에는 아무런 문제없이 해를 구할 수 있다. 그러나 두 번째 유형, 즉 공급량의 총합이 수요량의 총합보다 적은 경우(수요지에서의 수요량을 모두 충족시켜야 한다고 가정)에는 실행 불가능한 문제가 된다.

3 • 수송문제의 해법 절차

2절에서 설명한 바와 같이 수송문제는 수학적 모형으로 표현할 수 있으며 2~3장에서 학습한 심플렉스법을 이용하여 해를 구할 수 있다. 그러나 수송문제와 같이 특별한 구조의 선형계획 문제는 심플렉스법 이외에도 다른 해법 절차가 알려져 있다. 여기에서는 [그림 5-1]과 [그림 5-2]의 수송문제를 예로 들어, 수송문제의 해법 절차에 대해 설명한다(불균형 수송문제는 5절에서 다룬다).

1) 수송표 작성

먼저 주어진 수송문제를 [그림 5-3]과 같은 수송표로 나타낸다. 수송표에는 각 공급지와 수요지의 공급량 및 수요량, 그리고 각각의 공급지와 수요지 간의 단위당 수송비 및 수송량을 표현하는 표이다.

공급지 \ 수요지	1	2	3	4	공급량
1	3 x_{11}	5 x_{12}	7 x_{13}	8 x_{14}	400
2	9 x_{21}	6 x_{22}	2 x_{23}	3 x_{24}	300
3	1 x_{31}	8 x_{32}	4 x_{33}	5 x_{34}	600
4	2 x_{41}	4 x_{42}	6 x_{43}	3 x_{44}	500
수요량	350	550	450	450	1800

공급지 1에서 수요지 4까지의 단위당 수송비용
공급지 1에서 수요지 4까지의 수송량(결정변수)
공급지 4의 공급량
수요지 4의 수요량

▌그림 5-3▐ 초기 수송표

2) 초기해의 작성

[그림 5-3]의 수송표를 이용하여 임의의 가능해를 구하는데, 이를 초기해라고 한다. 초기해는 어떠한 방식으로 구해도 무방하지만, 여기에서는 잘 알려진 북서코너법(north-west corner method)과 최소비용법(least cost method)에 대하여 살펴본다. 북서코너법은 왼쪽 위에서부터 오른쪽 아래로 가면서 가능한 최대수량을 할당하여 초기해를 구하는 방법이다. 이에 반해, 최소비용법은 단위당 수송비용이 가장 적은 수송방법부터 우선적으로 가능한 수송량을 할당하면서 모든 공급량과 수송량을 충족시킬 때까지 반복하는 방법이다. 두 가지 초기해를 구하는 방법을 각각 살펴보자.

(1) 최소비용법에 의한 초기해의 작성

최소비용법은 단위당 수송비용이 가장 적은 수송방법부터 우선적으로 가능한 수송량을 할당하면서 모든 공급량과 수요량을 충족시킬 때까지 반복하는 방법이다.

[그림 5-3]에서 단위당 수송비용이 가장 적은 수송방법은 공급지 3에서 수요지 1로

수송량을 할당(단위당 수용비용 = 1)하는 것이다. 이때, 공급지 3의 공급량은 600, 수요지 1의 수요량은 350이므로, 최대 350단위까지 수송할 수 있다. 따라서 공급지 3에서 수요지 1로 350단위의 수송량을 할당한다. 이렇게 할당하고 나면, 공급지 3에 남아있는 공급량은 600－350＝250이 된다. 또한 수요지 1의 수요량은 350－350＝0으로 모두 충족되어 더이상 고려하지 않게 된다. 이렇게 할당한 결과는 [그림 5-4]와 같다.

공급지＼수요지	1	2	3	4	공급량
1	3	5	7	8	400
2	9	6	2	3	300
3	(1) 350	8	4	5	~~600~~ 250
4	2	4	6	3	500
수요량	~~350~~ 0	550	450	450	1800

▮그림 5-4▮ 최소비용법을 이용한 초기해 작성 과정(1)

[그림 5-4]에서 수요지 1은 모든 수요량을 충족시켰으므로 더이상 고려할 필요가 없다. 이제 남아있는 12개의 셀(cell) 중 단위당 수송비용이 가장 적은 cell은 공급지 2에서 수요지 3으로 수송하는 방법이며, 이때의 단위당 수송비용은 2이다. 또한, 공급지 2의 공급량이 300, 수요지 3의 수요량이 450이므로 최대 300단위를 수송할 수 있다. 이렇게 수송량을 결정한 결과는 [그림 5-5]와 같다.

공급지 \ 수요지	1	2	3	4	공급량
1	3	5	7	8	400
2	9	6	② 300	3	~~300~~ 0
3	1 350	8	4	5	250
4	2	4	6	3	500
수요량	0	550	~~450~~ 150	450	1800

그림 5-5 최소비용법을 이용한 초기해 작성 과정(2)

[그림 5-5]에서 공급지 2는 고려대상에서 제외한다. 이제 남아있는 9개의 셀(cell) 중 단위당 수송비용이 가장 적은 cell은 공급지 4에서 수요지 4로 수송하는 방법이며, 이때의 단위당 수송비용은 3이다. 또한, 공급지 4의 공급량이 500, 수요지 4의 수요량이 450이므로 최대 450단위를 수송할 수 있다. 이렇게 수송량을 결정한 결과는 [그림 5-6]과 같다.

공급지 \ 수요지	1	2	3	4	공급량
1	3	5	7	8	400
2	9	6	2 300	3	0
3	1 350	8	4	5	250
4	2	4	6	③ 450	~~500~~ 50
수요량	0	550	150	~~450~~ 0	1800

그림 5-6 최소비용법을 이용한 초기해 작성 과정(3)

[그림 5-6]에서 수요지 4를 제외하면, 남아있는 6개의 셀(cell) 중 단위당 수송비용이 가장 적은 cell은 비용이 4인 공급지 3에서 수요지 3, 혹은 공급지 4에서 수요지 2로 수송하는 방법이다. 이 두 셀중 임의로 하나를 선택한다(여기에서는 공급지 3에서 수요지 3으로 수송하는 방법을 택한다고 가정하자). 공급지 3의 공급량이 250, 수요지 3의 수요량이 150이므로 최대 150단위를 수송할 수 있다. 이렇게 수송량을 결정한 결과는 [그림 5-7]과 같다.

공급지 \ 수요지	1	2	3	4	공급량
1	3	5	7	8	400
2	9	6	2 / 300	3	0
3	1 / 350	8	(4) / 150	5	~~250~~ 100
4	2	4	6	3 / 450	50
수요량	0	550	~~150~~ 0	0	1800

그림 5-7 최소비용법을 이용한 초기해 작성 과정(4)

이제 4곳의 수요지 중, 수요량을 충족시키지 못한 수요지는 수요지 2 한 곳이다. 따라서 공급량이 남아있는 공급지 1, 3, 4에서 수요량을 나누어 충족시켜 주면 된다. 따라서 공급지 4에서 50단위, 공급지 1에서 400단위, 공급지 3에서 100단위를 수요지 1로 수송하게 되면, 모든 공급량과 수송량은 충족시키게 된다.

공급지 \ 수요지	1	2	3	4	공급량
1	3	5 400	7	8	~~400~~ 0
2	9	6	2 300	3	0
3	1 350	8 100	4 150	5	~~100~~ 0
4	2	4 50	6	3 450	~~50~~ 0
수요량	0	~~550~~ 0	0	0	1800

▌그림 5-8▐ 최소비용법을 이용한 초기해 작성 과정(5)

이상의 과정을 거쳐 구한 초기 수송방법(초기해)은 [그림 5-9]와 같다.

공급지 \ 수요지	1	2	3	4	공급량
1	3	5 400	7	8	400
2	9	6	2 300	3	300
3	1 350	8 100	4 150	5	600
4	2	4 50	6	3 450	500
수요량	350	550	450	450	1800

▌그림 5-9▐ 최소비용법에 의한 초기해

최소비용법을 이용한 초기해의 총수송비용은 [그림 5-10]과 같이 5,900이 된다.

공급지	수요지	수송량	단위당 수송비용	비용
1	2	400	5	2,000
2	3	300	2	600
3	1	350	1	350
3	2	100	8	800
3	3	150	4	600
4	2	50	4	200
4	4	450	3	1,350
			총비용	5,900

그림 5-10 최소비용법을 이용한 초기해의 총수송비용

(2) 북서코너법에 의한 초기해의 작성

북서코너법은 왼쪽 위에서부터 오른쪽 아래로 가면서 가능한 최대수량을 할당해 나가는 방식이다. [그림 5-3]의 초기 수송표에서 가장 왼쪽 위의 셀에 해당하는 셀 (1, 1)에 가능한 최대수량을 할당한다. 셀 (1, 1)에서 공급지 1의 공급 가능량은 400, 수요지 1의 수요 가능량은 350이므로, 최대 350단위까지 수송할 수 있다. 따라서 공급지 1에서 수요지 1로 350단위의 수송량을 할당한다. 이렇게 할당하고 나면, 공급지 1에 남아있는 공급량은 400−350=50이 된다. 또한 수요지 1의 수요량은 350−350=0으로 더이상 남지 않아 고려하지 않게 된다. 이렇게 할당한 결과는 [그림 5-11]과 같다.

공급지 \ 수요지	1	2	3	4	공급량
1	3 / 350	5	7	8	~~400~~ 50
2	9	6	2	3	300
3	1	8	4	5	600
4	2	4	6	3	500
수요량	~~350~~ 0	550	450	450	1800

▌그림 5-11▌ 북서코너법을 이용한 초기해 작성 과정(1)

[그림 5-11]에서 수요지 1은 모든 수요량을 충족시켰으므로 더이상 고려할 필요가 없다. 셀 (1, 1)에서 이동 가능한 방향은 오른쪽 셀인 (1, 2)이다. 공급지 1의 공급 가능량은 50, 수요지 2의 수요량은 550이므로, 최대 50단위를 수송할 수 있다. 이를 셀 (1, 2)에 할당한다. 이렇게 수송량을 결정한 결과는 [그림 5-12]와 같다.

공급지 \ 수요지	1	2	3	4	공급량
1	3 / 350	5 / 50	7	8	~~50~~ 0
2	9	6	2	3	300
3	1	8	4	5	600
4	2	4	6	3	500
수요량	0	~~550~~ 500	450	450	1800

▌그림 5-12▌ 북서코너법을 이용한 초기해 작성 과정(2)

[그림 5-12]에서 공급지 1은 모든 공급량을 충족시켰으므로 더이상 고려할 필요가 없다. 다음 고려할 셀은 셀 (2, 2)이다. 셀 (2, 2)에서 공급 가능량은 300, 수요 가능량은 500이므로, 최대 300단위를 수송할 수 있으며, 이를 셀 (2, 2)에 할당한다. 이렇게 수송량을 결정한 결과는 [그림 5-13]과 같다.

수요지 / 공급지	1	2	3	4	공급량
1	3 350	5 50	7	8	0
2	9	6 300	2	3	~~300~~ 0
3	1	8	4	5	600
4	2	4	6	3	500
수요량	0	~~500~~ 200	450	450	1800

▌그림 5-13▌ 북서코너법을 이용한 초기해 작성 과정(3)

[그림 5-13]에서 공급지 2는 모든 공급량을 충족시켰으므로 더이상 고려할 필요가 없다. 다음 고려할 셀은 셀 (3, 2)이다. 여기서 공급 가능량은 600, 수요 가능량은 200이므로, 최대 200단위를 수송할 수 있다. 따라서 셀 (2, 2)에 200단위를 할당한다. 이렇게 수송량을 결정한 결과는 [그림 5-14]와 같다.

공급지 \ 수요지	1	2	3	4	공급량
1	[3] 350	[5] 50	[7]	[8]	0
2	[9]	[6] 300	[2]	[3]	0
3	[1]	[8] 200	[4]	[5]	~~600~~ 400
4	[2]	[4]	[6]	[3]	500
수요량	0	~~200~~ 0	450	450	1800

[그림 5-14] 북서코너법을 이용한 초기해 작성 과정(4)

다음에 고려할 셀은 셀 (3, 3)이다. 마찬가지 방법으로, [그림 5-15]와 같이 공급지 3의 공급가능량은 400, 수요지 3의 수요 가능량은 450이므로, 셀 (3, 3)에 400단위를 할당한다.

공급지 \ 수요지	1	2	3	4	공급량
1	[3] 350	[5] 50	[7]	[8]	0
2	[9]	[6] 300	[2]	[3]	0
3	[1]	[8] 200	[4] 400	[5]	~~400~~ 0
4	[2]	[4]	[6]	[3]	500
수요량	0	0	~~450~~ 50	450	1800

[그림 5-15] 북서코너법을 이용한 초기해 작성 과정(5)

이제 남아있는 두 셀 (4, 3)과 (4, 4)에 각각 50 단위, 450단위를 할당하면 초기해가 완성된다. 북서코너법에 의해 구한 초기해를 정리하면 [그림 5-16]과 같다.

공급지 \ 수요지	1	2	3	4	공급량
1	3 350	5 50	7	8	400
2	9	6 300	2	3	300
3	1	8 200	4 400	5	600
4	2	4	6 50	3 450	500
수요량	350	550	450	450	1800

▌그림 5-16▐ 북서코너법에 의한 초기해

지금까지 북서코너법에 의해서 구한 초기해의 수송비용을 계산해보면, [그림 5-17]과 같이 7,950이 된다.

공급지	수요지	수송량	단위당 수송비용	비용
1	1	350	3	1,050
1	2	50	5	250
2	2	300	6	1,800
3	2	200	8	1,600
3	3	400	4	1,600
4	3	50	6	300
4	4	450	3	1,350
			총비용	7,950

▌그림 5-17▐ 북서코너법을 이용한 초기해의 총수송비용

3) 초기해의 개선

최소비용법 혹은 북서코너법을 이용한 초기해가 최적해임을 보장할 수는 없다. 다음 경우를 생각해보자. 최소비용법으로 구한 [그림 5-9]의 초기해에서 공급지 3에서 수요지 4로의 수송량(셀 (3, 4)의 값)은 0이다. 만약 셀 (3, 4)의 값이 1로 바뀌었다고 하자. 그러면 공급량 제약을 만족시키지 위해서 셀 (3, 2)의 값을 1 줄인다. 다시, 수요지 2의 수요량 제약을 만족시키기 위해 셀 (4, 2)의 값을 1 늘인다. 다시 공급지 4의 총공급량이 1단위 증가하게 되므로 셀 (4, 4)의 수송량을 1단위 줄인다. 이렇게 하면, 모든 공급지와 수요지의 공급량, 수요량 제약은 만족된다. [그림 5-18]은 이러한 수송량 변화를 나타낸 것이다.

공급지 \ 수요지	1	2	3	4	공급량
1	3	5 400	7	8	400
2	9	6	2 300	3	300
3	1 350	8 100 −1	4 150	5 +1	600
4	2	4 50 +1	6	3 450 −1	500
수요량	350	550	450	450	1800

그림 5-18 최적해 판단의 원리

그러면, 비용 변화는 어떻게 되는지 살펴보자.

셀 (3, 4)의 수송량이 1단위 증가함으로 비용 5 증가

셀 (3, 2)의 수송량이 1단위 감소함으로 비용 8 감소

셀 (4, 2)의 수송량이 1단위 증가함으로 비용 4 증가

셀 (4, 4)의 수송량이 1단위 감소함으로 비용 3 감소

비용증가분 합은 9, 감소분 합은 11로 총비용은 2만큼 감소하게 된다. 따라서 총비용은 5,900에서 5,898로 줄어들 수 있으며, 결론적으로 초기해는 최적해가 아니다.

또한, 셀 (3, 4)의 수송량을 1단위만 증가시키는 것보다는 가능한 많은 양으로 변화시키는 것이 비용감소에 더 이익이다. 이 경우에는 셀 (3, 2)에서 100단위까지, 셀 (4, 4)에서 450단위까지 감소시킬 수 있으므로 최대 100단위까지 수송량을 변화시킬 수 있다.

이렇게 초기해로부터 최적해를 구하기 위해 해를 개선시켜 나가는 체계적인 방법으로 디딤돌법(stepping stone method)과 수정배분법(modified distribution method)을 각각 소개한다.

(1) 디딤돌법에 의한 해의 개선

디딤돌법은 다음과 같은 절차에 의해 진행된다.

단계 1) 수송량이 할당되지 않은 모든 셀에 대하여, 비용개선지수(CII(i, j): cost improvement index)를 계산한다.

단계 2) 모든 셀의 비용개선지수 값이 0보다 크거나 같으면, 현재해가 최적해이다. 아니면 다음 단계로 간다.

단계 3) 비용개선지수가 가장 작은 값을 갖는 셀에 대하여, 이 셀을 포함하는 폐쇄경로 상에서 마이너스(−)부호를 갖는 셀 중 가장 적은 수송량을 갖는 셀의 수송량을 선택된 셀에 할당하고, 폐쇄경로상의 순서에 따라 수송량을 증감시킨다. 개선된 비용을 계산한 후 단계 1로 돌아간다.

이제 앞의 예제 문제에 대해 최소비용법으로 구한 초기해가 주어졌다고 가정하고 디딤돌법을 통해 해를 구하는 과정을 살펴보자.

단계 1) 비용개선지수의 계산

[그림 5-9]의 최소비용법에 의한 초기해 수송표에서 할당되지 않은 각 셀에 대해 비용개선지수를 계산한다.

셀 (1, 1)은 수송량이 할당되지 않은 셀이므로 이 셀에 대해 비용개선지수를 계산한다. 이미 수송량이 할당된 셀 중에서 셀 (1, 1)과 폐쇄 경로를 구성하는 셀은 셀 (1, 1) → 셀 (3, 1) → 셀 (3, 2) → 셀 (1, 2)이다. 이 셀들의 단위당 수송비용을 차례대로 합하고 빼면 그 결과는 5이다. 이 과정은 [그림 5-19]에 나타나 있다.

CII(1, 1)=3−1+8−5=5 ([그림 5-19])

나머지 셀들에 대해서도 같은 방식으로 비용개선지수를 계산하면 다음과 같다.

CII(1, 3)=7−5+8−4=6 ([그림 5-20])
CII(1, 4)=8−5+4−3=4 ([그림 5-21])
CII(2, 1)=9−1+4−2=10 ([그림 5-22])
CII(2, 2)=6−8+4−2=0 ([그림 5-23])
CII(2, 4)=3−2+4−8+4−3=−2 ([그림 5-24])
CII(3, 4)=5−8+4−3=−2 ([그림 5-25])
CII(4, 1)=2−4+8−1=5 ([그림 5-26])
CII(4, 3)=6−4+8−4=2 ([그림 5-27])

공급지 \ 수요지	1	2	3	4	공급량
1	3 (+)	5 (−) 400	7	8	400
2	9	6	2 300	3	300
3	1 (−) 350	8 (+) 100	4 150	5	600
4	2	4 50	6	3 450	500
수요량	350	550	450	450	1800

그림 5-19 셀 (1, 1)의 비용개선지수

공급지 \ 수요지	1	2	3	4	공급량
1	3	5 (−) 400	7 (+)	8	400
2	9	6	2 300	3	300
3	1 350	8 (+) 100	4 (−) 150	5	600
4	2	4 50	6	3 450	500
수요량	350	550	450	450	1800

그림 5-20 셀 (1, 3)의 비용개선지수

공급지＼수요지	1	2	3	4	공급량
1	3	5 (−) 400	7	8 (+)	400
2	9	6	2 300	3	300
3	1 350	8 100	4 150	5	600
4	2	4 (+) 50	6	3 (−) 450	500
수요량	350	550	450	450	1800

▌그림 5-21▐ 셀 (1, 4)의 비용개선지수

공급지＼수요지	1	2	3	4	공급량
1	3	5 400	7	8	400
2	9 (+)	6	2 (−) 300	3	300
3	1 (−) 350	8 100	4 (+) 150	5	600
4	2	4 50	6	3 450	500
수요량	350	550	450	450	1800

▌그림 5-22▐ 셀 (2, 1)의 비용개선지수

공급지＼수요지	1	2	3	4	공급량
1	3	5 400	7	8	400
2	9	6 (+)	2 (−) 300	3	300
3	1 350	8 (−) 100	4 (+) 150	5	600
4	2	4 50	6	3 450	500
수요량	350	550	450	450	1800

그림 5-23 셀 (2, 2)의 비용개선지수

공급지＼수요지	1	2	3	4	공급량
1	3	5 400	7	8	400
2	9	6	2 (−) 300	3 (+)	300
3	1 350	8 (−) 100	4 (+) 150	5	600
4	2	4 (+) 50	6	3 (−) 450	500
수요량	350	550	450	450	1800

그림 5-24 셀 (2, 4)의 비용개선지수

공급지 \ 수요지	1	2	3	4	공급량
1	3	5 400	7	8	400
2	9	6	2 300	3	300
3	1 350	8 (−) 100	4	5 (+)	600
4	2	4 (+) 50	6	3 (−) 450	500
수요량	350	550	450	450	1800

그림 5-25 셀 (3, 4)의 비용개선지수

공급지 \ 수요지	1	2	3	4	공급량
1	3	5 400	7	8	400
2	9	6	2 300	3	300
3	1 (−) 350	8 (+) 100	4 150	5	600
4	2 (+)	4 (−) 50	6	3 450	500
수요량	350	550	450	450	1800

그림 5-26 셀 (4, 1)의 비용개선지수

공급지 \ 수요지	1	2	3	4	공급량
1	3	5 400	7	8	400
2	9	6	2 300	3	300
3	1 350	8 (+) 100	4 (−) 150	5	600
4	2	4 (−) 50	6 (+)	3	500
수요량	350	550	450	450	1800

그림 5-27 셀 (4, 3)의 비용개선지수

단계 2) 최적해 판정

단계 1에서 계산한 비용개선지수 중 셀 (2, 4)와 셀 (3, 4)의 비용개선지수가 −2로 0보다 작으므로 현재해는 최적해가 아니다.

단계 3) 해의 개선

단계 2에의 비용개선지수가 가장 작은 셀을 선택한다. 이 예에서는 셀 (2, 4)와 셀 (3, 4)의 비용개선지수 값이 −2로 같으므로 임의로 하나(셀 (3, 4))를 선택한다. 이제 셀 (3, 4)를 포함하는 폐쇄경로 상에서 수송량을 변화시킨다. 수송량을 줄일 수 있는 셀은 셀 (3, 2)와 셀 (4, 4)이며, 셀 (3, 2)의 현재 수송량은 100, 셀 (4, 4)의 현재 수송량은 450이므로 100 단위의 수송량을 변화시킬 수 있다. 변화되는 수송량은 다음과 같다([그림 5-28]).

셀 (3, 4): 현수송량 0+100=변화된 수송량 100

셀 (3, 2): 현수송량 100−100=변화된 수송량 0

셀 (4, 2): 현수송량 50+100=변화된 수송량 150

셀 (4, 4): 현수송량 450−100＝변화된 수송량 350

수요지 / 공급지	1	2	3	4	공급량
1	3	5 400	7	8	400
2	9	6	2 300	3	300
3	1 350	8 (−) ~~100~~ 0	4 150	5 (+) ~~0~~ 100	600
4	2	4 (+) ~~50~~ 150	6	3 (−) ~~450~~ 350	500
수요량	350	550	450	450	1800

▌그림 5-28▌ 수송량 변화

비용개선지수는 −2이므로, 수송량 100단위를 위와 같이 변화시키면 총비용은 200만큼 감소하여 5900−200＝5700이 된다.

단계 1) 비용개선지수의 계산

이제 개선된 수송표 [그림 5-29]에 대하여 같은 방식으로 비용개선지수를 계산한다.

수요지 \ 공급지	1	2	3	4	공급량
1	3	5 400	7	8	400
2	9	6	2 300	3	300
3	1 350	8	4 150	5 100	600
4	2	4 150	6	3 350	500
수요량	350	550	450	450	1800

그림 5-29 개선된 수송표

$CII(1,\ 1)=3-1+5-3+4-5=3$

$CII(1,\ 3)=7-5+4-3+5-4=4$

$CII(1,\ 4)=8-5+4-3=4$

$CII(2,\ 1)=9-1+4-2=10$

$CII(2,\ 2)=6-2+4-5+3-4=2$

$CII(2,\ 4)=3-2+4-5=0$

$CII(3,\ 2)=8-4+3-5=2$

$CII(4,\ 1)=2-1+5-3=3$

$CII(4,\ 3)=6-4+5-3=4$

단계 2) 최적해 판정

단계 1에서 모든 셀의 비용개선지수가 0보다 크거나 같으므로, 현재 해가 최적해이다. 즉, [그림 5-29]의 수송방법이 이 문제의 최적해이며, 이때의 총 수송비용은 5700이다.

(2) 수정배분법에 의한 해의 개선

디딤돌법과 같은 원리를 이용하지만 비용개선지수를 계산하는 과정이 약간 차이가 있는 방법인 수정배분법에 대해 설명한다. 수정배분법을 이용한 해의 개선 과정은 다음과 같다.

> 단계 1) 수송표의 왼쪽에 r_i행 ($i \in$ 수요지)을, 위쪽에 k_j열($j \in$ 공급지)을 추가하고, $r_1 = 0$으로 놓는다.
>
> 단계 2) 현재 할당된 모든 셀에 대하여, $c_{ij} = r_i + k_j$를 이용하여 모든 r_i와 k_j를 계산한다.
>
> 단계 3) 현재 할당되지 않은 모든 셀에 대하여 $c'_{ij} = c_{ij} - r_i - k_j$를 계산한다.
>
> 단계 4) 단계 4에서 계산한 모든 c'_{ij}보다 크거나 같으면, 현재 할당이 최적해이다. 아니면, 가장 큰 음의 c'_{ij} 값을 갖는 셀 (i, j)에 최대량을 할당하고, 단계 1로 가서 반복한다.

[그림 5−16]의 북서코너법에 의한 초기해 수송표가 주어져 있다고 가정하고, 수정배분법에 의해 이 해를 개선시켜 나가는 과정을 살펴보자.

단계 1) 수송표의 왼쪽에 r_i행을, 위쪽에 k_j열을 추가하고, $r_1 = 0$으로 놓는다.

단계 2) 현재해([그림 5-16]의 초기해)의 할당된 셀인 (1, 1), (1, 2), (2, 2), (3, 2), (3, 3), (4, 3), (4, 4)에 대하여 $c_{ij} = r_i + k_j$를 이용하여 다음과 같이 r_i와 k_j를 구한다.

$c_{11} = r_1 + k_1 = 0 + k_1 = 3 \rightarrow k_1 = 3$

$c_{12} = r_1 + k_2 = 0 + k_2 = 5 \rightarrow k_2 = 5$

$c_{22} = r_2 + k_2 = r_2 + 5 = 6 \rightarrow r_2 = 1$

$c_{32} = r_3 + k_2 = r_3 + 5 = 8 \rightarrow r_3 = 3$

$c_{33} = r_3 + k_3 = 3 + k_3 = 4 \rightarrow k_3 = 1$

$c_{43} = r_4 + k_3 = r_4 + 1 = 6 \rightarrow r_4 = 5$

$$c_{44} = r_4 + k_4 = 5 + k_4 = 3 \rightarrow k_4 = -2$$

단계 3) 현재 할당되지 않은 모든 셀에 대하여 $c'_{ij} = c_{ij} - r_i - k_j$를 계산한다.

$$c'_{13} = c_{13} - r_1 - k_3 = 7 - 0 - 1 = 6$$
$$c'_{14} = c_{14} - r_1 - k_4 = 8 - 0 + 2 = 10$$
$$c'_{21} = c_{21} - r_2 - k_1 = 9 - 1 - 3 = 5$$
$$c'_{23} = c_{23} - r_2 - k_3 = 2 - 1 - 1 = 0$$
$$c'_{24} = c_{24} - r_2 - k_4 = 3 - 1 + 2 = 4$$
$$c'_{31} = c_{31} - r_3 - k_1 = 1 - 3 - 3 = -5$$
$$c'_{34} = c_{34} - r_3 - k_4 = 5 - 3 + 2 = 4$$
$$c'_{41} = c_{41} - r_4 - k_1 = 2 - 5 - 3 = -6$$
$$c'_{42} = c_{42} - r_4 - k_2 = 4 - 5 - 5 = -6$$

현 단계까지의 계산 결과를 수송표에 나타내면 [그림 5-30]과 같다.

		$k_1 = 3$	$k_2 = 5$	$k_3 = 1$	$k_4 = -2$	
	공급지 \ 수요지	1	2	3	4	공급량
$r_1 = 0$	1	3 (−) 350	5 (+) 50	7 $c'_{13} = 6$	8 $c'_{14} = 10$	400
$r_2 = 1$	2	9 $c'_{21} = 5$	6 300	2 $c'_{23} = 0$	3 $c'_{24} = 4$	300
$r_3 = 3$	3	1 $c'_{31} = -5$	8 (−) 200	4 (+) 400	5 $c'_{34} = 4$	600
$r_4 = 5$	4	2 (+) $c'_{41} = -6$	4 $c'_{42} = -6$	6 (−) 50	3 450	500
	수요량	350	550	450	450	1800

그림 5-30 수정배분법에 의한 수송표 갱신과정(1)

단계 4) 단계 3에서 계산한 c'_{ij}값이 모두 0보다 크거나 같으면 현재의 해가 최적해이다. 그렇지 않으면 c'_{ij}의 값이 가장 큰 음수인 셀에 대하여 할당량을 최대로 이동시킨다. 여기에서는 셀 (4, 1)과 (4, 2)에서 $c'_{41} = c'_{42} = -6$이므로, 두 셀 중 임의로 하나의 셀을 선택하여 이동시킨다. (여기에서는 셀 (4, 1)을 선택한다.) 이때, 기존 할당된 셀들과 (4, 1)을 포함하는 사이클을 찾아서 최대량을 이동시킨다. 이 경우에는 (4, 1)−(4, 3)−(3, 3)−(3, 2)−(1, 2)−(1, 1)이 사이클을 형성한다([그림 5-30]). 여기서 셀 (4, 1)부터 교대로 할당량 50만큼 증감시켜서 해를 개선한다. 할당량이 증가하는 셀인 (4, 1), (3, 3), (1, 2)는 50만큼 증가하고, (4, 3), (3, 2), (1, 1)은 50만큼 감소하게 된다. 이렇게 변경된 수송표는 [그림 5-31]에 나타나 있다.

		$k_1 = 3$	$k_2 = 5$	$k_3 = 1$	$k_4 = 4$	
	수요지 / 공급지	1	2	3	4	공급량
$r_1 = 0$	1	3 (−) 300	5 (+) 100	7 $c'_{13} = 6$	8 $c'_{14} = 4$	400
$r_2 = 1$	2	9 $c'_{21} = 5$	6 300	2 $c'_{23} = 0$	3 $c'_{24} = -2$	300
$r_3 = 3$	3	1 (+) $c'_{31} = -5$	8 (−) 150	4 450	5 $c'_{34} = -2$	600
$r_4 = -1$	4	2 50	4 $c'_{42} = 0$	6 (−) $c'_{43} = 6$	3 450	500
	수요량	350	550	450	450	1800

▌그림 5-31▐ 수정배분법에 의한 수송표 갱신과정(2)

단계 1) 갱신된 수송표인 [그림 5-31]에서 다시 $r_1 = 0$으로 놓는다.

단계 2) 현재해([그림 5-31]의 수송표)의 할당된 셀인 (1, 1), (1, 2), (2, 2), (3, 2), (3, 3), (4, 1), (4, 4)에 대하여 $c_{ij} = r_i + k_j$를 이용하여 다음과 같이 r_i와 k_j를 다음과 같이 구한다.

$$c_{11} = r_1 + k_1 = 0 + k_1 = 3 \rightarrow k_1 = 3$$
$$c_{12} = r_1 + k_2 = 0 + k_2 = 5 \rightarrow k_2 = 5$$
$$c_{22} = r_2 + k_2 = r_2 + 5 = 6 \rightarrow r_2 = 1$$
$$c_{32} = r_3 + k_2 = r_3 + 5 = 8 \rightarrow r_3 = 3$$
$$c_{33} = r_3 + k_3 = 3 + k_3 = 4 \rightarrow k_3 = 1$$
$$c_{41} = r_4 + k_1 = r_4 + 3 = 2 \rightarrow r_4 = -1$$
$$c_{44} = r_4 + k_4 = -1 + k_4 = 3 \rightarrow k_4 = 4$$

단계 3) 현재 할당되지 않은 모든 셀에 대하여 $c'_{ij} = c_{ij} - r_i - k_j$를 계산한다.

$$c'_{13} = c_{13} - r_1 - k_3 = 7 - 0 - 1 = 6$$
$$c'_{14} = c_{14} - r_1 - k_4 = 8 - 0 - 4 = 4$$
$$c'_{21} = c_{21} - r_2 - k_1 = 9 - 1 - 3 = 5$$
$$c'_{23} = c_{23} - r_2 - k_3 = 2 - 1 - 1 = 0$$
$$c'_{24} = c_{24} - r_2 - k_4 = 3 - 1 - 4 = -2$$
$$c'_{31} = c_{31} - r_3 - k_1 = 1 - 3 - 3 = -5$$
$$c'_{34} = c_{34} - r_3 - k_4 = 5 - 3 - 4 = -2$$
$$c'_{42} = c_{42} - r_4 - k_2 = 4 + 1 - 5 = 0$$
$$c'_{43} = c_{43} - r_4 - k_3 = 6 + 1 - 1 = 6$$

[그림 5-31]에는 단계 2와 단계 3에서 구한 r_i, k_j, c'_{ij} 값이 나타나 있다.

단계 4) 단계 3에서 계산한 c'_{ij}값이 모두 0보다 크거나 같지 않으므로 현재 해는 최적해가 아니다. 단계 3에서 구한 c'_{ij}의 값 중, 가장 큰 음수 값을 갖는 셀은 $c'_{31} = -5$ 인 셀 (3, 1)이다. 셀 (3, 1)을 포함하는 기존 할당된 셀들과의 사이클은 (3, 1)−(3, 2)−(1, 2)−(1, 1)과 같이 형성될 수 있다([그림 5-31]). 여기서 (3, 1), (1, 2)는 150단위 증가시킬 수 있으며, (3, 2), (1, 1)은 150 단위 감소하게 된다. 이렇게 변경된 수송표는 [그림 5-32]와 같다.

	공급지 \ 수요지	1 ($k_1 = 3$)	2 ($k_2 = 5$)	3 ($k_3 = 6$)	4 ($k_4 = 4$)	공급량
$r_1 = 0$	1	3 (−) 150	5 (+) 250	7 $c'_{13} = 1$	8 $c'_{14} = 4$	400
$r_2 = 1$	2	9 $c'_{21} = 5$	6 (−) 300	2 (+) $c'_{23} = -5$	3 $c'_{24} = -2$	300
$r_3 = -2$	3	1 (+) 150	8 $c'_{32} = 5$	4 (−) 450	5 $c'_{34} = 3$	600
$r_4 = -1$	4	2 50	4 $c'_{42} = 0$	6 $c'_{43} = 1$	3 450	500
	수요량	350	550	450	450	1800

그림 5-32 수정배분법에 의한 수송표 갱신과정(3)

단계 1) 갱신된 수송표인 [그림 5-32]에서 다시 $r_1 = 0$으로 놓는다.

단계 2) 현재해([그림 5-32]의 수송표)의 할당된 셀인 (1, 1), (1, 2), (2, 2), (3, 1), (3, 3), (4, 1), (4, 4)에 대하여, $c_{ij} = r_i + k_j$를 이용하여 다음과 같이 r_i와

k_j 를 다음과 같이 구한다.

$$c_{11} = r_1 + k_1 = 0 + k_1 = 3 \rightarrow k_1 = 3$$
$$c_{12} = r_1 + k_2 = 0 + k_2 = 5 \rightarrow k_2 = 5$$
$$c_{22} = r_2 + k_2 = r_2 + 5 = 6 \rightarrow r_2 = 1$$
$$c_{31} = r_3 + k_1 = r_3 + 3 = 1 \rightarrow r_3 = -2$$
$$c_{33} = r_3 + k_3 = -2 + k_3 = 4 \rightarrow k_3 = 6$$
$$c_{41} = r_4 + k_1 = r_4 + 3 = 2 \rightarrow r_4 = -1$$
$$c_{44} = r_4 + k_4 = -1 + k_4 = 3 \rightarrow k_4 = 4$$

단계 3) 현재 할당되지 않은 모든 셀에 대하여 $c'_{ij} = c_{ij} - r_i - k_j$를 계산한다.

$$c'_{13} = c_{13} - r_1 - k_3 = 7 - 0 - 6 = 1$$
$$c'_{14} = c_{14} - r_1 - k_4 = 8 - 0 - 4 = 4$$
$$c'_{21} = c_{21} - r_2 - k_1 = 9 - 1 - 3 = 5$$
$$c'_{23} = c_{23} - r_2 - k_3 = 2 - 1 - 6 = -5$$
$$c'_{24} = c_{24} - r_2 - k_4 = 3 - 1 - 4 = -2$$
$$c'_{32} = c_{32} - r_3 - k_2 = 8 + 2 - 5 = 5$$
$$c'_{34} = c_{34} - r_3 - k_4 = 5 + 2 - 4 = 3$$
$$c'_{42} = c_{42} - r_4 - k_2 = 4 + 1 - 5 = 0$$
$$c'_{43} = c_{43} - r_4 - k_3 = 6 + 1 - 6 = 1$$

[그림 5-32]에는 단계 2와 단계 3에서 구한 r_i, k_j, c'_{ij} 값이 나타나 있다.

단계 4) 단계 3에서 계산한 c'_{ij}값이 모두 0보다 크거나 같지 않으므로 현재 해는 최적해가 아니다. 단계 3에서 구한 c'_{ij}의 값 중, 가장 큰 음수값을 갖는 셀은 $c'_{23} = -5$ 인 셀 (2, 3)이다. 셀 (2, 3)을 포함하는 기존 할당된 셀들과의 사이클은 (2, 3)−(2, 2)−(1, 2)−(1, 1)−(3, 1)−(3, 3)과 같이 형성될 수 있다([그림 5-32]). 여기서 (2, 3), (1, 2), (3, 1)은 150단위 증가시킬 수 있으며, (2, 2), (1, 1), (3, 3)은 150단위 감소하게 된다. 이렇게 변경된 수송표는 [그림 5-33]과 같다.

		$k_1=-2$	$k_2=5$	$k_3=1$	$k_4=-1$	
	수요지 \ 공급지	1	2	3	4	공급량
$r_1=0$	1	3 $c'_{11}=5$	5 400	7 $c'_{13}=6$	8 $c'_{14}=9$	400
$r_2=1$	2	9 $c'_{21}=10$	6 (−) 150	2 (+) 150	3 (+) $c'_{24}=3$	300
$r_3=3$	3	1 (+) 300	8 $c'_{32}=0$	4 (−) 300	5 $c'_{34}=3$	600
$r_4=4$	4	2 (−) 50	4 (+) $c'_{42}=-5$	6 $c'_{43}=1$	3 450	500
	수요량	350	550	450	450	1800

[그림 5-33] 수정배분법에 의한 수송표 갱신과정(4)

단계 1) 갱신된 수송표인 [그림 5-33]에서 다시 $r_1=0$으로 놓는다.

단계 2) 현재해([그림 5-33]의 수송표)의 할당된 셀인 (1, 2), (2, 2), (2, 3), (3, 1), (3, 3), (4, 1), (4, 4)에 대하여, $c_{ij}=r_i+k_j$를 이용하여 다음과 같이 r_i와 k_j를 다음과 같이 구한다.

$$c_{12}=r_1+k_2=0+k_2=5 \rightarrow k_2=5$$

$$c_{22} = r_2 + k_2 = r_2 + 5 = 6 \rightarrow r_2 = 1$$
$$c_{23} = r_2 + k_3 = 1 + k_3 = 2 \rightarrow k_3 = 1$$
$$c_{33} = r_3 + k_3 = r_3 + 1 = 4 \rightarrow r_3 = 3$$
$$c_{31} = r_3 + k_1 = 3 + k_1 = 1 \rightarrow k_1 = -2$$
$$c_{41} = r_4 + k_1 = r_4 - 2 = 2 \rightarrow r_4 = 4$$
$$c_{44} = r_4 + k_4 = 4 + k_4 = 3 \rightarrow k_4 = -1$$

단계 3) 현재 할당되지 않은 모든 셀에 대하여 $c'_{ij} = c_{ij} - r_i - k_j$를 계산한다.

$$c'_{11} = c_{11} - r_1 - k_1 = 3 - 0 + 2 = 5$$
$$c'_{13} = c_{13} - r_1 - k_3 = 7 - 0 - 1 = 6$$
$$c'_{14} = c_{14} - r_1 - k_4 = 8 - 0 + 1 = 9$$
$$c'_{21} = c_{21} - r_2 - k_1 = 9 - 1 + 2 = 10$$
$$c'_{24} = c_{24} - r_2 - k_4 = 3 - 1 + 1 = 3$$
$$c'_{32} = c_{32} - r_3 - k_2 = 8 - 3 - 5 = 0$$
$$c'_{34} = c_{34} - r_3 - k_4 = 5 - 3 + 1 = 3$$
$$c'_{42} = c_{42} - r_4 - k_2 = 4 - 4 - 5 = -5$$
$$c'_{43} = c_{43} - r_4 - k_3 = 6 - 4 - 1 = 1$$

[그림 5-33]에는 단계 2와 단계 3에서 구한 r_i, k_j, c'_{ij} 값이 나타나 있다.

단계 4) 단계 3에서 계산한 c'_{ij} 값이 모두 0보다 크거나 같지 않으므로 현재 해는 최적해가 아니다. 단계 3에서 구한 c'_{ij}의 값 중, 가장 큰 음수값을 갖는 셀은 $c'_{42} = -5$인 셀 (4, 2)이다. 셀 (4, 2)를 포함하는 기존 할당된 셀들과의 사이클은 (4, 2)−(4, 1)−(3, 1)−(3, 3)−(2, 3)−(2, 2)와 같이 형성될 수 있다([그림 5-33]). 여기서 (4, 2), (3, 1), (2, 3)은 50단위 증가시킬 수 있으며, (4, 1), (3, 3), (2, 2)는 50단위 감소하게 된다. 이렇게 변경된 수송표는 [그림 5-34]와 같다.

		$k_1=-2$	$k_2=5$	$k_3=1$	$k_4=4$	
	수요지 / 공급지	1	2	3	4	공급량
$r_1=0$	1	3 $c'_{11}=5$	5 400	7 $c'_{13}=6$	8 $c'_{14}=4$	400
$r_2=1$	2	9 $c'_{21}=10$	6 (−) 100	2 200	3 $c'_{24}=-2$	300
$r_3=3$	3	1 350	8 $c'_{32}=0$	4 250	5 $c'_{34}=-2$	600
$r_4=-1$	4	2 $c'_{41}=5$	4 (+) 50	6 $c'_{43}=6$	3 (−) 450	500
	수요량	350	550	450	450	1800

그림 5-34 수정배분법에 의한 수송표 갱신과정(5)

단계 1) 갱신된 수송표인 [그림 5-34]에서 다시 $r_1=0$으로 놓는다.

단계 2) 현재해([그림 5-34]의 수송표)의 할당된 셀인 (1, 2), (2, 2), (2, 3), (3, 1), (3, 3), (4, 2), (4, 4)에 대하여, $c_{ij}=r_i+k_j$를 이용하여 다음과 같이 r_i와 k_j를 다음과 같이 구한다.

$$c_{12}=r_1+k_2=0+k_2=5 \rightarrow k_2=5$$
$$c_{22}=r_2+k_2=r_2+5=6 \rightarrow r_2=1$$
$$c_{23}=r_2+k_3=1+k_3=2 \rightarrow k_3=1$$
$$c_{33}=r_3+k_3=r_3+1=4 \rightarrow r_3=3$$
$$c_{31}=r_3+k_1=3+k_1=1 \rightarrow k_1=-2$$
$$c_{42}=r_4+k_2=r_4+5=4 \rightarrow r_4=-1$$

$$c_{44} = r_4 + k_4 = -1 + k_4 = 3 \rightarrow k_4 = 4$$

단계 3) 현재 할당되지 않은 모든 셀에 대하여 $c'_{ij} = c_{ij} - r_i - k_j$를 계산한다.

$$c'_{11} = c_{11} - r_1 - k_1 = 3 - 0 + 2 = 5$$
$$c'_{13} = c_{13} - r_1 - k_3 = 7 - 0 - 1 = 6$$
$$c'_{14} = c_{14} - r_1 - k_4 = 8 - 0 - 4 = 4$$
$$c'_{21} = c_{21} - r_2 - k_1 = 9 - 1 + 2 = 10$$
$$c'_{24} = c_{24} - r_2 - k_4 = 3 - 1 - 4 = -2$$
$$c'_{32} = c_{32} - r_3 - k_2 = 8 - 3 - 5 = 0$$
$$c'_{34} = c_{34} - r_3 - k_4 = 5 - 3 - 4 = -2$$
$$c'_{41} = c_{41} - r_4 - k_1 = 2 + 1 + 2 = 5$$
$$c'_{43} = c_{43} - r_4 - k_3 = 6 + 1 - 1 = 6$$

[그림 5-34]에는 단계 2와 단계 3에서 구한 r_i, k_j, c'_{ij} 값이 나타나 있다.

단계 4) 단계 3에서 계산한 c'_{ij}값이 모두 0보다 크거나 같지 않으므로 현재 해는 최적해가 아니다. 단계 3에서 구한 c'_{ij}의 값 중, 가장 큰 음수값을 갖는 셀은 $c'_{24} = c'_{34} = -2$인 셀 (2, 4)와 셀 (3, 4)이다. 이중 임의로 하나의 셀 (2, 4)를 선택한다. 셀 (2, 4)를 포함하는 기존 할당된 셀들과의 사이클은 (2, 4)−(2, 2)−(4, 2)−(4, 4)와 같이 형성될 수 있다([그림 5-34]). 여기서 (2, 4)와 (4, 2)는 100단위 증가시킬 수 있으며, (2, 2), (4, 4)는 100단위 감소하게 된다. 이렇게 변경된 수송표는 [그림 5-35]와 같다.

	수요지 / 공급지	1 ($k_1=-2$)	2 ($k_2=5$)	3 ($k_3=3$)	4 ($k_4=4$)	공급량
$r_1=0$	1	3 / $c'_{11}=5$	5 / 400	7 / $c'_{13}=3$	8 / $c'_{14}=4$	400
$r_2=-1$	2	9 / $c'_{21}=12$	6 / $c'_{22}=2$	2 / 200	3 / 100	300
$r_3=1$	3	1 / 350	8 / $c'_{32}=2$	4 / 250	5 / $c'_{34}=0$	600
$r_4=-1$	4	2 / $c'_{41}=5$	4 / 150	6 / $c'_{43}=4$	3 / 350	500
	수요량	350	550	450	450	1800

그림 5-35 수정배분법에 최적해

단계 1) 갱신된 수송표인 [그림 5-35]에서 다시 $r_1 = 0$으로 놓는다.

단계 2) 현재해([그림 5-35]의 수송표)의 할당된 셀인 (1, 2), (2, 3), (2, 4), (3, 1), (3, 3), (4, 2), (4, 4)에 대하여, $c_{ij} = r_i + k_j$를 이용하여 다음과 같이 r_i와 k_j를 다음과 같이 구한다.

$$c_{12} = r_1 + k_2 = 0 + k_2 = 5 \rightarrow k_2 = 5$$
$$c_{42} = r_4 + k_2 = r_4 + 5 = 4 \rightarrow r_4 = -1$$
$$c_{44} = r_4 + k_4 = -1 + k_4 = 3 \rightarrow k_4 = 4$$
$$c_{24} = r_2 + k_4 = r_2 + 4 = 3 \rightarrow r_2 = -1$$
$$c_{23} = r_2 + k_3 = -1 + k_3 = 2 \rightarrow k_3 = 3$$
$$c_{33} = r_3 + k_3 = r_3 + 3 = 4 \rightarrow r_3 = 1$$

$$c_{31} = r_3 + k_1 = 3 + k_1 = 1 \rightarrow k_1 = -2$$

단계 3) 현재 할당되지 않은 모든 셀에 대하여 $c'_{ij} = c_{ij} - r_i - k_j$를 계산한다.

$$c'_{11} = c_{11} - r_1 - k_1 = 3 - 0 + 2 = 5$$
$$c'_{13} = c_{13} - r_1 - k_3 = 7 - 0 - 3 = 4$$
$$c'_{14} = c_{14} - r_1 - k_4 = 8 - 0 - 4 = 4$$
$$c'_{21} = c_{21} - r_2 - k_1 = 9 + 1 + 2 = 12$$
$$c'_{22} = c_{22} - r_2 - k_2 = 6 + 1 - 5 = 2$$
$$c'_{32} = c_{32} - r_3 - k_2 = 8 - 1 - 5 = 2$$
$$c'_{34} = c_{34} - r_3 - k_4 = 5 - 1 - 4 = 0$$
$$c'_{41} = c_{41} - r_4 - k_1 = 2 + 1 + 2 = 5$$
$$c'_{43} = c_{43} - r_4 - k_3 = 6 + 1 - 3 = 4$$

[그림 5-35]에는 단계 2와 단계 3에서 구한 r_i, k_j, c'_{ij} 값이 나타나 있다.

단계 4) 단계 3에서 계산한 c'_{ij}값이 모두 0보다 크거나 같다. 따라서 현재해가 최적해이다.

이상의 계산 과정을 통해 얻은 최적해 및 이때의 총비용을 정리하면 [그림 5-36]과 같다. 앞서 디딤돌법에 의해 구한 최적해와 해는 다르지만(alternative solution), 총비용은 5,700으로 같음을 알 수 있다.

공급지	수요지	수송량	단위당 수송비용	비용
1	2	400	5	2,000
2	3	200	2	400
2	4	100	3	300
3	1	350	1	350
3	3	250	4	1,000
4	2	150	4	600
4	4	350	3	1,050
			총비용	5,700

그림 5-36 수정배분법을 이용한 최적해 및 총비용

4 • 엑셀을 이용한 수송문제 해법

수송문제는 엑셀을 활용하여 해를 구할 수 있다. 여기에서는 앞서 [그림 5-2]의 수송문제를 예로 해를 구하는 과정을 살펴본다. 다음 순서에 따라 엑셀에 데이터를 입력하고 필요한 수식을 입력한다(그림 [5-37]). 그 다음에는 엑셀의 해 찾기 기능을 이용하여 최적해를 구한다.

(1) 데이터 입력

- **단위당 수송비용**: 셀 C4:F7에 각 공급지에서 수요지로의 단위당 수송비용을 입력한다.
- **공급량**: 셀 G4:G7에 각 공급지의 공급가능한 수량을 입력한다.
- **수요량**: 셀 C8:F8에 각 수요지의 필요한 수요량을 입력한다.

(2) 변수(값을 바꿀 셀)

- 값을 바꿀 셀 C12:F15에 초기값으로 0을 입력한다.

(3) 실제 공급량과 수요량의 계산

- 실제 공급량: 셀 G12에 "=SUM(C12:F12)" 입력한 후, G12를 G13:G15까지 복사한다.
- 실제 수요량: 셀 C16에 "=SUM(C12:C15)" 입력한 후, C16을 D16:F16까지 복사한다.

(4) 총 수송비(목표 셀)의 계산

- 목표셀 C20에 "=SUMPRODUCT(C4:F7,C12:F15)"을 입력한다.

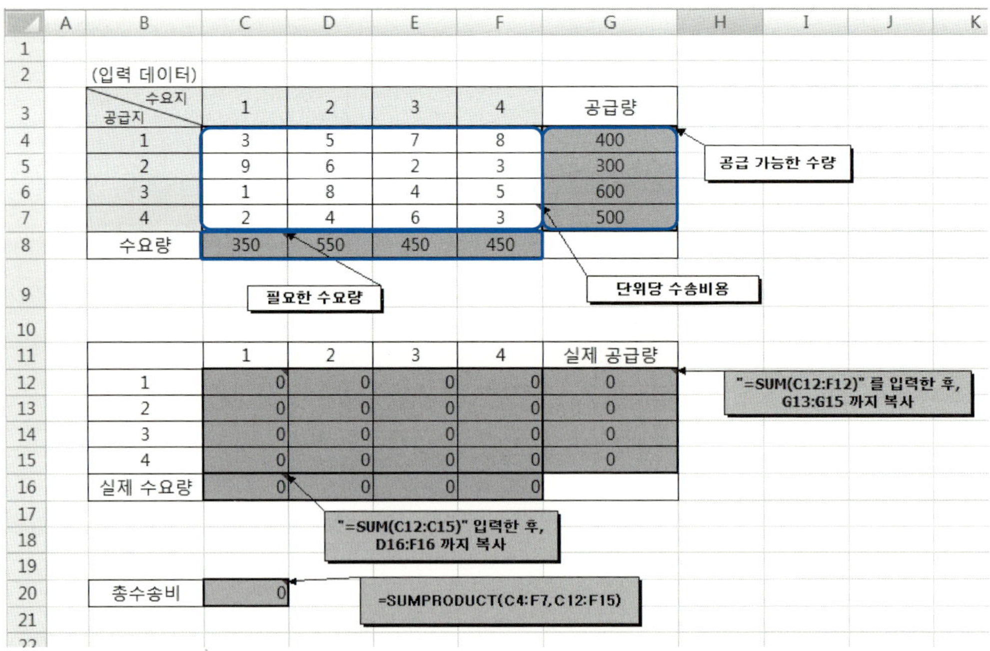

그림 5-37 수송문제의 엑셀자료 입력방법

(5) 해 찾기 모델 설정

- 해 찾기 메뉴를 클릭하여 "해 찾기 모델 설정"창을 띄운 다음 각 칸에 [그림 5-38]

과 같이 입력한다.

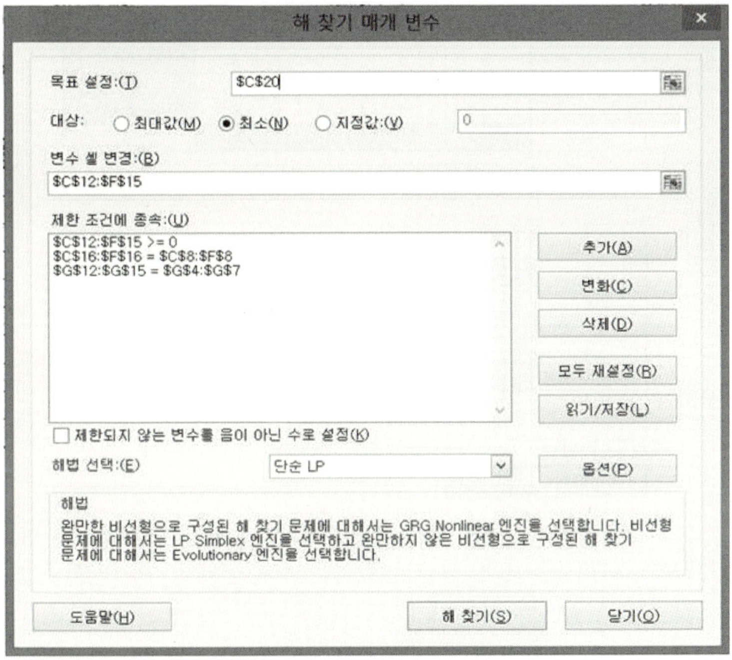

[그림 5-38] 해 찾기 매개 변수

[그림 5-38] "해 찾기 매개 변수" 창에 "해 찾기(S)"을 클릭하면 [그림 5-39]과 같은 최적해를 구할 수 있다. 최적해는

$$x_{12}=400,\ x_{23}=300,\ x_{31}=350,\ x_{33}=150,\ x_{34}=100,\ x_{42}=150,\ x_{44}=350$$

이며, 총수송비는 5700으로, 앞서 디딤돌법으로 구한 결과와 같음을 알 수 있다.

	A	B	C	D	E	F	G	H
1								
2		(입력 데이터)						
3		수요지 / 공급지	1	2	3	4	공급량	
4		1	3	5	7	8	400	
5		2	9	6	2	3	300	
6		3	1	8	4	5	600	
7		4	2	4	6	3	500	
8		수요량	350	550	450	450		
9								
10								
11			1	2	3	4	실제 공급량	
12		1	0	400	0	0	400	
13		2	0	0	300	0	300	
14		3	350	0	150	100	600	
15		4	0	150	0	350	500	
16		실제 수요량	350	550	450	450		
17								
18								
19								
20		총수송비	5700					

【그림 5-39】 엑셀을 이용한 수송문제의 최적해

5 • 불균형 수송문제

앞서 살펴본 문제는 공급지의 총공급량의 합과 수요지들의 총수요량의 합이 같은 경우이다. 하지만 실제 수송문제의 경우에는 총공급량과 총 수송량의 합이 다른 경우가 많이 존재한다. 이 절에서는 총공급량과 총수요량이 다른 수송문제를 푸는 방법에 대해 살펴보자. 불균형 수송문제는 총공급량이 총수요량보다 많은 경우와 총공급량이 총수요량보다 적은 경우로 나누어진다.

1) 총공급량이 총수요량보다 많은 경우

[그림 5-2]의 수송문제에서 공급지 1의 공급량이 500으로 변경된 경우의 수송문제를

생각해 보자. 이 경우 총공급량은 1,900, 총수요량은 1,800으로, 총공급량이 총수요량보다 많게 된다. 균형 수송문제에서는 수요지 제한조건과 공급지 제한조건 모두 다음과 같이 등식으로 표시될 수 있다.

(수요지 제한조건) $C$16:$F$16 =$C$8:$F$18

(공급지 제한조건) $G$12:$G$15 =$G$4:$G$7

하지만 총공급량이 총 소요량보다 많은 경우에는 공급지 제한조건이 다음과 같이 부등식으로 표현되어야 한다.

$G$12:$G$15 <=$G$4:$G$7

수요지 제한조건은 등식으로 하더라도 상관 없으며, 다음과 같이 부등식으로 표현해도 된다.

$C$16:$F$16 >=$C$8:$F$18

수요지 제한조건을 위와 같이 '>='로 표현해도 무방한 것은 총수송비용을 최소가 되도록 하는 최적해에서는 결국 등식으로 만족하게 되기 때문이다.

다시 [그림 5-2]의 예제에서 공급지 1 공급량이 400에서 500으로 변경된 경우를 엑셀을 이용하여 풀이한 결과를 보면 [그림 5-40]과 같다.

최적해는 다음과 같다.

$$x_{12} = 500,\ x_{23} = 300,\ x_{31} = 350,\ x_{33} = 150,\ x_{34} = 100,\ x_{42} = 50,\ x_{44} = 450$$

그리고 총 비용은 5,600이다. 또한, [그림 5-40]에서 알 수 있는 바와 같이 공급지 3의 공급 가능량은 600이나, 실제 공급량은 500으로, 총 실제 공급량은 1,800(=실제 수요량)임을 알 수 있다.

(입력 데이터)

공급지 \ 수요지	1	2	3	4	공급량
1	3	5	7	8	500
2	9	6	2	3	300
3	1	8	4	5	600
4	2	4	6	3	500
수요량	350	550	450	450	

공급량 > 실제공급량

	1	2	3	4	실제 공급량
1	0	500	0	0	500
2	0	0	300	0	300
3	350	0	150	0	500
4	0	50	0	450	500
실제 수요량	350	550	450	450	

총수송비	5600

▌그림 5-40▌ 불균형 수송문제(총공급량 > 총수요량)의 최적해

2) 총공급량이 총수요량보다 적은 경우

이번에는 총공급량이 총수요량보다 많은 경우를 살펴보자. [그림 5-41]의 수송표는 공급량의 총합이 600, 수요량의 총합이 760인 예이다. 만약, 수요지에서 요구하는 수요량을 모두 만족시켜야 한다면, 실행 가능한 해는 존재하지 않는다. 그러나 일부 수요지에서 원하는 수요량만큼 공급받지 못하고 공급지에서 공급 가능한 양만 공급받는 것이 허용된다면 해를 구할 수 있다. 이 경우 해를 구하기 위해서는 가상 공급지를 추가하여 문제를 균형 수송문제로 변환시켜서 풀면 된다. [그림 5-42]은 가상공급지를 추가한 경우의 예이다. 이때 가상공급지에서의 단위당 수송비용은 모두 0으로 한다.

공급지 \ 수요지	1	2	3	공급량
1	4	1	7	200
2	8	2	5	300
3	2	6	3	100
수요량	50	350	360	600 / 760

▌그림 5-41▌ 불균형 수송문제의 예(수요량 > 공급량)

공급지 \ 수요지	1	2	3	공급량
1	4	1	7	200
2	8	2	5	300
3	2	6	3	100
가상 공급지	0	0	0	160
수요량	50	350	360	760

▌그림 5-42▌ 균형 수송문제로 변환(가상공급지 추가)

6 • 특수한 경우의 수송문제

1) 특정 수송 경로를 활용하지 못하는 경우

일반적인 수송문제에서는 모든 공급지에서 모든 수요지로의 수송이 가능하다. 그러나 어떤 이유로 특정 경로를 사용하지 못하는 경우가 발생할 수 있다. 예를 들어 [그림 5-2]의 예제에서 공급지 1에서 수요지 2로의 수송이 불가능한 경우를 예를 들어보자. 수학적 모형에서는 제약식 $x_{12} = 0$을 수학적 모형에 추가한다.

엑셀을 활용한 해법에서는 공급지 1에서 수요지 2의 단위당 수송비를 아주 큰 값으로 할당하여 문제를 푼다. [그림 5-43]에서와 같이 단위당 수송비용을 입력할 때 공급지 1에서 수요지 2로의 단위당 수송비용을 9999와 같이 다른 경로의 수송비용보다 매우 큰 값으로 입력한다.

(입력 데이터) → 사용하지 못하는 경로의 수송비용을 큰 값으로 입력

수요지 / 공급지	1	2	3	4	공급량
1	3	9999	7	8	400
2	9	6	2	3	300
3	1	8	4	5	600
4	2	4	6	3	500
수요량	350	550	450	450	

	1	2	3	4	실제 공급량
1	0	0	0	0	0
2	0	0	0	0	0
3	0	0	0	0	0
4	0	0	0	0	0
실제 수요량	0	0	0	0	

총수송비	0

[그림 5-43] 특정 수송 경로를 활용하지 못하는 경우의 입력 방법

2) 수송 경로에 상한 혹은 하한 제약이 주어진 경우

수송문제에서 특정 경로가 매우 혼잡하여 수송 상한이 주어진 경우가 발생할 수 있다. 예를 들어 [그림 5-2]의 예제에서 공급지 1에서 수요지 2로 실제 최대로 수송 가능한 양은 400(공급지 1의 공급량 400, 수요지 2의 수요량 550)이나, 최대 수송 가능량이 300으로 제한되어 있다고 하자. 이 경우에는 수송문제의 수학적 모형에 다음 제약조건식을 추가한다.

$$x_{12} \leq 300$$

엑셀을 이용하여 최적해를 구하고자 할 경우에는 '해 찾기 매개변수' 창에서 '제한 조건'에 해당 경로의 상한 제약을 추가한다. [그림 5-44]는 앞의 예제([그림 5-2])에서 공급지 1에서 수요지 2로의 상한이 300인 경우의 제약식을 추가한 것이다.

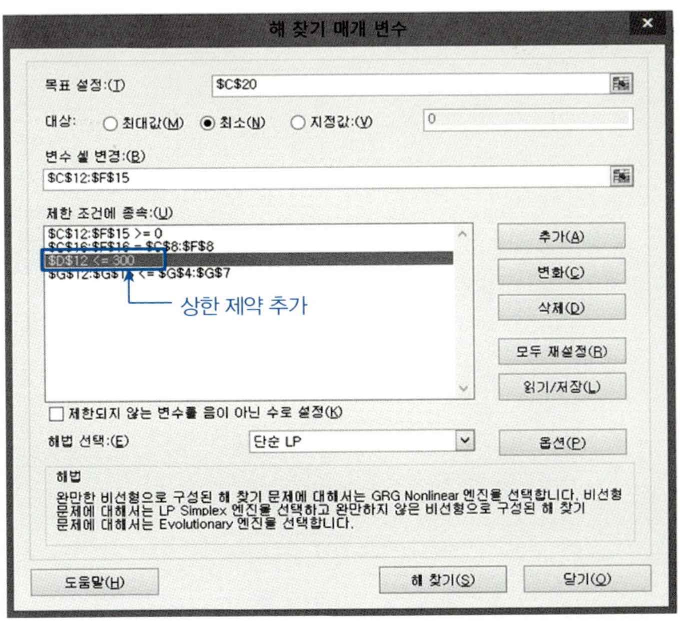

그림 5-44 상한 제약의 있는 경우의 제약 조건 추가

어떤 경우에는 특정 수요지에서 필요로 하는 수요량 중에 일정량 이상은 반드시 특정 공급지로부터 수송해야 하는 경우도 있다. 이러한 경우를 수송 경로에 하한 제약이 존재한다고 한다. 예를 들어 [그림 5-2]의 수송문제에서, 공급지 3에서 수요지 4로 최소한 200단위를 공급해야 한다고 하자. 이 경우 역시 수송문제의 수학적 모형에서 다음과 같은 제약조건식을 추가하고, 엑셀의 '해 찾기 매개 변수'에서 해당 제약 조건을 추가로 입력한다.

$$x_{34} \geq 200$$

연 | 습 | 문 | 제

1 이 책의 본문에서 최소비용법과 북서코너법에 의해서 수송문제의 초기해를 구하는 과정을 살펴보았다. 다음 질문에 답하라.

(1) 두 방법 중 어떤 방법이 더 낫다고 생각하는가? 그 이유는 무엇인가?

(2) 본문의 예제에서는 최적해는 아니지만 최소비용법에 의한 초기해가 더 나은 것을 볼 수 있었다. 최소비용법이 북서코너법에 비해 항상 더 나은 초기해를 보장한다고 할 수 있는가?

(3) 초기해를 더 나은해를 구한다는 것이 최적해를 구하는 데 어떤 의미가 있다고 생각하는가?

2 [그림 5-9]의 수송표는 최소비용법에 의해 구한 초기해이다. 이 해로부터 시작하여 수정배분법을 이용해 최적해를 구하라.

3 [그림 5-16]의 수송표는 북서코너법에 의해 구한 초기해이다. 이 해로부터 시작하여 디딤돌법을 이용해 최적해를 구하라.

4 위 문제 3에서 공급지 A에서 수요지 3으로 수송이 불가능하다고 하자. 이 경우, 엑셀을 이용하여 최적해를 구하라.

5 본문 [그림 5-41]은 총수요량이 총공급량보다 많은 불균형 수송문제이다. 엑셀을 이용하여 최적해를 구하라.

6 물류회사 P는 서로 다른 지역에 소재하고 있는 창고 1, 2, 3에 보관중인 물품을 3개의 서로 다른 지역으로 수송하려 한다. 각 창고에서 각 지역으로의 단위당 수송비(단위: 만 원), 그리고 공급량 및 수요량이 다음과 같이 주어져 있다.

창고	배송지역			
	1	2	3	공급량
1	5	4	3	400
2	8	4	3	250
3	9	7	5	250
수요량	450	150	300	

연 | 습 | 문 | 제

(1) 최적의 수송 방법을 구하기 위한 수학적 모형을 작성하라.
(2) 디딤돌법을 이용하여 최적 수송방법을 구하라.
(3) 수정배분법을 이용하여 최적 수송방법을 구하라.
(4) 엑셀 모형을 이용하여 최적해를 구하라.

7 제빵회사 Q는 롤케익을 하루에 120, 170상자씩 제조할 수 있는 공장 A, B 두 곳을 가지고 있다. 두 공장에서 생산된 롤케익은 4곳의 대리점(1, 2, 3, 4)에 배달되는데, 최근 전반적인 수요 상승으로 모든 대리점의 수요가 하루 100상자로 뛰어 올라, 공급능력 110상자의 공장 증설을 계획하고 있다. 이에 여러 곳의 후보에 대해 수송비용을 비교하여 입지를 선정코자 한다. 그중, C후보지역에 대해서 다음과 같은 수송표를 얻었다.

공급지	수요지				공급량
	1	2	3	4	
A	[8]	20 [13]	[4]	100 [7]	120
B	[11]	70 [14]	100 [6]	[10]	170
C	100 [6]	10 [12]	[8]	[9]	110
수요량	100	100	100	100	400

(1) 이 문제의 해를 구하기 위한 수학적 모형을 작성하라.
(2) 위 수송표에 의하여 수송을 한다면, 총 수송비용은 얼마인가?(단위: 원)
(3) 위 수송표는 최적의 수송방식인가? 최적해가 아니라면, 디딤돌법을 이용하여 최적 수송방법을 구하라.

8 K 정유사는 두 곳의 정유공장 A, B에서 생산한 제품을 각각 3개 정유소 P, Q, R로 공급하고 있었으나, 최근 한 곳의 수요량이 증가하여 이 수요에 대응할 수 있는 생산 능력 200 규모의 신규 공장 설립을 고려하고 있다. 후보 지역으로는 C(대안 1)와 D(대안 2)를 고려중인데, C 지역의 경우 3개 지역으로의 단위당 수송비가 각각 3, 6, 4이며, D 지역의 경우에는 단위당 수송비가 각각 5, 3, 2이다. 현재의 공급지역과 기존 수요지역들 간의 단위당 수송비는 아래 그림에 나타나 있다. K사는 지역 C와 D 중 어느 지역을 선정하는 것이 총수송비를 최소화하는 선택인가?

연 | 습 | 문 | 제

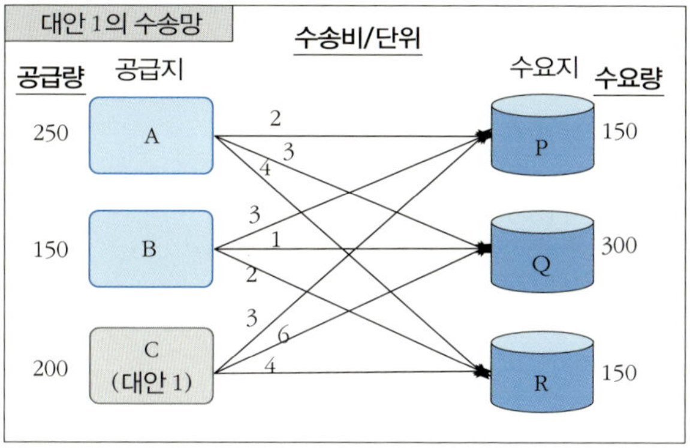
대안 1의 수송망
수송비/단위
공급량
공급지
수요지
수요량
250
A
150
B
200
C
(대안 1)
2
3
4
3
1
2
3
6
4
P
Q
R
150
300
150

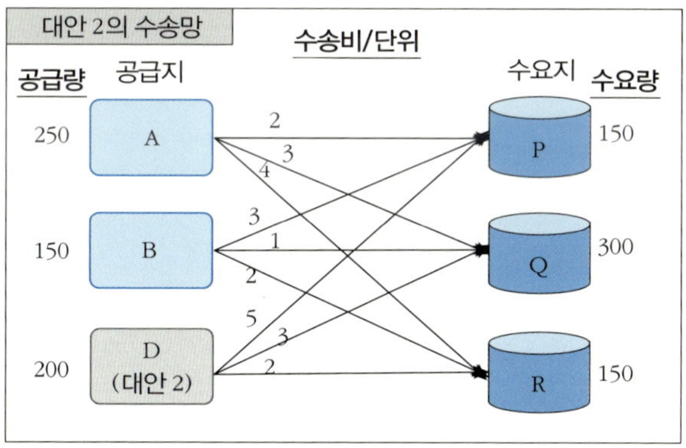
대안 2의 수송망
수송비/단위
공급량
공급지
수요지
수요량
250
A
150
B
200
D
(대안 2)
2
3
4
3
1
2
5
3
2
P
Q
R
150
300
150

management science

Chapter 6

할당문제

1. 서론
2. 할당문제의 수학적 모형
3. 할당문제의 해법 절차
4. 할당문제의 특수한 경우
5. 엑셀을 이용한 할당문제 해법

CHAPTER 06 management science

할당문제

1 • 서론

할당문제(assignment problem)는 처리해야 할 다수의 작업이 있고, 이 작업들을 처리할 작업자가 다수 있을 때, 총 처리비용이 최소가 되도록 각각의 작업에 각각의 작업자를 할당하는 문제이다.

할당문제는 적용될 수 있는 분야는 다양하다. n명의 작업자를 n개의 기계에 할당하는 문제 혹은 n명의 판매원을 n개의 지역에 할당하는 문제와 같이 다양한 영역에 적용할 수 있다. 할당문제는 다음과 같은 특성을 갖는다.

- 작업자와 작업의 수는 같다.
- 각 작업자는 하나의 작업만 담당한다.
- 각 작업은 한 명의 작업자에 의해서만 수행된다.
- 각 작업자를 각 작업에 할당하는 비용이 주어진다.

할당문제는 5장에서 다룬 수송문제의 특별한 경우라고 볼 수 있다. 수송문제에서 공급지의 수와 수요지의 수가 같고, 각 공급지의 공급량이 1, 각 수요지의 수요량이 1인 경우 이는 할당문제가 된다. [그림 6-1]은 할당문제가 수송문제의 특별한 경우임을 네트워크로 표현한 것이다.

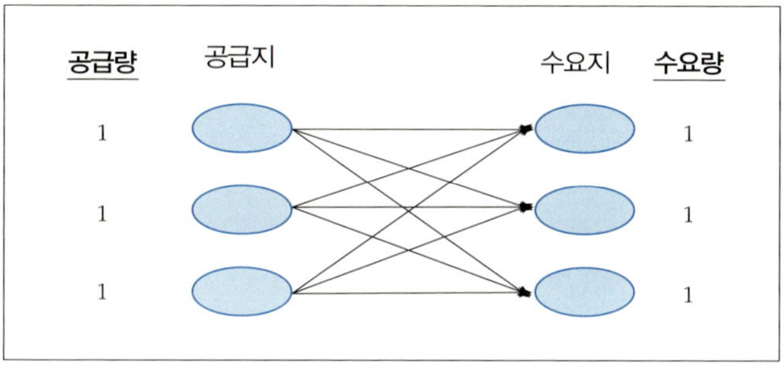

그림 6-1 할당문제의 개념

2 • 할당문제의 수학적 모형

할당문제는 선형계획법 형태의 수학적 모형으로 나타낼 수 있다. 먼저 다음과 같이 기호를 정의한다.

c_{ij}: 작업자 i를 작업 j에 할당할 경우의 비용

x_{ij}(결정변수): 작업자 i를 작업 j에 할당하면 1, 그렇지 않으면 0

n: 작업자 수(=작업 수)

목적함수는 각 작업자를 각 작업에 할당할 경우의 비용이 되며, 다음과 같이 나타낼 수 있다.

목적함수: $z=\sum_{i=1}^{n}\sum_{j=1}^{n}c_{ij}x_{ij}$

제약식은 두 가지 유형이 존재한다. 첫째, 각 작업자는 정확히 하나의 작업만을 담당한다. 이를 수식으로 표현하면 다음과 같다.

$$\sum_{j=1}^{n} x_{ij} = 1, \ \ i = 1, \cdots, n$$

둘째, 각 작업은 정확히 한 명의 작업자가 담당한다. 이는 다음과 같은 수식으로 표현된다.

$$\sum_{i=1}^{n} x_{ij} = 1, \ \ j = 1, \cdots, n$$

이상의 내용을 정리하면 할당문제의 수학적 모형은 다음과 같다.

$$\begin{aligned} \text{Min} \quad & z = \sum_{i=1}^{n}\sum_{j=1}^{n} c_{ij} x_{ij} \\ \text{s.t.} \quad & \sum_{j=1}^{n} x_{ij} = 1, \ i = 1, \cdots, n \\ & \sum_{i=1}^{n} x_{ij} = 1, \ j = 1, \cdots, n \\ & x_{ij} \geq 0, \quad i = 1, \cdots, n, \ j = 1, \cdots, n \end{aligned}$$

예제 6.1

주식회사 대호물산이 4명의 경력직 직원들을 채용했다. 그들을 4개의 업무분야들 중의 각각 한 군데씩에 배치하려고 한다. 그들이 각각의 업무들에 배치될 때 소요될 비용은 [그림 6-2]와 같다. 대호물산은 총비용을 최소화하도록 각각의 직원을 각 업무에 어떻게 할당해야 하는지를 결정하고자 한다.

직원 \ 업무	A	B	C	D
1	300	280	350	345
2	325	340	290	310
3	270	330	320	305
4	335	315	325	355

그림 6-2 대호물산의 비용표

[예제 6.1]을 수학적 모형으로 나타내면 다음과 같다. 먼저 결정변수를 다음과 같이 정의한다.

$$x_{ij} = \begin{cases} 1, \text{직원 } i\text{가 업무 } j\text{에 할당된 경우,} \\ 0, \text{그 외의 경우} \end{cases} \quad i = 1,2,3,4, \;\; j = A, B, C, D$$

수학적 모형은 다음과 같다.

$$\begin{aligned}
\text{Min} \;\; z = \; & 300x_{1A} + 280x_{1B} + 350x_{1C} + 345x_{1D} \\
& + 325x_{2A} + 340x_{2B} + 290x_{2C} + 310x_{2D} \\
& + 270x_{3A} + 330x_{3B} + 320x_{3C} + 305x_{3D} \\
& + 335x_{4A} + 315x_{4B} + 325x_{4C} + 355x_{4D} \\
\text{s.t.} \quad & x_{1A} + x_{1B} + x_{1C} + x_{1D} = 1 \\
& x_{2A} + x_{2B} + x_{2C} + x_{2D} = 1 \\
& x_{3A} + x_{3B} + x_{3C} + x_{3D} = 1 \\
& x_{4A} + x_{4B} + x_{4C} + x_{4D} = 1 \\
& x_{1A} + x_{2A} + x_{3A} + x_{4A} = 1 \\
& x_{1B} + x_{2B} + x_{3B} + x_{4B} = 1 \\
& x_{1C} + x_{2C} + x_{3C} + x_{4C} = 1
\end{aligned}$$

$$x_{1D} + x_{2D} + x_{3D} + x_{4D} = 1$$

$$x_{ij} \geq 0, \ i = 1,2,3,4, \ \ j = A,B,C,D$$

3 • 할당문제의 해법 절차

할당문제는 앞서 살펴본 바와 같이 특별한 형태의 수송문제이고, 수학적 모형으로 모형화될 수 있다. 따라서 선형계획법으로 그 해를 구할 수 있다. 그러나 할당문제의 경우, 헝가리 수학자 쾨니히(Konig)에 의해 개발된 헝가리법(hungarian method)이라고 불리는 해법이 널리 활용되고 있다. 본서에서는 헝가리법을 이용한 할당계획법 문제의 해법 절차를 소개한다.

1) 기회비용의 개념

헝가리법에 대한 설명에 앞서, 먼저 헝가리법의 기본개념인 기회비용에 대하여 살펴보자. [그림 6-2]의 대호물산의 비용표에서 첫 번째 행은 다음과 같다.

	업무			
	A	B	C	D
직원 1	300	280	350	345

다른 직원들은 고려하지 않고 직원 1만을 고려한다면, 가장 비용이 적은 업무 B에 배치하는 것이 가장 합리적이다. 만약 직원 1을 업무 B에 배치하지 않고 업무 A에 배치한다면, B에 배치하는 것에 비해 (300－280＝) 20의 손해를 보게 된다. 만약 직원 1을 업무 C에 배치하면 이 회사는 (350－280＝) 70만큼 손해를 보게 된다. 마찬가지로

직원 1을 업무 D에 배치한다면, 이 회사는 (345－280＝) 65만큼 손해를 보게 된다.

직원 1에 대해서 업무 B가 아닌 다른 업무를 선택할 경우에 손해 보는 금액을 살펴본 것은 기회비용(opportunity cost)의 관점에서 계산한 것이다. 기회비용이란 제일 좋은 선택을 하는 것에 비해서 그것보다 나쁜 선택을 했을 때 손해를 보는 정도를 의미한다. 직원 1의 배치 방법에 따른 기회비용을 정리하면 다음과 같다.

직원 1의 업무 배치에 따른 기회 비용

	업무			
	A	B	C	D
직원 1	20	0	70	65

직원 2, 3, 4의 경우에도 같은 방법으로 기회비용을 계산할 수 있다. 마찬가지로 각 업무에 대해서도 기회비용을 계산할 수 있다. 이제 헝가리법의 절차에 대해서 살펴보자.

2) 헝가리법

헝가리법의 절차는 다음과 같다.

단계 1) 총기회비용표 작성

1-1) 행기회비용표 작성: 할당표의 각 행에서 최솟값을 찾아, 각 행의 현재 비용에서 그 행의 최솟값을 빼서 행 기회비용표를 작성한다.

1-2) 총기회비용표 작성: 1-1에서 구한 행기회비용표에서 열의 최솟값을 찾아, 각 열의 현재 비용에서 그 열의 최솟값을 빼서 총기회비용표를 작성한다.

단계 2) 최적해 판정

단계 1에서 작성한 총기회비용표상에 0의 값들을 모두 찾은 후, 속한 행과 열을 최소한의 수직 혹은 수평선을 사용하여 지운다. 만약, 직선의 수가 열 또는 행의 수와 같으면 단계 4로 간다. 아니면 단계 3으로 간다.

단계 3) 총기회비용표 수정
단계 2에서 직선으로 지워지지 않은 값들 중에서 최솟값을 찾아, 직선으로 지워지지 않은 모든 칸에서 이 최솟값을 빼고, 두 직선이 교차하는 칸에서는 이 값을 더한 후, 다시 단계 2로 이동한다.

단계 4) 최적할당 찾기
총기회비용표상의 0의 값을 갖는 칸들 중에서 최적할당을 선택한다.

[예제 6.1]의 할당계획 문제를 예로 들어, 헝가리법을 어떻게 적용하는지 살펴본다.

단계 1) 총기회비용표 작성

1-1) 행기회비용표 작성([그림 6-3])

주어진 할당표의 각 행에서 최솟값을 찾아, 각 행의 현재 비용에서 그 행의 최솟값을 빼서 행기회비용표를 작성한다. [예제 6.1]에서 직원 1행의 최솟값은 280(업무 B), 직원

직원 \ 업무	A	B	C	D	각행의 최솟값
1	300	280	350	345	280
2	325	340	290	310	290
3	270	330	320	305	270
4	335	315	325	355	315

각 행에서 최솟값을 뺀다

행기회비용표

직원 \ 업무	A	B	C	D
1	20	0	70	65
2	35	50	0	20
3	0	60	50	35
4	20	0	10	40

그림 6-3 행기회비용표

2행의 최솟값은 290(업무 C), 직원 3행의 최솟값은 270(업무 A), 직원 4행의 최솟값은 315(업무 B)이다. 이 값들을 각 행에서 모든 셀에 대해 각각 뺀 후 구한 결과가 [그림 6-3]의 행기회비용표이다.

1-2) 총기회비용표 작성([그림 6-4])

1-1에서 구한 행기회비용표에서 각 열의 최솟값을 찾아, 각 열의 현재 비용에서 그 열의 최솟값을 빼서 총기회비용표를 작성한다.

열 A의 최솟값은 0(직원 3), 열 B의 최솟값은 0(직원 1, 4), 열 C의 최솟값은 0(직원 2), 그리고 열 D의 최솟값은 20(직원 2)이다. 이 값들을 각 열에서 뺀 후 구한 총기회비용표가 [그림 6-4]이다.

직원 \ 업무	A	B	C	D
1	20	0	70	65
2	35	50	0	20
3	0	60	50	35
4	20	0	10	40
각열의 최솟값	0	0	0	0

각 열에서 최솟값을 뺀다

총기회비용표

직원 \ 업무	A	B	C	D
1	20	0	70	45
2	35	50	0	0
3	0	60	50	15
4	20	0	10	20

▌그림 6-4▐ 총기회비용표

단계 2) 최적해 판정([그림 6-5])

단계 1에서 작성한 총기회비용표상에 0의 값들을 모두 찾은 후, 0이 속한 행과 열을 최소한의 수직 혹은 수평선을 사용하여 지우는 방법을 찾는다. [그림 6-5]와 같이 2행, 3행, 그리고 B열에 직선을 그으면 모든 0을 커버할 수 있다. 사용된 총 직선의 수가 3(< 4)이므로 최적할당은 아니며, 따라서 단계 3으로 간다.

직원 \ 업무	A	B	C	D
1	20	0	70	45
2	35	50	0	0
3	0	60	50	15
4	20	0	10	20

– 총기회비용표의 0을 cover하는 최소 직선의 수가 3개이므로 최적할당이 아님.

그림 6-5 최적해 판정

단계 3) 총기회비용표 수정(그림 6-6])

현재의 총 기회비용표에서 직선이 지나지 않는 부분 중 최솟값은 (4, C)의 10이다. 이 값을 직선이 지나지 않는 부분에서 모두 뺀다. 또한 직선이 교차하는 (2, B), (3, B)에서 10을 더한 후, 다시 단계 2로 간다. 이렇게 수정된 총기회비용표가 [그림 6-6]에 나타나 있다.

직원 \ 업무	A	B	C	D
1	20	0	70	45
2	35	50	0	0
3	0	60	50	15
4	20	0	10	20

직선으로 cover되지 않은 칸 중 최솟값 = 10

직선이 교차하는 칸

1) 직선이 커버하지 않은 칸에서 10을 뺀다.
2) 직선이 교차하는 칸 (2, B), (3, B)에는 10을 더한다.

수정된 총기회비용표

직원 \ 업무	A	B	C	D
1	10	0	60	35
2	35	60	0	0
3	0	70	50	15
4	10	0	0	10

▌그림 6-6▌ 수정된 총기회비용표

단계 2) 최적해 판정([그림 6-7])

[그림 6-7]과 같이 현재의 총기회비용표에서 0을 지우기 위한 최소한의 직선의 수는 4개가 필요하다. 이는 직원의 수(=업무의 수)와 같으므로, 이제 최적할당이 가능하므로, 단계 4로 간다.

직원 \ 업무	A	B	C	D
1	10	0	60	35
2	35	60	0	0
3	0	70	50	15
4	10	0	0	10

- 총기회비용표의 0을 cover하는 최소 직선의 수가 4개이므로 최적할당을 구할 수 있다.

▌그림 6-7▌ 최적해 판정

단계 4) 최적할당 찾기

먼저 0이 하나만 존재하는 행이나 열을 찾아 그 행(혹은 열)의 0이 있는 칸을 할당하고 해당 행과 열을 지운다. [그림 6-8]에서 1행에는 (1, B)에 0이 하나만 존재한다. 따라서 (1, B)를 할당하고, 1행과 B열을 제외한 나머지 칸에 대해서도 할당 작업을 계속 진행한다. 이런 방식으로 할당을 진행해 나가면, 두 번째 할당은 (3, A), 세 번째는 (2, D), 마지막 (4, C)에 할당을 할 수 있다.

1(1, B) 할당

직원 \ 업무	A	B	C	D
1	10	(0)	60	35
2	35	60	0	(0)
3	(0)	70	50	15
4	10	0	(0)	10

3(2, D) 할당

2(3, A) 할당

4(4, C) 할당

▌그림 6-8▐ 최적할당

이 할당 방식을 최초의 할당표([그림 6-2])에 적용하여 최적 비용을 구한다. 직원 1은 업무 B에 할당하고, 직원 2는 업무 D, 직원 3은 업무 A, 직원 4는 업무 C에 할당하는 방식이 최적할당이며, 이때의 총비용은 1185이다.

직원 \ 업무	A	B	C	D
1	300	(280)	350	345
2	325	340	290	(310)
3	(270)	330	320	305
4	335	315	(325)	355

최적할당: (1, B), (2, D), (3, A), (4, C)

총비용: 280 + 310 + 270 + 325 = 1185

▌그림 6-9▐ 최적할당과 총비용

4 • 할당문제의 특수한 경우

1) 작업자와 작업의 수가 다른 경우

헝가리법은 할당표의 행의 수와 열의 수가 같을 경우에 적용할 수 있는 기법이다. 하지만 실제 할당문제의 경우 행의 수와 열의 수가 다른경우도 많이 존재한다. [예제 6.1]에서 만약 담당해야 할 업무 E가 하나 더 있을 경우, 직원 4명을 업무 5가지에 할당하는 것이 필요하다. 반대로 직원이 한 명 더 존재할 경우, 다섯 명의 직원을 4가지 업무에 할당해야 한다. 이러한 할당계획법 문제를 불균형 할당문제라고 한다. 이러한 경우에는 가상 행이나 가상 열을 할당표에 추가하여 행의 수와 열의 수를 같게 만든 다음 앞서 배운 헝가리법을 적용하여 해를 구할 수 있다. 다음 [예제 6.2]를 통해 자세히 살펴보자.

예제 6.2

직원의 수 4명, 담당할 업무는 5개인 할당표가 다음 [그림 6-10]과 같이 주어져 있다. 최적할당을 구하라.

직원 \ 업무	A	B	C	D	E
1	450	420	380	400	390
2	365	465	410	405	435
3	395	455	425	385	415
4	445	370	355	470	455

▌그림 6-10▐ 불균형 할당표

풀이

현재의 할당표는 작업자(직원)의 수가 4, 작업(업무)의 수가 5인 불균형 할당계획법 문제이다. 따라서 가상의 작업자를 추가하여 균형 할당계획법 문제로 수정한다. 행 5를 추가하고 그 비용은 모두 0으로 한다. 이렇게 수정된 할당표는 [그림 6-11]과 같다.

직원 \ 업무	A	B	C	D	E
1	450	420	380	400	390
2	365	465	410	405	435
3	395	455	425	385	415
4	445	370	355	470	455
5 (가상행)	0	0	0	0	0

▌그림 6-11▌ 가상행을 추가하여 수정된 할당표

단계 1) 총기회비용표 작성([그림 6-12])

1행의 최솟값은 380(업무 C), 2행의 최솟값은 365(업무 A), 3행의 최솟값은 385(업무 D),

직원 \ 업무	A	B	C	D	E	각행의 최솟값
1	450	420	380	400	390	380
2	365	465	410	405	435	365
3	395	455	425	385	415	385
4	445	370	355	470	455	355
5 (가상행)	0	0	0	0	0	0

각 행에서 최솟값을 뺀다

수정된 총기회비용표

직원 \ 업무	A	B	C	D	E
1	70	40	0	20	10
2	0	100	45	40	70
3	10	70	40	0	30
4	90	15	0	115	100
5 (가상행)	0	0	0	0	0

▌그림 6-12▌ 총기회비용표의 작성

4행의 최솟값은 355(업무 C), 그리고 가상행인 5행의 최솟값은 0이다. 이 값들을 각 행에서 모든 셀에 대해 각각 빼면 행기회비용표가 구해진다. 이 경우, 행기회비용표는 총기회비용표가 된다. 이 결과가 [그림 6-12]이다.

단계 2) 최적해 판정([그림 6-13])

단계 1에서 작성한 총기회비용표상에 0의 값들을 모두 찾은 후, 0이 속한 행과 열을 최소한의 수직 혹은 수평선을 사용하여 지우는 방법을 찾는다. [그림 6-13]과 같이 2행, 5행, C열, D열에 직선을 그으면 모든 0을 커버할 수 있다. 사용된 총 직선의 수가 4(< 5)이므로 최적할당은 아니며, 따라서 단계 3으로 간다.

직원 \ 업무	A	B	C	D	E
1	70	40	0	20	10
2	0	100	45	40	70
3	10	70	40	0	30
4	90	15	0	115	100
5 (가상행)	0	0	0	0	0

- 총기회비용표의 0을 cover하는 최소 직선의 수가 4개이므로 최적할당이 아님

▌그림 6-13▌ 최적해 판정

단계 3) 총기회비용표 수정([그림 6-14])

현재의 총 기회비용표에서 직선이 지나지 않는 부분 중 최솟값은 (3, C)의 10이다. 이 값을 직선이 지나지 않는 부분에서 모두 뺀다. 또한 직선이 교차하는 (2, C), (2, D), (5, C), (5, D)에서 10을 더한 후, 다시 단계 2로 간다. 이렇게 수정된 총기회비용표가 [그림 6-15]에 나타나 있다.

직원 \ 업무	A	B	C	D	E
1	70	40	0	20	10
2	0	100	45	40	70
3	10	70	40	0	30
4	90	15	0	115	100
5 (가상행)	0	0	0	0	0

직선으로 cover 되지 않는 칸 중 최솟값 = 10

직선이 지나지 않는 칸에서는 10을 빼고, 직선이 교차하는 (2, C), (2, D) (5, C), (5, D)에는 10을 더한다.

수정된 총기회비용표

직원 \ 업무	A	B	C	D	E
1	60	30	0	20	0
2	0	100	55	50	70
3	0	60	40	0	20
4	80	5	0	115	90
5 (가상행)	0	0	10	10	0

[그림 6-14] 수정된 총기회비용표

단계 2) 최적해 판정([그림 6-15])

[그림 6-15]와 같이 현재의 총기회비용표에서 0을 지우기 위한 필요한 직선의 수는 최소 5개이다. 이제 최적할당이 가능하며, 단계 4로 간다.

직원 \ 업무	A	B	C	D	E
1	60	30	0	20	0
2	0	100	55	50	70
3	0	60	40	0	20
4	80	5	0	115	90
5 (가상행)	0	0	10	10	0

- 총기회비용의 0을 cover하는 최소 직선의 수가 5개이므로 최적할당을 구할 수 있다.

[그림 6-15] 최적해 판정

단계 4) 최적할당 찾기

이제 0이 하나만 존재하는 행이나 열을 찾아 그 행(혹은 열)의 0이 있는 칸을 할당하고 해당 행과 열을 지운다. [그림 6-16]에서 2행에는 (2, A)에 0이 하나만 존재한다. 따라서 (2, A)를 할당하고, 2행과 A열을 제외한 나머지 칸에 대해서도 할당 작업을 계속 진행한다.

이런 방식으로 할당을 진행해 나가면, 두 번째 할당은 (3, D), 세 번째는 (5, B), 네 번째는 (1, E), 마지막 (4, C)에 할당을 할 수 있다.

1(2, A)할당　2(3, D)할당　3(5, B)할당　4(1, E)할당　5(4, C)할당

직원 \ 업무	A	B	C	D	E
1	60	30	0	20	(0)
2	(0)	100	55	50	70
3	0	60	40	(0)	20
4	80	5	(0)	115	90
5 (가상행)	0	(0)	10	10	0

▌그림 6-16▐ 최적할당

이 할당 방식을 최초의 할당표([그림 6-11])에 적용하여 최적 비용을 구한다.

직원 1은 업무 E에 할당하고, 직원 2는 업무 A, 직원 3은 업무 D, 직원 4는 업무 C에 할당하는 방식이 최적할당이다. 여기서 직원 5는 업무 B에 할당되는데. 사실 직원 5는 가상 활동이므로 업무 B에 할당된 직원이 없음을 의미한다. 또한, 이때의 총 비용은 1,495이다. 이상의 활동 결과는 [그림 6-17]에 나타나 있다.

직원＼업무	A	B	C	D	E
1	450	420	380	400	(390)
2	(365)	465	410	405	435
3	395	455	425	(385)	415
4	445	370	(355)	470	455
5 (가상행)	0	(0)	0	0	0

최적할당: (1, E), (2, A), (3, D), (4, C)
(업무 B는 가상행에 할당되어, 담당직원이 없음)
총비용: 390+365+385+355=1495

▌그림 6-17▌ 최적할당과 총비용

2) 할당이 금지된 경우

할당문제에서 특정 할당이 금지되는 경우가 있을 수 있다. 가령, [예제 6.1]에서 직원 2는 업무 C에 할당되어서는 안되며, 직원 3은 업무 A에 할당되어서는 안된다고 가정하자. 이러한 할당문제의 경우에는 할당이 불가능한 칸의 할당 비용을 가상의 큰 할당값(M)으로 간주하고 문제를 풀면된다. [그림 6-18]은 이러한 상황을 반영한 할당표이다.

직원＼업무	A	B	C	D
1	300	280	350	345
2	325	340	(M)	310
3	(M)	330	320	305
4	335	315	325	355

→ 금지된 할당에 대해서는 가상의 큰 값(M)을 비용으로 적용한다.

▌그림 6-18▌ 금지된 할당이 있는 경우의 할당표

예제 6.3

[그림 6-18]과 같이 금지된 할당이 존재하는 경우의 할당문제의 해를 구하라.

풀이

단계 1) 총기회비용표 작성

1-1) 행기회비용표 작성

주어진 할당표의 각 행에서 최솟값을 찾아, 각 행의 현재 비용에서 그 행의 최솟값을 빼서 행기회비용표를 작성한다. [그림 6-18]에서 1행의 최솟값은 280(B), 2행의 최솟값은 310(D), 3행의 최솟값은 305(D), 4행의 최솟값은 315(B)이다. 이 값들을 각 행에서 모든 셀에 대해 각각 뺀 후 구한 결과가 [그림 6-19]의 행기회비용표이다.

직원 \ 업무	A	B	C	D	각행의 최솟값
1	300	280	350	345	280
2	325	340	M	310	310
3	M	330	320	305	305
4	335	315	325	355	315

각 행에서 최솟값을 뺀다

행기회비용표

직원 \ 업무	A	B	C	D
1	20	0	70	65
2	15	30	M−310	0
3	M−305	25	15	0
4	20	0	10	40

그림 6-19 행기회비용표

1-2) 총기회비용표 작성

1-1에서 구한 행기회비용표에서 각 열의 최솟값을 찾아, 각 열의 현재 비용에서 그 열의 최솟값을 빼서 총기회비용표를 작성한다. 열 A의 최솟값은 15(직원 2), 열 B의 최솟값은 0(직원 1, 4), 열 C의 최솟값은 10(직원 4), 그리고 열 D의 최솟값은 0(직원 2, 3)이다. 이 값들을 각

열에서 뺀 후 구한 총기회비용표가 [그림 6-20]이다.

업무 직원	A	B	C	D
1	20	0	70	65
2	15	30	M−310	0
3	M−305	25	15	0
4	20	0	10	40
각열의 최솟값	15	0	10	0

각 열에서 최솟값을 뺀다.

수정된 총기회비용표

업무 직원	A	B	C	D
1	5	0	60	65
2	0	30	M−320	0
3	M−320	25	5	0
4	5	0	0	40

▌그림 6-20▐ 총기회비용표

단계 2) 최적해 판정

[그림 6-21]과 같이 현재의 총기회비용표에서 0을 지우기 위한 최소한의 직선의 수는 4개가 필요하다. 이는 직원의 수(=업무의 수)와 같다. 이제 최적할당이 가능하므로, 단계 4로 간다.

업무 직원	A	B	C	D
1	5	0	60	65
2	0	30	M−320	0
3	M−320	25	5	0
4	5	0	0	40

– 초기비용표의 0을 cover하는 최소 직선의 수가 4개이므로 최적할당을 구할 수 있다.

▌그림 6-21▐ 최적해 판정

단계 4) 최적할당 찾기

먼저 0이 하나만 존재하는 행이나 열을 찾아 그 행(혹은 열)의 0이 있는 칸을 할당하고 해당 행과 열을 지운다. [그림 6-21]에서 1행에는 (1, B)에 0이 하나만 존재한다. 따라서 (1, B)를 할당하고, 1행과 B열을 제외한 나머지 칸에 대해서도 할당 작업을 계속 진행한다.

이런 방식으로 할당을 진행해 나가면, 두 번째 할당은 (2, A), 세 번째는 (3, D), 마지막 (4, C)에 할당을 할 수 있다.

직원 \ 업무	A	B	C	D
1	5	(0)	60	65
2	(0)	30	M−320	0
3	M−320	25	5	(0)
4	5	0	(0)	40

1(1, B)할당
2(2, A)할당
3(3, D)할당
4(4, C)할당

▌그림 6-22▐ 최적할당

이 할당 방식을 최초의 할당표([그림 6-18])에 적용하여 최적 비용을 구한다. 직원 1은 업무 B에 할당하고, 직원 2는 업무 A, 직원 3은 업무 D, 직원 4는 업무 C에 할당하는 방식이 최적할당이며, 이때의 총 비용은 1,235이다.

직원 \ 업무	A	B	C	D
1	300	(280)	350	345
2	(325)	340	M	310
3	M	330	320	(305)
4	335	315	(325)	355

최적할당: (1,B), (2,A), (3,D), (4,C)
총비용: 280+325+305+325=1235

▌그림 6-23▐ 최적할당과 총비용

5 • 엑셀을 이용한 할당문제 해법

할당문제는 엑셀을 이용하여 해를 구할 수 있다.

1) 일반적인 경우의 엑셀 해법

먼저 작업자의 수와 작업의 수가 같은 일반적인 할당문제를 엑셀을 이용하는 해를 구하는 과정을 살펴본다. 여기에서는 [예제 6.1]의 할당문제를 풀어본다.

(1) 직원-업무 간 할당비용

- 셀 C4:F7에 각 직원–업무 간 할당비용을 입력한다.

(2) 변수 셀(변수)

- 셀 C11:F14에 변수의 초기값 0을 입력한다.

(3) 총 할당횟수

- 직원의 총 할당횟수: 셀 G11에 수식 "=SUM(C11:F11)" 입력한 후, G11를 G12:G14까지 복사한다.
- 업무의 총 할당횟수: 셀 C15에 수식 "=SUM(C11:C14)" 입력한 후, C15를 D15:F15까지 복사한다.

(4) 목표 설정(목적함수=총비용)

- 셀 C18에 "=SUMPRODUCT(C4:F7,C11:F14)"을 입력한다.

이상의 자료를 입력한 엑셀 화면이 [그림 6-24]이다.

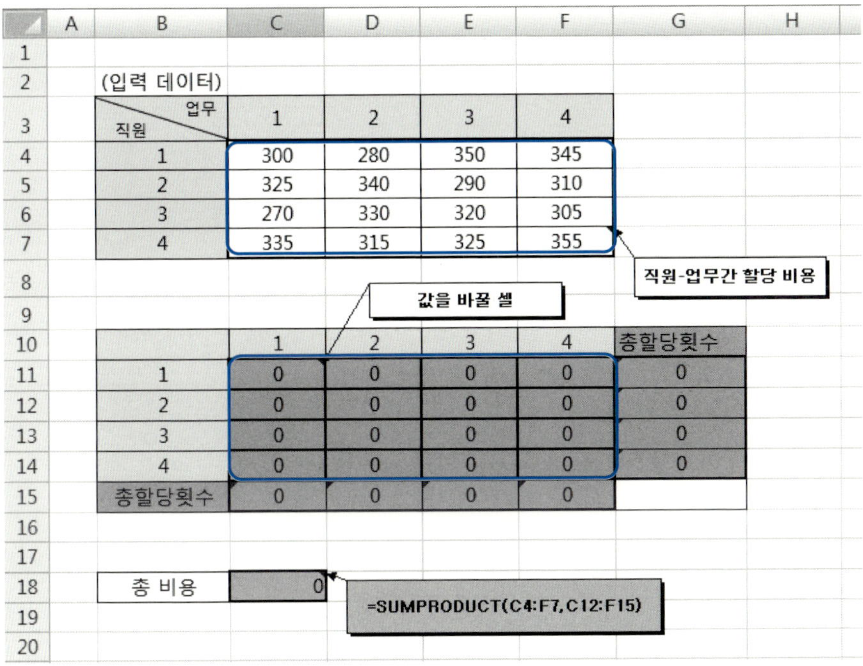

	A	B	C	D	E	F	G	H
1								
2		(입력 데이터)						
3		업무 / 직원	1	2	3	4		
4		1	300	280	350	345		
5		2	325	340	290	310		
6		3	270	330	320	305		
7		4	335	315	325	355		
8								
9								
10			1	2	3	4	총할당횟수	
11		1	0	0	0	0	0	
12		2	0	0	0	0	0	
13		3	0	0	0	0	0	
14		4	0	0	0	0	0	
15		총할당횟수	0	0	0	0		
16								
17								
18		총 비용	0					
19								
20								

▌그림 6-24▐ 엑셀 자료 입력

(5) 해 찾기 매개 변수

- 해 찾기 메뉴를 클릭하여 "해 찾기 매개 변수" 창을 띄운 다음 각 칸에 다음과 같이 입력한다. 이 결과는 [그림 6-25]와 같다.

목표 셀(E): $C$18

대상: '최솟값(N)' 선택

변수 셀 변경(B): $C$11:$F$14

제한 조건에 종속(U): $C$11:$F$14 >=0

$C$15:$F$15 = 1

$$\$G\$11:\$G\$14 = 1$$

해법 선택(E): '단순 LP' 선택

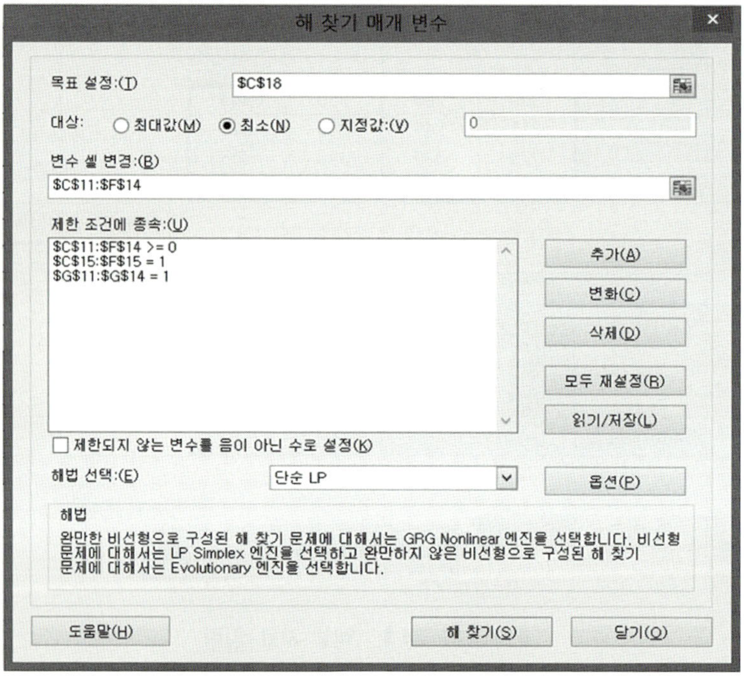

▌그림 6-25▌ 해 찾기 매개 변수

[그림 6-25]의 '해 찾기 매개 변수' 창의 모든 입력을 완료한 후, "해 찾기(S)"를 클릭하면 [그림 6-26]과 같은 최적해를 구할 수 있다. 최적해는

$$x_{12} = x_{24} = x_{31} = x_{43} = 1$$

이며, 이때의 총할당비용은 1,185로써, 헝가리법으로 구한 결과와 같음을 알 수 있다.

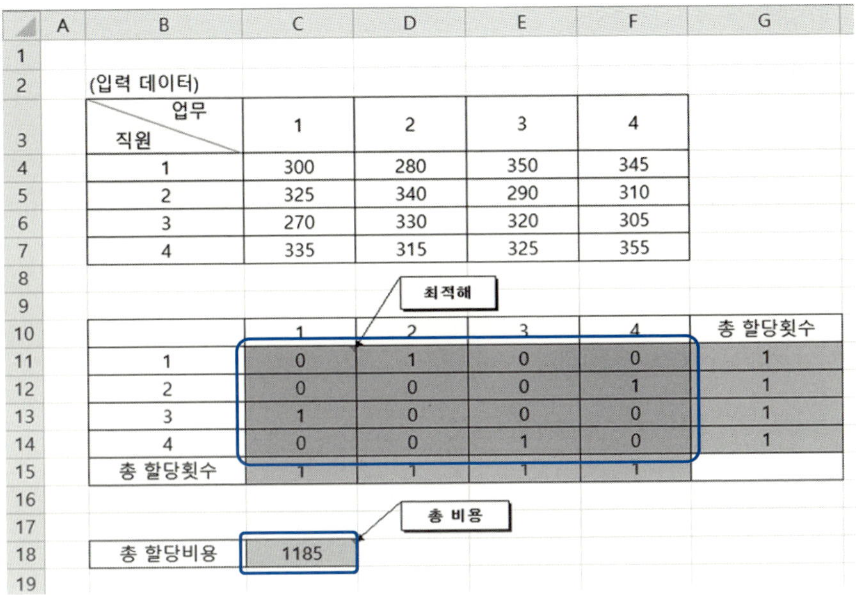

(입력 데이터)

직원 \ 업무	1	2	3	4
1	300	280	350	345
2	325	340	290	310
3	270	330	320	305
4	335	315	325	355

최적해

	1	2	3	4	총 할당횟수
1	0	1	0	0	1
2	0	0	0	1	1
3	1	0	0	0	1
4	0	0	1	0	1
총 할당횟수	1	1	1	1	

총 비용

총 할당비용	1185

[그림 6-26] 최적해

2) 불균형 할당문제의 엑셀 해법

작업자의 수와 작업의 수가 다른 불균형 할당문제는 가상행 혹은 가상열을 추가하여 행과 열의 수를 같게 만든 다음, 해를 구하면 된다. [예제 6.2]의 불균형 할당문제에 대해 엑셀을 이용하여 해를 구하는 과정을 살펴본다.

(1) 직원-업무 간 할당비용

- 셀 C4:G7: 각 직원-업무 간 할당비용을 입력한다.
- 셀 C8:G8: 가상 행에 대한 할당비용으로 모두 0을 입력한다.

(2) 변수 셀(변수)

- 셀 C11:G15에 변수의 초기값 0을 입력한다.

(3) 총 할당횟수

- 직원의 총 할당횟수: 셀 H11에 수식 "=SUM(C11:G11)"을 입력한 후, H11을 G12:G15까지 복사한다.
- 업무의 총 할당횟수: 셀 C16에 수식 "=SUM(C11:C15)"을 입력한 후, C16을 D16:G16까지 복사한다.

(4) 목표 설정(목적함수=총비용)

- 셀 C18에 수식 "=SUMPRODUCT(C4:G8,C11:G15)"을 입력한다.

이상의 자료를 입력한 엑셀 화면이 [그림 6-27]이다.

(입력 데이터)

직원 \ 업무	A	B	C	D	E
1	450	420	380	400	390
2	365	465	410	405	435
3	395	455	425	385	415
4	445	370	355	470	455
5 (가상 행)	0	0	0	0	0

가상 행 비용 = 0

	A	B	C	D	E	총 할당횟수
1	0	0	0	0	0	0
2	0	0	0	0	0	0
3	0	0	0	0	0	0
4	0	0	0	0	0	0
5 (가상 행)	0	0	0	0	0	0
총 할당횟수	0	0	0	0	0	

총 할당비용	0

그림 6-27 엑셀 자료 입력

(5) 해 찾기 매개 변수

- 해 찾기 메뉴를 클릭하여 "해 찾기 매개 변수" 창을 띄운 다음 각 칸에 다음과 같이 입력한다. 이 결과는 [그림 6-28]과 같다.

목표 설정(T): $C$18

대상: '최소(N)' 선택

변수 셀 변경(B): $C$11:$G$15

제한 조건에 종속(U): $C$11:$G$15 >=0

$C$16:$G$16 =1

$H$11:$H$15 =1

해법 선택(E): '단순 LP' 선택

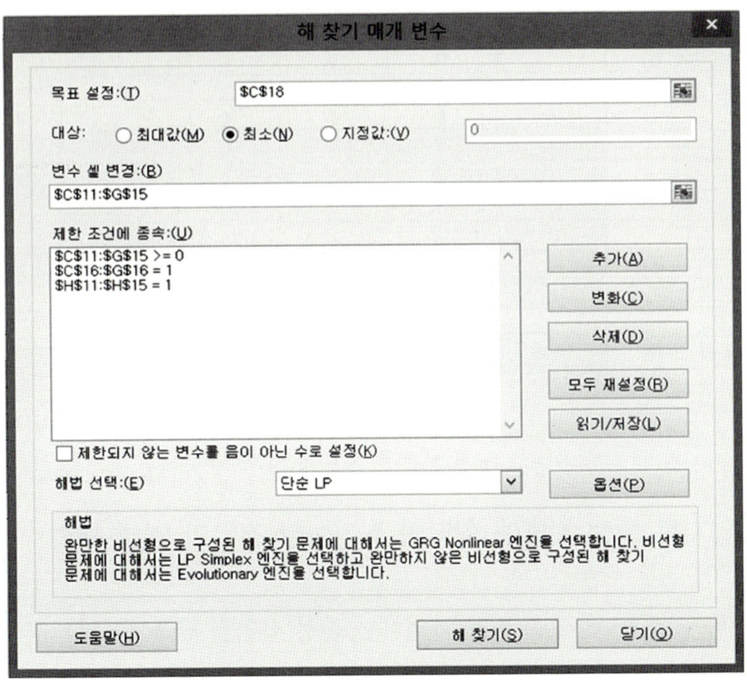

그림 6-28 해 찾기 매개 변수

[그림 6-28]의 '해 찾기 매개 변수' 창의 모든 입력을 완료한 후, "해 찾기(S)"를 클릭하면 [그림 6-29]과 같은 최적해를 구할 수 있다. 최적해는

$$x_{1E} = x_{2A} = x_{3D} = x_{4C} = 1$$

임을 알 수 있다. 업무 B는 가상 행에 할당되었는데, 이는 업무 B를 담당한 작업자가 없음을 의미한다. 이 결과는 앞서 헝가리법으로 구한 결과와 같다.

(입력 데이터)

직원 \ 업무	A	B	C	D	E
1	450	420	380	400	390
2	365	465	410	405	435
3	395	455	425	385	415
4	445	370	355	470	455
5 (가상 행)	0	0	0	0	0

최적해

	A	B	C	D	E	총 할당횟수
1	0	0	0	0	1	1
2	1	0	0	0	0	1
3	0	0	0	1	0	1
4	0	0	1	0	0	1
5 (가상 행)	0	1	0	0	0	1
총 할당횟수	1	1	1	1	1	

총 할당비용	1495

총비용

[그림 6-29] 최적해

3) 특정 작업자를 특정 작업에 할당이 불가능한 경우의 엑셀 해법

특별한 경우의 예 중 하나로 특정 작업자는 특정 작업을 맡을 수 없는 경우를 살펴본 바 있다. 이러한 경우가 있는 할당문제의 경우 엑셀을 활용하여 해를 구하는 방법을 살

펴보자. [예제 6.3]의 문제에 대해 해를 구하는 과정을 살펴본다. 직원 1은 업무 C에 할당되지 못하며, 직원 3은 업무 A에 할당되지 못하는 경우이다.

(1) 직원-업무 간 할당비용

- 셀 C4:F7 에 각 직원−업무 간 할당 비용을 입력한다. 단, 할당이 불가능한 셀 E5와 셀 C6은 큰 숫자(9999)를 입력한다.

(2) 변수 셀(변수)

- 셀 C11:F14에 변수의 초기값 0을 입력한다.

(3) 총 할당횟수

- 직원의 총 할당횟수: 셀 G11에 수식 "=SUM(C11:F11)"을 입력한 후, G11을 G12:G14까지 복사한다.
- 업무의 총 할당횟수: 셀 C15에 수식 "=SUM(C11:C14)"을 입력한 후, C15를 D15:F15까지 복사한다.

(4) 목표 설정(목적함수=총비용)

- 셀 C18에 "=SUMPRODUCT(C4:F7,C11:F14)"을 입력한다.

이상의 자료를 입력한 엑셀 화면이 [그림 6−30]이다.

(입력 데이터)

직원 \ 업무	1	2	3	4
1	300	280	350	345
2	325	340	**9999**	310
3	**9999**	330	320	305
4	335	315	325	355

할당이 불가능한 Cell: 큰 숫자 입력

	1	2	3	4	총 할당횟수
1	0	0	0	0	0
2	0	0	0	0	0
3	0	0	0	0	0
4	0	0	0	0	0
총 할당횟수	0	0	0	0	

총 할당비용	0

[그림 6-30] 엑셀 자료 입력

(5) 해 찾기 매개 변수

- 해 찾기 메뉴를 클릭하여 “해 찾기 매개 변수” 창을 띄운 다음 각 칸에 다음과 같이 입력한다. 이 결과는 [그림 6-31]과 같다.

목표 설정(T): $C$18

대상: ‘최소(N)’ 선택

변수 셀 변경(B): $C$11:$F$14

제한 조건에 종속(U): $C$11:$F$14 >=0

$C$15:$F$15 =1

$G$11:$G$14 =1

해법 선택(E): ‘단순 LP’ 선택

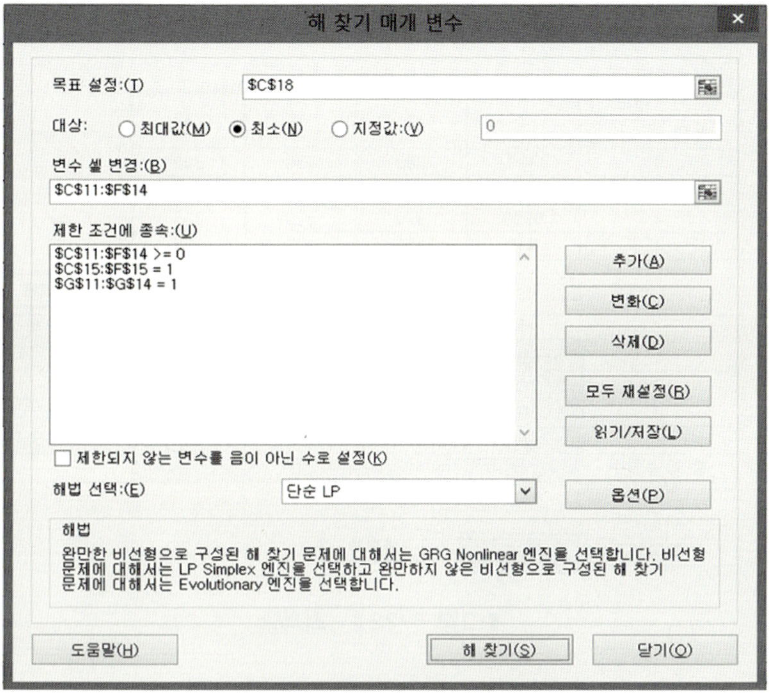

▌그림 6-31▐ 해 찾기 매개 변수

[그림 6-31]의 '해 찾기 매개 변수' 창의 모든 입력을 완료한 후, "해 찾기(S)"를 클릭하면 [그림 6-32]과 같은 최적해를 구할 수 있다. 최적해는

$$x_{12} = x_{21} = x_{34} = x_{43} = 1$$

이며, 이때의 비용은 1,235이다. 이 결과는 앞서 헝가리법으로 구한 결과와 같다.

(입력 데이터)

직원 \ 업무	1	2	3	4
1	300	280	350	345
2	325	340	**9999**	310
3	**9999**	330	320	305
4	335	315	325	355

최적해

	1	2	3	4	총 할당횟수
1	0	1	0	0	1
2	1	0	0	0	1
3	0	0	0	1	1
4	0	0	1	0	1
총 할당횟수	1	1	1	1	

총 할당비용	1235

총비용

그림 6-32 최적해

연 | 습 | 문 | 제

1 할당문제는 수송문제의 특별한 경우이다. 따라서 디딤돌법이나 수정배분법과 같은 해법으로도 해를 구할 수 있다. 그럼에도 헝가리법을 이용하는 이유는 무엇인가?

2 다음과 같은 할당표가 주어져 있다.

작업자	작업			
	1	2	3	4
1	4	9	8	6
2	6	7	2	4
3	3	7	5	5
4	4	2	3	6

(1) 위 할당표에 대해서 총비용을 최소화하는 할당방법을 찾으려 한다. 이를 수학적 모형으로 모형화하라.
(2) 엑셀을 이용하여 해를 구하라.
(3) 헝가리법을 이용하여 해를 구하라.

3 문제 2에서 작업자 2가 작업 C를 맡을 수 없다고 가정하자.
(1) 엑셀모형을 이용하여 해를 구하라.
(2) 헝가리법을 이용하여 해를 구하라.

4 퀵콜택시회사는 4대의 콜택시를 운영하고 있는 회사이다. 4명의 고객으로부터 동시에 콜택시 요청이 들어왔다고 하자. 택시를 기다리는 고객의 위치와 택시의 위치 간의 거리(단위: km)가 다음과 같다. 4명의 고객 각각에게 4대의 택시를 보내려고 한다. 택시들의 총 운행거리를 최소화하는 방법을 찾으려고 한다.

연 | 습 | 문 | 제

택시	고객(단위: km)			
	1	2	3	4
A	14	9	4	16
B	6	14	7	14
C	13	21	15	12
D	8	15	13	18

(1) 엑셀모형을 이용하여 해를 구하라.
(2) 헝가리법을 이용하여 해를 구하라.
(3) 만약 도로 사정으로 인해 택시 A는 고객 3에게 갈 수 없다면, 최적해는 어떻게 되는가? 엑셀을 이용하여 해를 구하라.

5 공작기계전문업체인 경일산업은 4대의 기계를 이용하여 5종류의 과업을 처리하고 있다. 기계별 특정 과업을 처리하는 시간은 다음 표와 같다. 전체 작업 처리시간의 합을 최소화하도록 각 과업을 기계에 할당하고자 한다.

작업자	작업(단위: 분)			
	1	2	3	4
A	9	12	11	12
B	14	16	16	18
C	12	12	10	13
D	10	14	13	16
E	12	13	12	15

(1) 엑셀모형을 이용하여 해를 구하라.
(2) 헝가리법을 이용하여 해를 구하라.

6 성광섬유(주)는 4명의 종업원과 5개의 기계를 가지고 있다. 이 회사에서는 총 비용을 최소화하도록 4명의 종업원을 각 기계에 배정하고자 한다. 종업원을 각 기계에 배정했을 때 발생한는 비용은 다음 표와 같다.

연 | 습 | 문 | 제

종업원	기계(단위: 백만 원)				
	1	2	3	4	5
A	10	13	13	11	14
B	14	12	20	12	13
C	5	9	11	13	5
D	9	6	18	17	19

하지만 노사협의에 의해 종업원 C는 기계 1을, 종업원 D는 2를 맡을 수 없다.

(1) 종업원을 각 기계에 배정하는 총 비용을 최소화하기 위한 선형계획 모형을 작성하라.

(2) 엑셀을 이용하여 해를 구하라.

(3) 헝가리법을 이용하여 해를 구하라.

7 서울약품은 새로운 비타민 영양제의 공급을 위해 다섯 명의 영업사원을 전국 5개 지역에 각각 배치하고자 한다. 각 영업사원은 자신의 지역 연고에 따라 어느 지역에 배치되느냐에 따라서 예상되는 연간 매출액이 달라지며, 다음 표는 각 영업사원의 지역별 배치에 따른 예상 매출액을 추정한 값이다. 각 영업사원은 한 지역에만 배치될 수가 있다.

영업사원	지역(단위: 억 원)				
	1	2	3	4	5
A	13	12	4	19	4
B	16	10	9	4	18
C	5	3	14	15	9
D	14	2	6	15	18
E	7	13	10	5	7

(1) 예상 매출액이 최대가 되는 배치 방법을 구하고자 한다. 이 문제를 선형계획법으로 모형화하라.

(2) 엑셀을 이용하여 최적해를 구하라.

management science

Chapter 7

네트워크 모형

1. 서론
2. 네트워크 모형의 구성 요소
3. 최단경로문제
4. 최대흐름문제

CHAPTER 07 management science

네트워크 모형

1 • 서론

네트워크(Network)는 여러 노드들과 그 노드들을 연결하는 아크로 구성되어 있는 시스템이다. 네트워크 모형이란 의사결정 문제를 네트워크를 이용하여 표현한 모형이다. 실제 경영 현장에서 발생하는 다양한 경영의사결정 상황을 네트워크 모형을 이용하여 풀 수 있다. 이 장에서는 많이 다루어지는 네트워크 모형들을 소개하고, 예제들을 통해 이 모형이 실제로 어떻게 적용되는지 알아보고자 한다.

이 장에서 다룰 네트워크 문제의 대표적인 유형으로는 최단경로문제(shortest path problem), 최대흐름 문제(maximal flow problem)이다.

2 • 네트워크 모형의 구성 요소

네트워크 모형(Network Model)은 일련의 노드(node)와 이 노드들이 연결된 아크(arc)로 구성된다. [그림 7-1]은 10개의 노드와 16개의 아크로 구성된 네트워크 모형이다.

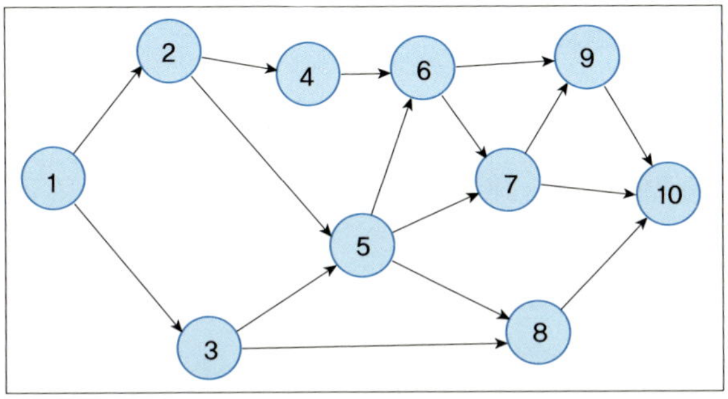

▌그림 7-1▐ 네트워크 모형의 예

노드는 각 아크의 시작과 끝을 의미하며, 아크는 특정한 설비나 장치, 혹은 공정이나 활동을 의미한다. [그림 7-2]는 각 도시와 도시들을 연결하는 도로망을 네트워크 모형으로 표현한 것이다. 여기서 8개의 도시는 8개의 노드로 나타나며, 도시와 도시를 연결하는 도로는 11개의 아크로 표현되었다.

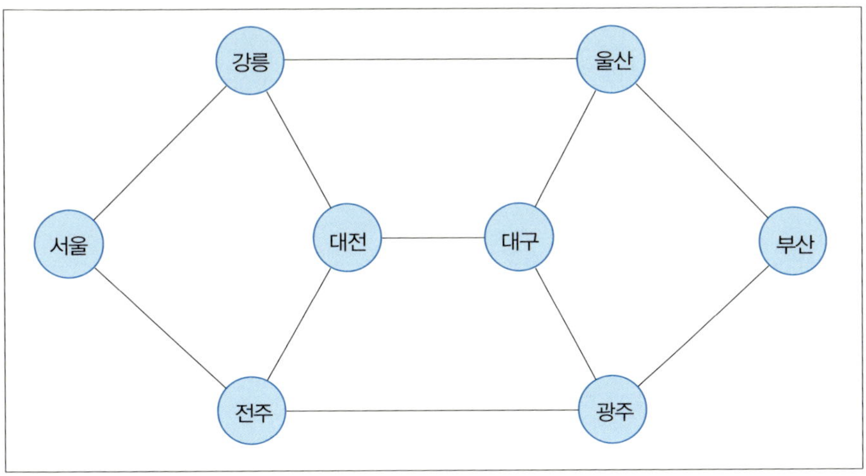

▌그림 7-2▐ 도로망 네트워크의 예

(a) 방향이 있는 아크

(b) 방향이 없는 아크

[그림 7-3] 방향이 있는 아크와 방향이 없는 아크

[그림 7-1]의 아크는 방향이 있으나, [그림 7-2]의 도로망 네트워크에는 아크의 방향이 없다. 이처럼 아크는 방향이 있는 아크와 방향이 없는 아크로 나눌 수 있다. 방향이 있는 아크의 경우에는 [그림 7-3]의 (a)와 같이 표현된다. (b)와 같이 방향이 없는 아크의 경우에는 아크의 양 끝 노드에서 서로 간에 이동이 가능하다는 것으로 의미한다. 도로망을 표현한 네트워크 모형에서의 아크들은 대부분 방향이 없는 아크이다. 다만, 도로가 일방통행일 경우에는 방향이 있는 아크로 표현된다.

[그림 7-1]과 [그림 7-2]의 네트워크 모형에서 볼 수 있는 것처럼 모든 네트워크에 포함된 아크들은 양 끝단이 노드와 연결된다. 노드는 어떤 아크의 시작이나 끝을 의미한다. 아크에는 각각의 이익이나 비용, 시간 등 아크의 특성을 표현할 수 있는 값을 가질 수 있다.

일련의 노드들이 아크로 연결된 것을 경로(path)라고 한다. [그림 7-2]의 도로망 네트워크에서 '서울 → 강릉 → 울산 → 부산'이나 '강릉 → 대전 → 대구'는 경로의 예이다.

3 • 최단경로문제

1) 최단경로문제의 기본 개념

최단경로문제(shortest path problem)는 네트워크와 네트워크의 시작 노드 및 완료 노드, 그리고 각 아크의 비용이 주어졌을 때, 네트워크의 시작 노드에서 완료 노드까지의 최단경로를 구하는 문제이다. 여기서 최단경로(shortest path)란 시작 노드부터 완료 노드까지의 모든 가능한 경로 중에서 비용이 최소가 되는 경로를 말한다.

최단경로문제를 적용할 수 있는 분야로는 다음과 같은 경우가 있다.

- 제조업체의 한 공장(시작 노드)에서 물류 창고(완료 노드)로 제품을 수송할 때, 가장 빠른 경로를 찾고자 할 때
- 유통업체 혹은 인터넷 쇼핑몰 업체에서 주문받은 제품을 자신의 회사 물류창고(시작 노드)에서 고객이 원하는 지정된 곳(노착 노드)으로 가장 빠른 시간 내에 배송하고자 할 때
- 원격지에 위치한 두 대의 컴퓨터(각각 시작 노드 및 도착 노드) 사이에 데이터를 전송하고자 할 때도, 수많은 경로 중, 어떤 경로로 전송하면 가장 빠르게 전송할 수 있을지를 결정하고자 할 때

결론적으로 최단경로문제는 하나의 출발지에서 하나의 목적지까지의 최단경로를 찾고자 하는 모든 종류의 문제에 적용이 가능하다.

최단경로문제에 대한 이해를 돕기 위해 [그림 7-4]의 네트워크를 살펴보자. 이 네트워크의 시작 노드는 1, 완료 노드는 7이며, 모두 9개의 아크와 7개의 노드가 존재한다. 각 아크들의 비용은 아크 위에 숫자로 표시되어 있다. 예를 들어, 아크 (1, 2)의 비용은 5이며, 아크 (3, 6)의 비용은 9이다. 이 네트워크의 노드 1에서 노드 7까지의 최단경로

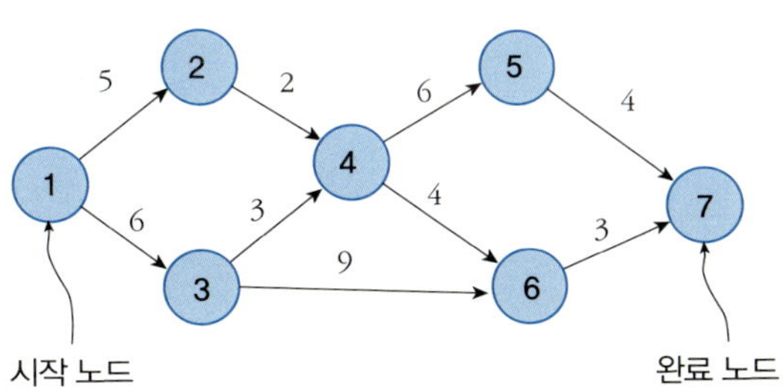

그림 7-4 최단경로문제의 설명을 위한 네트워크 예

는 어떻게 되는지 구해보자.

앞서 설명한 바와 같이 최단경로란 시작 노드에서 출발하여 완료 노드에 도착하기까지의 모든 가능한 경로 중에서 경로 상에 포함된 아크들의 비용 합이 최소가 되는 경로를 의미한다. [그림 7-4]의 네트워크에는 노드 1에서 노드 7까지 모두 다섯 개의 경로가 존재한다. 다섯 가지 경로 각각에 포함된 아크들 및 비용을 계산한 결과는 〈표 7-1〉과 같다.

표 7-1 모든 가능한 경로별 비용

경로	경로 구성 (포함된 아크들)	비용 계산
경로 1	1→2→4→5→7	5+2+6+4=17
경로 2	1→2→4→6→7	5+2+4+3=14
경로 3	1→3→4→5→7	6+3+6+4=19
경로 4	1→3→4→6→7	6+3+4+3=16
경로 5	1→3→6→7	6+9+3=18

〈표 7-1〉의 경로별 비용을 살펴보면 경로 2(1→2→4→6→7)의 비용이 14로 가장 최소임을 알 수 있다. 따라서 경로 2가 위 네트워크의 최단경로이다.

[그림 7-4]와 같이 네트워크에 포함된 아크들과 노드들이 많지 않을 경우, 정의에 따라 모든 가능한 경로들에 대한 비용을 계산하여 최소 비용을 갖는 경로를 찾으면 쉽게 최단경로를 찾을 수 있다. 하지만, 대부분의 네트워크 모형은 수 많은 아크들과 노드들로 구성되어 있어 사실상 모든 가능한 경로를 다 찾아서 계산한다는 것은 매우 어려운 일이다.

2) 최단경로문제의 수학적 모형

최단경로문제는 선형계획법 형태의 수학적 모형으로 표현할 수 있다. 여기에서는, [그림 7-4]의 네트워크를 예로 들어 선형계획 모형을 구성하는 과정을 설명한다.

먼저, 각 활동들이 최단경로에 포함되면 1, 아니면 0이 되도록 다음과 같이 의사결정 변수를 정의한다.

x_{ij}: 아크 (i,j)가 최단경로상의 아크에 선택되면 1, 아니면 $0 (i,j=1,\cdots,7)$

최단경로문제의 목적은 총비용을 최소화하는 것이다. 총비용을 나타내는 비용함수는 다음과 같이 정의된다.

$$z = 5x_{12} + 6x_{13} + 2x_{24} + 3x_{34} + 9x_{35} + 6x_{45} + 4x_{46} + 4x_{57} + 3x_{67}$$

위 목적함수 식의 각 변수의 계수는 해당 아크의 비용을 의미한다. 예를 들어 아크 (1, 2)의 비용은 5이므로 변수 x_{12}의 계수는 5가 된다.

다음으로 제약식에 대하여 살펴보자. 제약식은 네트워크에 포함된 아크들의 구조를 표현한 것이다.

먼저 시작 노드인 노드 1의 경우, 노드 2로 가는 아크(x_{12})와 노드 3으로 가는 아크(x_{13}) 중에 하나의 아크만이 최단경로에 포함되어야 한다. 따라서 이 제약은 다음과 같이 표현할 수 있다.

노드 1의 제약: $x_{12} + x_{13} = 1$

노드 2에서는 노드 1에서 들어오는 아크(x_{12})가 최단경로에 포함되면, 노드 4로 가는 아크(x_{24}) 역시 최단경로에 포함되어야 하며, x_{12}가 최단경로에 포함되지 않으면, x_{24} 역시 최단경로에 포함되어서는 안 된다. 즉 노드 2로 도착하는 아크들과 노드 2에서 출발하는 아크의 값은 항상 같아야 한다. 네트워크 모형에서 이러한 유형의 제약을 흐름보존제약이라고 한다. 노드 2의 흐름보존제약을 수식으로 나타내면 다음과 같다.

노드 2의 제약: $x_{12} = x_{24}$

노드 3, 4, 5, 6 역시 같은 이유로 다음과 같은 제약을 만족하여야 한다.

노드 3의 제약: $x_{13} = x_{34} + x_{36}$

노드 4의 제약: $x_{24} + x_{34} = x_{45} + x_{46}$

노드 5의 제약: $x_{45} = x_{57}$

노드 6의 제약: $x_{36} + x_{46} = x_{67}$

노드 7은 완료 노드로써 노드 5에서 도착하는 아크(x_{57})와 노드 6에서 도착하는 아크(x_{67}) 중에 하나의 아크만이 최단경로에 포함되어야 한다. 따라서 이 제약은 다음과 같이 표현할 수 있다.

노드 7의 제약: $x_{57} + x_{67} = 1$

정리하면, 선형계획 모형은 다음과 같다.

$$
\begin{aligned}
\text{Min} \quad & z = 5x_{12} + 6x_{13} + 2x_{24} + 3x_{34} + 9x_{35} + 6x_{45} + 4x_{46} + 4x_{57} + 3x_{67} \\
\text{s.t.} \quad & x_{12} + x_{13} = 1 \\
& x_{12} - x_{24} = 0 \\
& x_{13} - x_{34} - x_{36} = 0 \\
& x_{24} + x_{34} - x_{45} - x_{46} = 0 \\
& x_{45} - x_{57} = 0 \\
& x_{36} + x_{46} - x_{67} = 0 \\
& x_{57} + x_{67} = 1
\end{aligned}
$$

$$x_{ij} \geq 0, \qquad i, j = 1, \cdots, 7$$

3) 최단경로문제의 해법

앞서 살펴본 바와 같이 최단경로문제는 선형계획법으로 모형화가 가능하므로 심플렉스법을 이용하여 해를 구할 수 있다. 그러나 심플렉스법을 쓰지 않더라도 해를 구할 수 있는 비교적 간단한 해법 절차가 알려져 있다.

[예제 7.1]을 통해 최단경로문제의 해법 절차를 살펴보자.

예제 7.1

다음 [그림 7-5]와 같은 네트워크가 주어져 있다. 각 아크들상의 숫자는 아크 수행에 소요되는 비용을 의미한다. 이 네트워크의 시작 노드는 1이며, 완료 노드는 8일 때, 노드 1에서 노드 8까지의 최단경로를 구하라.

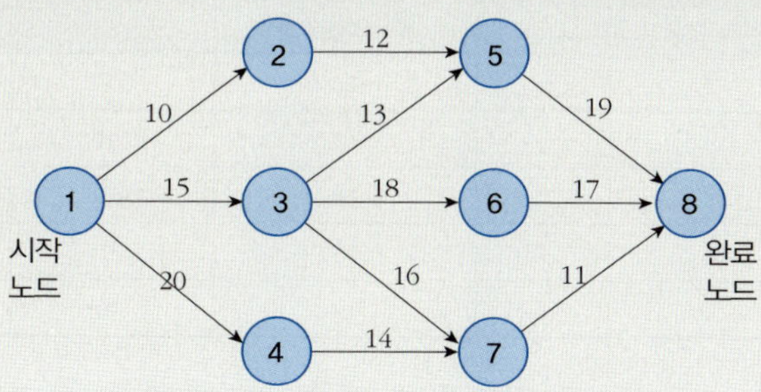

▌그림 7-5▐ 최단경로문제 예제 네트워크

풀이

먼저 시작 노드인 노드 1에 인접한 모든 다음 노드들을 확인한 후, 그 노드까지의 비용을 계산한다. 주어진 네트워크에서 노드 1에 인접한 다음 노드들은 노드 2, 노드 3, 노드 4이며, 이들까지의 비용은 각각 10, 15, 20이며, [그림 7-6]에 노드 2, 노드 3, 노드 4까지의 비용이 나타나 있다. 이는 노드 2, 노드 3, 노드 4까지의 최단경로와 그때까지의 비용을 의미한다.

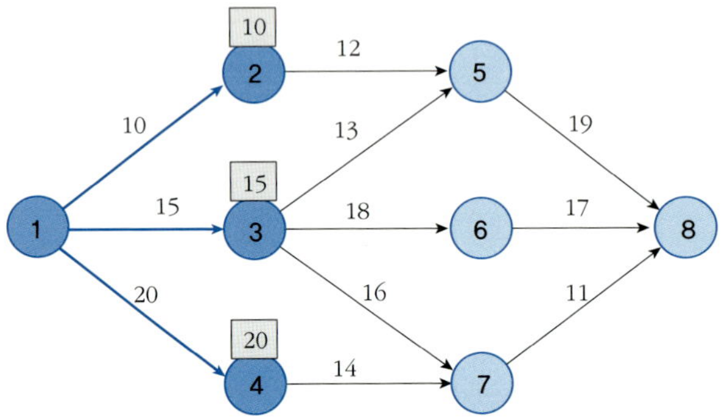

그림 7-6 최단경로문제 풀이 과정(1)

다음으로 최단경로가 결정된 노드들로부터 다음 노드까지의 최단경로를 찾는다. 현재까지 최단경로가 결정된 노드들은 노드 2, 노드 3, 노드 4이며, 이들 노드의 다음 노드 및 다음 노드까지의 비용은 〈표 7-2〉와 같다.

표 7-2 최단경로문제 풀이 과정(2)

경로가 결정된 노드	현노드까지 비용(A)	다음 노드	다음 노드까지 추가비용(B)	비용 합계 (A+B)	비고
2	10	5	12	22	최단경로
3	15	5	13	28	아크 (3, 5) 제거
3	15	6	18	33	최단경로
3	15	7	16	31	최단경로
4	20	7	14	34	아크 (4, 7) 제거

여기에서 노드 5까지의 최단경로는 노드 2를 통해서 가는 경로임을 알 수 있다. 따라서 노드 3을 통해 노드 5에 도착하는 경로는 최적이 될 수 없으므로 아크 (3, 5)는 더이상 고려하지 않는다. 마찬가지 방식으로 아크 (4, 7) 역시 더이상 고려할 필요가 없다. 이 결과를 네트워크상에 나타낸 것이 [그림 7-7]이다.

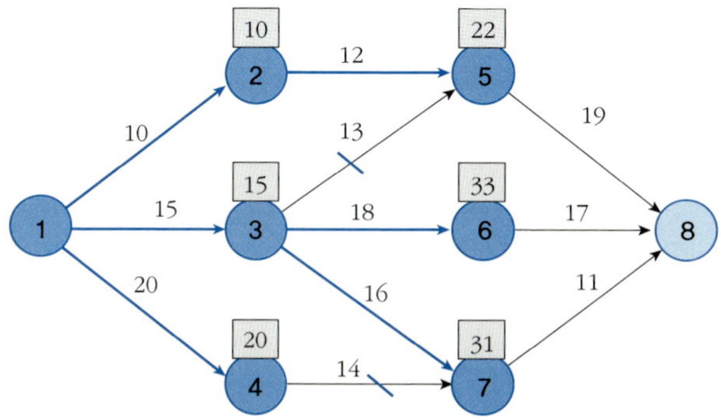

▌그림 7-7▌ 최단경로문제 풀이 과정(3)

이제 노드 5, 노드 6, 노드 7까지의 최단경로는 결정되었으며, 그 비용은 각각 22, 33, 31이다. 여기서 남아있는 노드 8까지의 비용을 계산한 결과가 〈표 7-3〉과 같다.

▌표 7-3▌ 최단경로문제 풀이 과정(4)

경로가 결정된 노드	현 노드까지 비용(A)	다음 노드	다음 노드까지 추가비용(B)	비용 합계 (A+B)	비고
5	22	8	19	41	최단경로
6	33	8	17	50	아크(6, 8) 제거
7	31	8	11	42	아크(7, 8) 제거

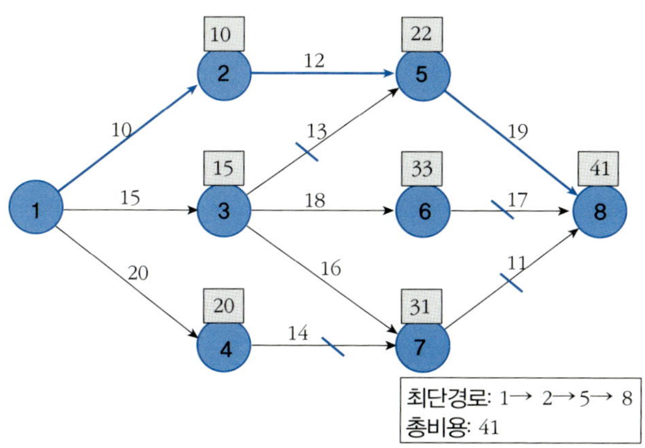

▌그림 7-8▌ 최단경로문제의 최종해

이제 노드 8까지의 최단경로가 결정되었으며, 그 경로는 "1 → 2 → 5 → 8"이고, 비용은 41이다. 최종 최단경로에 대한 결과는 [그림 7-8]에 나타나 있다.

4) 엑셀을 이용한 최단경로문제의 해법

이 장의 앞부분에서 최단경로문제가 선형계획법 형태의 수학적 모형으로 표현될 수 있음을 살펴보았다. 따라서 최단경로문제는 엑셀을 이용하여 그 해를 구할 수 있다.

[예제 7.1]의 네트워크에 대해 엑셀을 이용하여 최단경로를 구해보자. 이 예제의 네트워크를 수학적 모형으로 나타내면 다음과 같다.

$$
\begin{aligned}
\text{Min} \quad & z = 10x_{12} + 15x_{13} + 20x_{14} + 12x_{25} + 13x_{35} \\
& \quad + 18x_{36} + 16x_{37} + 14x_{47} + 19x_{58} + 17x_{68} + 11x_{78} \\
\text{s.t.} \quad & x_{12} + x_{13} + x_{14} = 1 \\
& x_{12} - x_{25} = 0 \\
& x_{13} - x_{35} - x_{36} - x_{37} = 0 \\
& x_{14} - x_{47} = 0 \\
& x_{25} + x_{35} - x_{58} = 0 \\
& x_{36} - x_{68} = 0 \\
& x_{37} + x_{47} - x_{78} = 0 \\
& x_{58} + x_{68} + x_{78} = 1 \\
& x_{ij} \geq 0, \qquad i,j = 1,\cdots,8
\end{aligned}
$$

엑셀을 이용하여 최단경로문제의 최적해를 구하기 위한 데이터 입력 방법은 다음과 같다.

(1) 네트워크의 아크 및 노드를 나타내는 표를 작성한다.

- 셀 범위 C4:D14에 11개 아크의 각 아크별 시작 노드와 종료노드를 입력한다.
- 셀 범위 G4:G10에 노드 1부터 노드 8을 작성한다.

(2) 셀 범위 E4:E14에 각 아크의 비용을 입력한다.

(3) 공급량과 수요량을 입력한다.

- 노드 1은 출발 노드로 셀 I4에 1을 입력한다.
- 노드 2부터 노드 7까지는 중간 노드로 셀 범위 I5:I10 모두에 0을 입력한다.
- 노드 8은 도착 노드로 셀 I11에 −1을 입력한다.

(4) 값을 바꿀 셀을 입력한다.

- 변수에 해당하는 셀로 최단경로 상에 각 아크들이 포함되는지 아닌지를 나타내는 셀에 해당되며, 셀 범위 B4:B14에 초기값으로 0을 입력한다.

(5) 셀 범위 H4:H11에 순흐름 수식을 입력한다.

- 셀 H4에 다음과 같이 입력한다.
  =SUMIF($C$4:$C$14,G4,$B$4:$B$14)−SUMIF($D$4:$D$14,G4,$B$4:$B$14)
- H4를 H5부터 H11까지 복사한다.
- H4부터 H11까지 입력한 수식은 수학적 모형의 비음제약을 제외한 제약조건 8개에 해당된다.

(6) 목표셀 E16의 수식을 입력한다.

- 최단경로상의 총비용으로써, 다음 수식을 입력한다.

=SUMPRODUCT(E4:E14,B4:B14)

■ 이 수식은 수학적 모형의 목적함수에 해당된다.

이상의 입력결과는 [그림 7-9]와 같다.

아크

변수	아크의 시작노드	아크의 종료노드	비용
0	1	2	10
0	1	3	15
0	1	4	20
0	2	5	12
0	3	5	13
0	3	6	18
0	3	7	16
0	4	7	14
0	5	8	19
0	6	8	17
0	7	8	11
		총비용	0

노드

노드	순흐름	공급/수요
1	0	1
2	0	0
3	0	0
4	0	0
5	0	0
6	0	0
7	0	0
8	0	-1

[그림 7-9] 최단경로문제의 엑셀 자료 입력

(7) 해 찾기 모델 설정

■ 해 찾기 메뉴를 클릭하여 "해 찾기 매개 변수" 창을 띄운 다음 각 칸에 [그림 7-10]과 같이 입력한다. 여기에서 "해 찾기(S)"를 클릭하여 최적해를 구할 수 있다. 최적해는 [그림 7-11]과 같다.

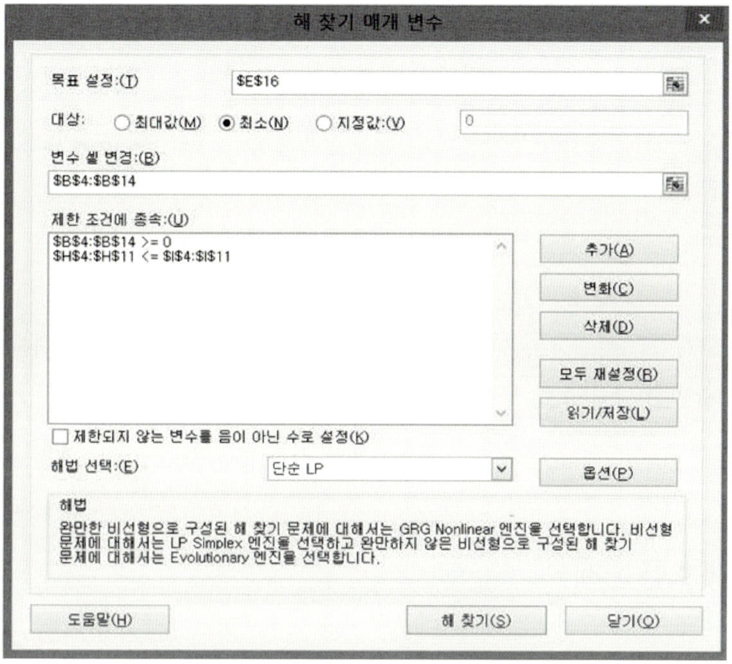

▌그림 7-10▌ 해 찾기 매개 변수

아크

변수	아크의 시작노드	아크의 종료노드	비용
1	1	2	10
0	1	3	15
0	1	4	20
1	2	5	12
0	3	5	13
0	3	6	18
0	3	7	16
0	4	7	14
1	5	8	19
0	6	8	17
0	7	8	11
		총비용	41

노드

노드	순흐름	공급/수요
1	1	1
2	0	0
3	0	0
4	0	0
5	0	0
6	0	0
7	0	0
8	-1	-1

▌그림 7-11▌ 최단경로문제의 최적해

[그림 7-11]에서 변수 x_{12}, x_{25}, x_{58}의 값이 1로 변경되었음을 알 수 있다. 즉, 최적해는 다음과 같다.

$$x_{12} = x_{25} = x_{58} = 1$$

$$x_{13} = x_{14} = x_{35} = x_{36} = x_{37} = x_{47} = x_{68} = x_{78} = 0$$

이는 아크 (1, 2), 아크 (2, 5), 그리고 아크 (5, 8)이 최단경로에 포함되었음을 의미한다. 또한 이때의 총비용은 41이다.

4 • 최대흐름문제

1) 최대흐름문제의 기본개념

최대흐름문제(maximum flow problem)는 네트워크와, 네트워크의 각 아크들의 용량(capacity)이 주어져 있을 때, 네트워크의 시작 노드에서 완료 노드까지의 최대 흐름이 발생할 수 있는 경로를 찾는 문제이다.

최대흐름문제는 교통흐름 예측을 통한 신호체계를 구축하고자 하는 경우, 송유관을 통해 원유나 가스 흐름을 최대화하고자 하는 경우, 지하철 탑승객의 이동을 최대로 하고 싶은 경우 등 각 활동들의 용량 제약이 주어져 있을 때, 네트워크의 흐름을 최대화할 수 있는 방안을 찾고자 하는 경우에 적용할 수 있는 문제이다.

다음 [예제 7.2]를 통해 최대흐름문제에 대해 보다 자세히 살펴보고, 어떻게 수학적 모형으로 표현할 수 있는지 알아보자.

또한 최적해를 구하기 위한 해법과정과 엑셀을 이용하여 해를 구하는 방법에 대해서도 살펴본다.

예제 7.2

[그림 7-12]와 같은 네트워크가 주어져 있다. 이 네트워크의 7개 노드는 원유저장소를 의미하며, 노드와 노드를 연결하는 아크는 노드 사이에 연결된 송유관을 의미한다. 이 송유관(아크)들은 모두 크기(지름)가 다르며, 그 크기에 따라 단위 시간당 흘려 보낼 수 있는 원유의 양이 제한되어 있다. 아크상의 숫자들은 이 단위 시간당 수송 가능한 원유의 양을 의미한다. 원유를 최초로 보내는 노드는 노드 1(시작 노드)이며, 최종 목적지는 노드 7(완료 노드)이다. 이 네트워크에서 노드 1에서 노드 7로 단위 시간당 최대한 많은 원유를 보내는 방법(최대흐름)을 찾고자 한다. 이 상황을 선형계획법 형태의 수학적 모형으로 모형화하고 답을 구하라.

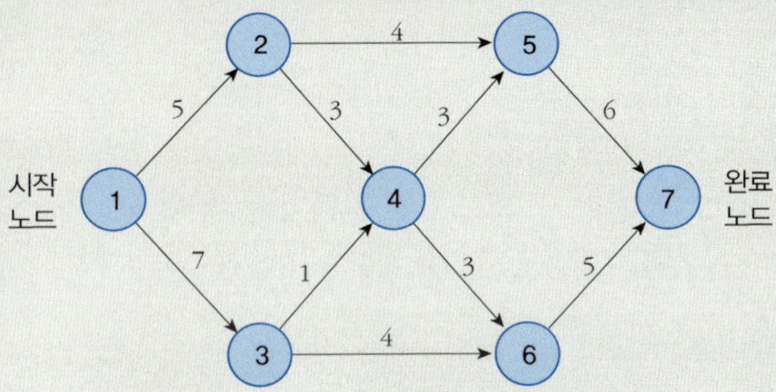

그림 7-12 최대흐름문제 예제 네트워크

2) 최대흐름문제의 수학적 모형

최대흐름문제는 선형계획법 유형의 수학적 모형으로 표현할 수 있다. [예제 7.2]의 네트워크를 예로 들어 모형화하는 과정을 설명한다.

먼저 결정변수를 다음과 같이 정의한다.

x_{ij}: 아크 (i,j)에 단위시간당 할당된 흐름$(i,j=1,\cdots,7)$

f: 시작 노드 1에서 완료 노드 7까지 단위시간당 전체 흐름

[예제 7.2]의 최대흐름문제는 노드 1에서 노드 7까지의 최대유동량(흐름)을 구하는 문

제이므로 목적함수는 다음과 같이 정의된다.

$$\text{Max} \quad z = f$$

네트워크상의 각 노드에서는 들어오는 흐름과 나가는 흐름이 존재한다. 시작노드와 완료노드를 제외한 나머지 노드들에서는 각 노드로 들어오는 흐름의 총량과 나가는 흐름의 총량이 항상 동일해야 하는 흐름보전법칙을 만족해야 한다. 첫 번째 유형의 제약은 흐름보존법칙에 관한 제약이다.

노드 1에서 나가는 흐름의 총량 = f : $x_{12} + x_{13} = f$
노드 2로 들어오는 총량 = 노드 2에서 나가는 총량 : $x_{12} = x_{24} + x_{25}$
노드 3으로 들어오는 총량 = 노드 3에서 나가는 총량 : $x_{13} = x_{34} + x_{36}$
노드 4로 들어오는 총량 = 노드 4에서 나가는 총량 : $x_{24} + x_{34} = x_{45} + x_{46}$
노드 5로 들어오는 총량 = 노드 5에서 나가는 총량 : $x_{25} + x_{45} = x_{57}$
노드 6으로 들어오는 총량 = 노드 6에서 나가는 총량 : $x_{36} + x_{46} = x_{67}$
노드 7로 들어오는 흐름의 총량 = f : $x_{57} + x_{67} = f$

최대흐름문제에는 각 아크들에 용량 제약이 존재한다. 이 용량 제약은 다음과 같다.

아크 (1, 2)의 단위시간당 최대 흐름 = 5 : $x_{12} \leq 5$
아크 (1, 3)의 단위시간당 최대 흐름 = 7 : $x_{13} \leq 7$
아크 (2, 4)의 단위시간당 최대 흐름 = 3 : $x_{24} \leq 3$
아크 (2, 5)의 단위시간당 최대 흐름 = 4 : $x_{25} \leq 4$
아크 (3, 4)의 단위시간당 최대 흐름 = 1 : $x_{34} \leq 1$
아크 (3, 6)의 단위시간당 최대 흐름 = 4 : $x_{36} \leq 4$

아크 (4, 5)의 단위시간당 최대 흐름 = 3 : $x_{45} \leq 3$

아크 (4, 6)의 단위시간당 최대 흐름 = 3 : $x_{46} \leq 3$

아크 (5, 7)의 단위시간당 최대 흐름 = 6 : $x_{57} \leq 6$

아크 (6, 7)의 단위시간당 최대 흐름 = 5 : $x_{67} \leq 5$

정리하면, 수학적 모형은 다음과 같다.

$$
\begin{aligned}
\text{Min} \quad & z = f \\
\text{s.t.} \quad & x_{12} + x_{13} = f \\
& x_{12} = x_{24} + x_{25} \\
& x_{13} = x_{34} + x_{36} \\
& x_{24} + x_{34} = x_{45} + x_{46} \\
& x_{25} + x_{45} = x_{57} \\
& x_{36} + x_{46} = x_{67} \\
& x_{57} + x_{67} = f \\
& x_{12} \leq 5,\ x_{13} \leq 7,\ x_{24} \leq 3,\ x_{25} \leq 4,\ x_{34} \leq 1, \\
& x_{36} \leq 4,\ x_{45} \leq 3,\ x_{46} \leq 3,\ x_{57} \leq 6,\ x_{67} \leq 5 \\
& x_{ij} \geq 0, \qquad i, j = 1, \cdots, 7
\end{aligned}
$$

3) 최대흐름문제의 해법

최대흐름문제의 해법 절차는 다음과 같다.

step 1: 시작 노드에서 완료 노드까지 양(plus)의 흐름을 갖는 경로를 임의로 하나 설정한다. 만약 이런 경로가 존재하지 않는다면 중단한다.

step 2: 노드 1에서 설정된 경로에 포함된 아크 중 가장 작은 용량(C라고 하자)을 갖는 아크를 찾고, 그 값 C를 설정한 경로의 모든 아크에 할당한다.

step 3: 노드 1에서 설정된 경로의 각 활동의 용량을 C만큼 줄여 활동들의 용량을 조정한다. 반대방향의 흐름이 가능한 경우에는 경로상의 반대 방향으로 용량을 C만큼 늘인다. 노드 1로 돌아간다.

[예제 7.2]의 문제에 대해 위 절차를 적용하여 해를 구하는 과정을 살펴보자.

먼저 주어진 네트워크를 [그림 7-13]과 같이 양방향 네트워크로 수정하여 시작한다. 이 네트워크는 각 아크가 한 방향으로만 흐를 수 있도록 표현된 [그림 7-12]의 네트워크와 사실상 같은 의미이다. [그림 7-14]를 예를 들어 살펴보자. (a)는 단방향 표시로써, 노드 2에서 노드 5로의 화살표로 표시되며, 아크 위에 숫자 4는 이 방향으로의 용량을 의미한다. (b)는 양쪽 방향으로의 흐름이 가능하다는 의미이며, 아크 (2, 5)의 용량은 4, 아크 (5, 2)의 용량은 0으로 (a)와 그 의미가 같다.

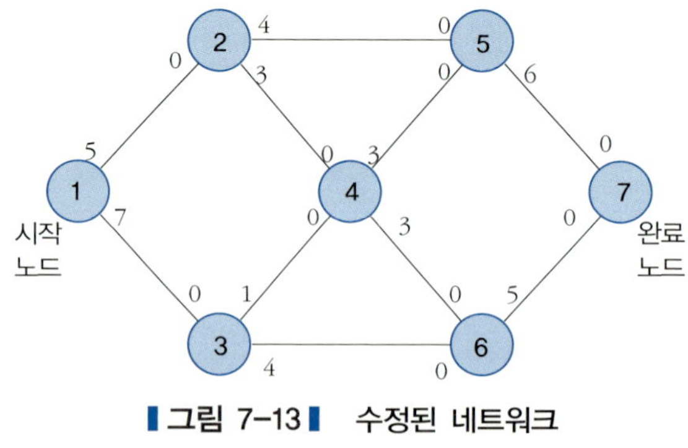

그림 7-13 수정된 네트워크

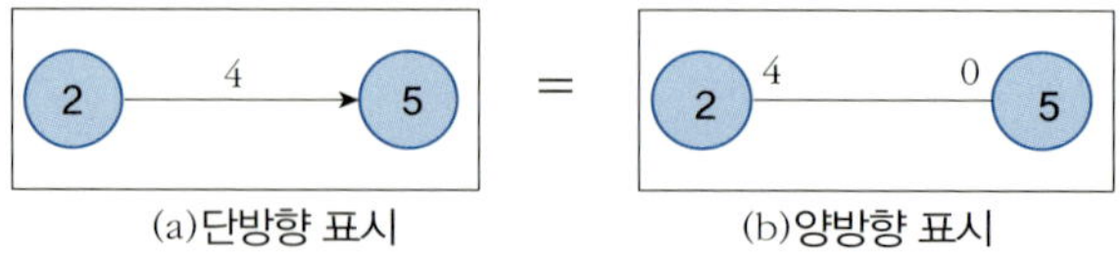

그림 7-14 단방향 네트워크와 양방향 네트워크

step 1) [그림 7-13]의 노드 1에서 노드 7까지의 임의의 경로 "1 → 2 → 5 → 7"을 설정한다.

step 2) 경로 "1 → 2 → 5 → 7"에 포함된 아크들 중, 아크 (1, 2)의 용량은 5, 아크 (2, 5)의 용량은 4, 아크 (5, 7)의 용량은 6이다. 따라서 $C = \min(5, 4, 6) = 4$가 된다.

step 3) 아크 (1, 2), 아크 (2, 5), 아크 (5, 7)의 용량은 $C = 4$만큼 감소시키고, 아크 (2, 1), 아크 (5, 2), 아크 (7, 5)의 용량은 $C = 4$만큼 증가시킨다. 이상의 결과는 [그림 7-15]와 같다.

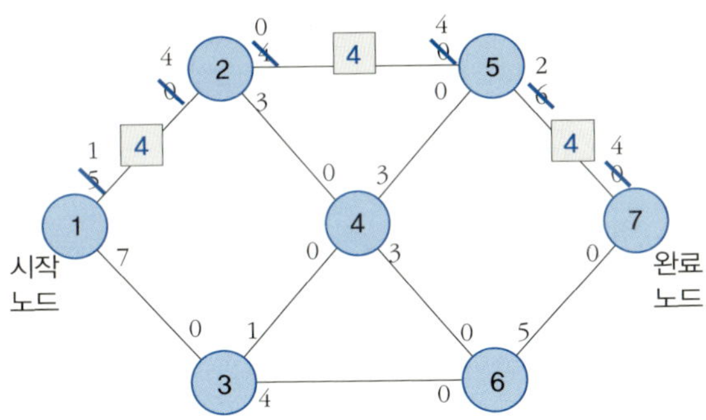

▌그림 7-15▐ 최대흐름문제의 풀이 과정(1)

step 1) [그림 7-15]에서 임의의 경로 "1 → 3 → 6 → 7"을 설정한다.

step 2) 경로 "1 → 3 → 6 → 7"에 포함된 아크들 중, 아크 (1, 3)의 용량은 7, 아크 (3, 6)의 용량은 4, 아크 (6, 7)의 용량은 5이다. 따라서 $C = \min(7, 4, 5) = 4$가 된다.

step 3) 아크 (1, 3), 아크 (3, 6), 아크 (6, 7)의 용량은 $C = 4$만큼 감소시키고, 아크 (3, 1), 아크 (6, 3), 아크 (7, 6)의 용량은 $C = 4$만큼 증가시킨다. 이상의 결과는 [그림 7-16]과 같다.

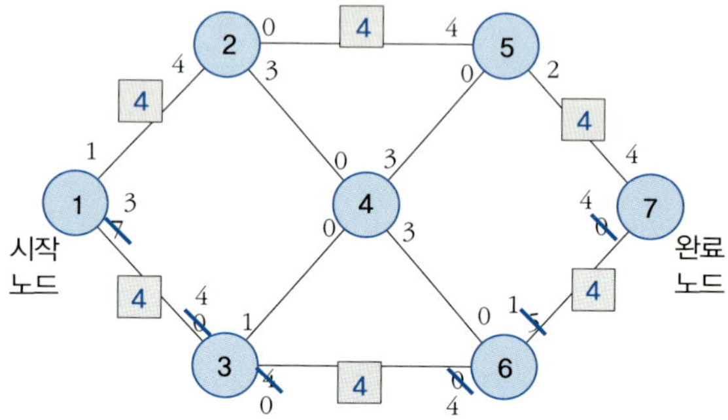

그림 7-16 최대흐름문제의 풀이 과정(2)

step 1) [그림 7-16]에서 임의의 경로 "$1 \rightarrow 3 \rightarrow 4 \rightarrow 6 \rightarrow 7$"을 설정한다.

step 2) 경로 "$1 \rightarrow 3 \rightarrow 4 \rightarrow 6 \rightarrow 7$"에 포함된 아크들 중, 아크 (1, 3)의 용량은 3, 아크 (3, 4)의 용량은 1, 아크 (4, 6)의 용량은 3, 아크 (6, 7)의 용량은 1이다. 따라서 $C = \min(3, 1, 3, 1) = 1$이 된다.

step 3) 아크 (1, 3), 아크 (3, 4), 아크 (4, 6), 아크 (6, 7)의 용량은 $C = 1$만큼 감소시키고, 아크 (3, 1), 아크 (4, 3), 아크 (6, 4), 아크 (7, 6)의 용량은 $C = 1$만큼 증가시킨다. 이상의 결과는 [그림 7-17]과 같다.

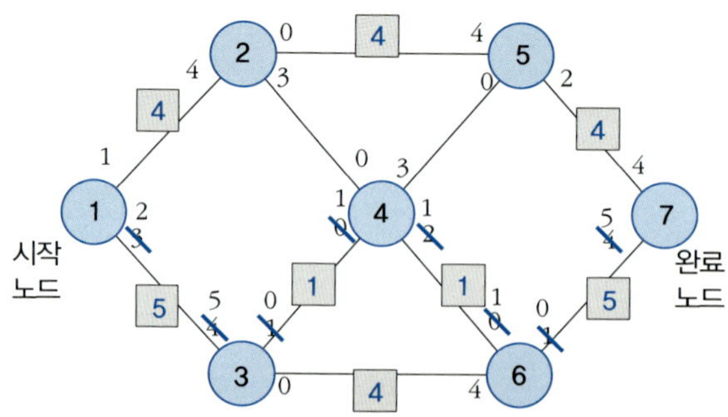

그림 7-17 최대흐름문제의 풀이 과정(3)

step 1) [그림 7-17]에서 임의의 경로 "$1 \rightarrow 2 \rightarrow 4 \rightarrow 5 \rightarrow 7$"을 설정한다.

step 2) 경로 "$1 \rightarrow 2 \rightarrow 4 \rightarrow 5 \rightarrow 7$"에 포함된 아크들 중, 아크 (1, 2)의 용량은 1, 아

크 (2, 4)의 용량은 3, 아크 (4, 5)의 용량은 3, 아크 (5, 7)의 용량은 2이다. 따라서 $C=\min(1,\ 3,\ 3,\ 2)=1$이 된다.

step 3) 아크 (1, 2), 아크 (2, 4), 아크 (4, 5), 아크 (5, 7)의 용량은 $C=1$만큼 감소시키고, 아크 (2, 1), 아크 (4, 2), 아크 (5, 4), 아크 (7, 5)의 용량은 $C=1$만큼 증가시킨다. 이상의 결과는 [그림 7-18]과 같다.

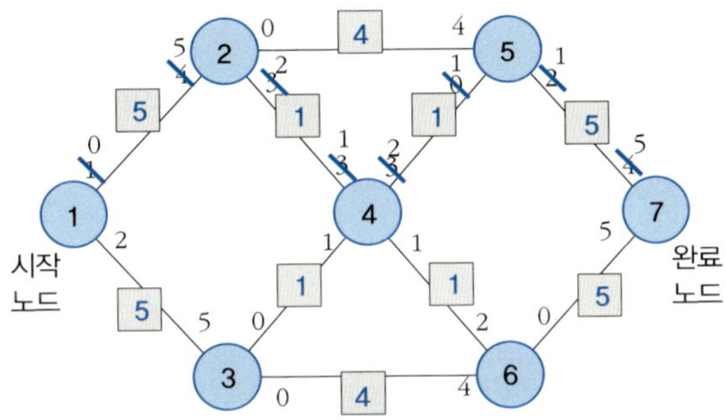

▌그림 7-18▐ 최대흐름문제의 풀이 과정(4)

step 1) [그림 7-18]의 네트워크에서 더이상 노드 1에서 노드 7까지 보낼 수 있는 경로가 존재하지 않는다. 따라서 현재의 흐름이 최적해이며, 최종 결과는 [그림 7-19]와 같다. [그림 7-19]의 각 아크상의 숫자중 괄호 안의 숫자가 그 아크상의 최적 흐름이다.

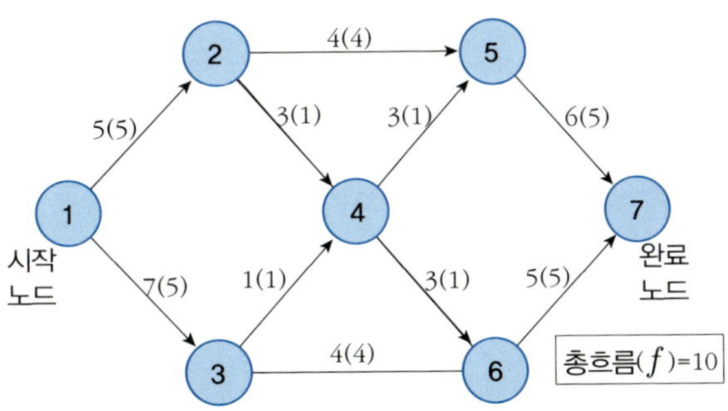

▌그림 7-19▐ 최대흐름문제의 최종해

4) 엑셀을 이용한 최대흐름문제의 해법

최대흐름문제는 선형계획법 형태의 수학적 모형으로 표현될 수 있음을 앞서 살펴보았다. 따라서 최대흐름문제는 엑셀을 이용하여 그 해를 구할 수 있다.

[예제 7.2]에 대해서 엑셀을 이용하여 최대흐름문제의 최적해를 구하기 위한 데이터 입력 방법은 다음과 같다.

(1) 네트워크의 아크 및 노드를 나타내는 표를 작성한다.

- 셀 범위 C4:D13에 10개 아크의 각 아크별 시작 노드와 종료 노드를 입력한다.
- 셀 범위 G4:G10에 노드 1부터 노드 7을 작성한다.

(2) 셀 범위 E4:E13에 각 아크의 용량(상한값)을 입력한다.

(3) 공급량/수요량을 입력한다.

- 노드 1은 시작 노드이므로 공급량이 f가 되도록 셀 I4에 '=B14'를 입력한다.
- 노드 8은 도착 노드이므로 수요량이 f가 되도록 셀 I10에 '=−B14'를 입력한다.
- 노드 2부터 노드 7까지는 중간 노드로 셀 범위 I5:I9 모두에 0을 입력한다.

(4) 값을 바꿀 셀을 입력한다.

- 셀 B4:B13에는 각 아크들의 흐름이 여기에 나타난다.
- 셀 B14는 최대흐름을 나타내는 변수이다. 또한 셀 B14는 목표셀이기도 하다. 단위시간 동안 수송하는 총량 f값이 이 셀에 나타난다.
- 모든 변수셀 B4:B14에 초기값으로 0을 입력한다.

(5) 셀 범위 H4:H10에 순흐름 수식을 입력한다.

- 셀 H4에 다음과 같이 입력한다.
  =SUMIF($C$4:$C$14,G4,$B$4:$B$14)−SUMIF($D$4:$D$14,G4,$B$4:$B$14)
- H4를 H5부터 H10까지 복사한다.
- H4부터 H10까지 입력한 수식은 수학적 모형의 비음제약을 제외한 제약조건 7개에 해당된다.

이상의 입력결과는 [그림 7-20]과 같다.

아크

변수	아크의 시작노드	아크의 종료노드	용량
0	1	2	5
0	1	3	7
0	2	4	3
0	2	5	4
0	3	4	1
0	3	6	4
0	4	5	3
0	4	6	3
0	5	7	6
0	6	7	5
0	최대흐름		

노드

노드	순흐름	공급/수요
1	0	0
2	0	0
3	0	0
4	0	0
5	0	0
6	0	0
7	0	0

그림 7-20 최대흐름문제의 엑셀 자료 입력

(6) 해 찾기 모델 설정

- '데이터' 메뉴의 해 찾기 아이콘을 클릭하여 "해 찾기 매개 변수" 창을 띄워, 목표 설정, 변수 셀, 제한 조건에 각각 다음과 같이 입력한다([그림 7-21]).
- 목표 셀 B14
- 변수 셀 B4:B14
- 제한 조건
  B4:B14 ≥ 0 (비음 제약)

H4:H10 ≤ I4:I10 (흐름보전법칙 제약)

B4:B13 ≤ E4:E13 (아크의 용량 제약)

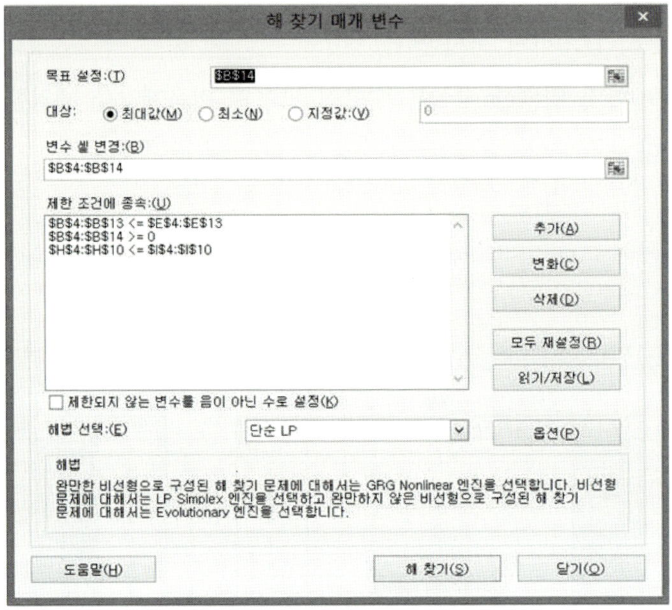

▌그림 7-21▐ 해 찾기 매개 변수

이렇게 구한 최적해는 [그림 7-22]와 같다. 최대흐름 f는 10이다.

	A	B	C	D	E	F	G	H	I
1									
2			아크					노드	
3		변수	아크의 시작노드	아크의 종료노드	용량		노드	순흐름	공급/수요
4		5	1	2	5		1	10	10
5		5	1	3	7		2	0	0
6		1	2	4	3		3	0	0
7		4	2	5	4		4	0	0
8		1	3	4	1		5	0	0
9		4	3	6	4		6	0	0
10		2	4	5	3		7	-10	-10
11		0	4	6	3				
12		6	5	7	6				
13		4	6	7	5				
14		10	최대흐름						
15									

▌그림 7-22▐ 최대흐름문제의 최적해

연 | 습 | 문 | 제

1 네크워크 모형에서 아크, 노드, 경로의 개념에 대하여 설명하라.

2 주변의 실제 문제를 최단경로 네트워크로 모형화하여 해를 찾을 수 있는 예를 찾아 간략히 설명하라.

3 자신의 집에서 학교까지 최단거리를 찾고자 한다. 이를 네트워크 모형으로 모형화하라.

4 다음과 같은 네트워크가 주어져 있다. 노드 1에서 노드 9까지의 최단경로를 구하고자 한다.

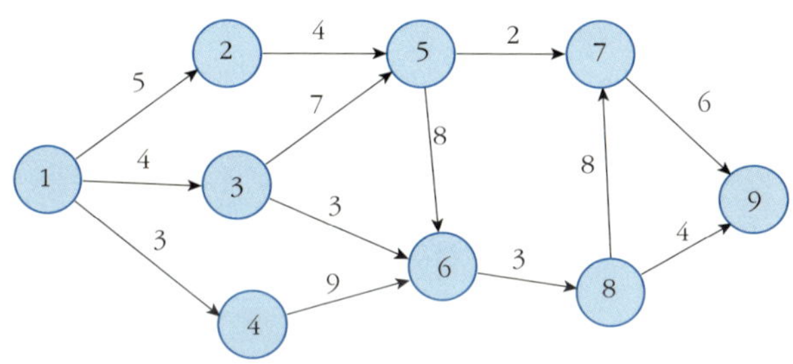

(1) 이 문제를 선형계획법으로 모형화하라.
(2) 본문의 해법을 이용하여 최적해를 구하라.
(3) 엑셀을 이용하여 최적해를 구하라.

5 다음과 같은 네트워크가 주어져 있다. 이 네트워크는 한 정유회사의 정유 수송관을 모형화한 것이다. 각 아크상의 숫자는 수송 가능한 최대수송량이다. 노드 1에서 노드 9까지 최대의 정유를 보낼 수 있는 방법을 구하고자 한다. 단, 수송관은 양방향으로 수송이 가능하다.

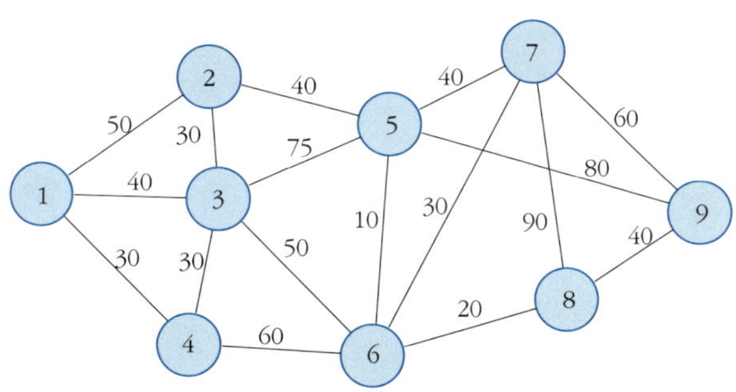

연 | 습 | 문 | 제

(1) 이 문제를 선형계획법으로 모형화하라.
(2) 본문의 해법을 이용하여 최적해를 구하라.
(3) 엑셀을 이용하여 최적해를 구하라.

management science

Chapter 8

PERT/CPM

1. 서론
2. 간트 차트
3. 프로젝트 네트워크
4. CPM
5. CPM의 비용/시간 분석
6. PERT

CHAPTER 08 management science

PERT/CPM

1 • 서론

이 장에서는 프로젝트 관리(project management)와 관련된 경영의사결정문제에 대해서 학습한다. 프로젝트 관리란 주어진 일련의 활동들을 수행하는 데 있어서 주어진 자원과 일정 범위 내에서 가장 효과적으로 프로젝트를 운영하는 방법을 찾는 것이다.

프로젝트 관리는 도로 건설, 건물 건축, 정보시스템 개발 등과 같이 수많은 활동들이 복잡하게 연결되어 있는 프로젝트에서 작업 공정에 대한 계획 수립, 효율적인 진행 및 비용 관리에 필요한 기법이다. 설명을 위한 예로써 〈표 8-1〉의 정보시스템 개발 프로젝트를 살펴보자.

표 8-1 정보시스템 개발 프로젝트

활동	내용	선행활동	소요기간(월)
A	프로젝트 준비	–	2
B	현 시스템 환경 분석	A	5
C	현 업무현황 분석	A	4
D	하드웨어 대안 선정	B	4
E	프로그램 설계	B	2
F	현황 보고서 작성	B, C	3
G	시스템 구현 및 테스트	D, E, F	2
H	시스템 설치	G	1

프로젝트는 최소의 작업 단위인 '활동(activity)'으로 구성된다. 〈표 8-1〉의 정보시스템 개발 프로젝트는 A~H의 총 8개의 활동으로 구성되어 있다. 두 번째 열의 '내용'은 각 활동의 내역을 나타낸 것이다. '선행활동'이란 각 활동을 착수하기 전에 완료되어야 하는 활동을 말한다. 예를 들어 활동 F(현황 보고서 작성)를 시작하기 위해서는 활동 B(현 시스템 환경 분석)와 활동 C(현 업무현황 분석)가 완료되어 있어야 함을 의미한다. 그리고 '소요기간'은 각 활동을 수행하는 데 필요한 시간이다. 프로젝트 관리는 이 8개의 활동을 수행하는 데 전체적으로 얼마만큼의 일정이 소요되며, 필요한 인력은 무엇이고, 비용은 얼마나 들어가는 지를 파악하는 것이다. 아울러, 계획된 일정에 차질 없이 프로젝트가 잘 수행되는지를 관리하는 것이다.

많이 알려진 프로젝트 관리 도구로는 간트 차트와 프로젝트 네트워크가 있다. 2절과 3절에서는 간트 차트와 프로젝트 네트워크에 대해 알아보고, 프로젝트 네트워크를 활용한 프로젝트 관리기법인 CPM과 PERT에 대한 내용을 이어서 다룬다.

2 • 간트 차트

간트 차트는 프로젝트의 각 활동별로 기간 및 선후행 관계를 막대그래프를 이용하여 나타낸 도구이다. 간트 차트는 왼쪽에 활동 명을 적고 각 활동의 기간만큼 오른편으로 막대그래프를 통해 나타낸다. 이때 각 활동의 시작 시점은 모든 선행 작업이 끝난 시점이어야 한다. [그림 8-1]는 〈표 8-1〉의 정보시스템 개발 프로젝트를 간트 차트로 나타낸 것이다.

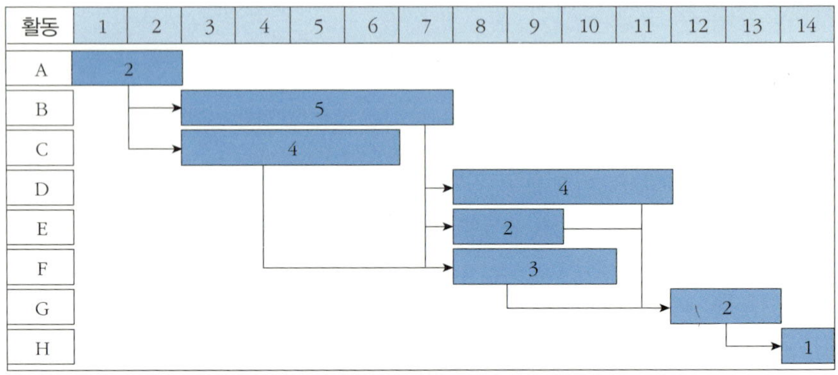

그림 8-1 정보시스템 개발 프로젝트의 간트 차트

이 차트로부터 모든 작업이 완료되는 데에는 14개월이 걸린다(마지막 활동인 H가 마치는 시점이 14월 말이다)는 사실을 알 수 있다. 또한, 각 활동의 착수 가능시점을 알 수 있다. 활동 A는 선행 작업이 없는 작업으로 1월에 착수 가능하며, 2월에 끝난다. 활동 B와 C는 활동 A가 마쳐야 착수할 수 있으므로 3월에 착수하여, 각각 7월과 6월에 끝난다. 활동 D와 E는 활동 B가 끝난 시점인 8월 초에 착수 가능하며, 활동 F 역시 선행 작업인 활동 B, C가 끝난 후인 8월 초에 착수 가능하다. 마찬가지로, 활동 G는 활동 D, E, F가 모두 완료된 후인 12월에 착수 가능하다. 마지막으로 활동 H는 G가 완료된 후인 14월에 착수할 수 있다.

또한 프로젝트 일정관리에서 각 작업의 여유 시간에 대한 정보도 파악할 수 있다. 여기서 여유 시간이란, 전체 일정을 지연시키지 않으면서 활동 수행을 지연할 수 있는 시간이다. 활동 B의 경우를 살펴보면, 만약 활동 B의 작업 기간이 5개월에서 6개월로 지연될 경우에는 후행 활동들이 모두 1개월씩 지연되어 전체 공정은 15개월로 1개월 지연된다. 반면에 활동 C는 1개월 지연되더라도 후행 활동의 착수 시점에 영향을 끼치지 않아 전체 공정에도 영향을 주지 않는다. 따라서 활동 C는 1개월의 여유 시간을 갖는다.

예제 8.1

8개의 활동으로 구성된 프로젝트의 각 활동별 소요일수와 선행 작업이 다음과 같다. 이 프로젝트를 간트 차트로 작성하라. 프로젝트의 총 기간은 얼마인가?

활동	선행활동	소요기간(주)
A	−	4
B	−	5
C	−	3
D	A	2
E	B	1
F	B, C, D	6
G	B, C, D	8
H	E, F	7

[예제 8.1]의 프로젝트에서 활동 A, B, C는 선행활동이 없으므로 바로 작업을 시작할 수 있으며, 각각의 작업을 마치는 시점은 4, 5, 3주이다. 활동 D는 선행활동 A의 작업이 완료된 후인 5주에 작업을 시작하여 6주에 마친다. 활동 E는 선행활동인 B의 작업이 완료된 후인 5주에 작업을 시작할 수 있다. 활동 F와 G는 선행활동인 B, C, D의 작업이 모두 완료된 후인 7주에 작업을 시작하여 F는 12주, G는 14주에 작업을 마친다. 마지막으로 활동 H는 선행활동인 E와 F의 작업이 모두 완료되는 시점인 12주 이후 작업에 착수할 수 있으며 최종 완료시점은 19주가 된다. 결론적으로 총 소요 기간은 19주이며, 이 프로젝트의 간트 차트는 [그림 8-2]와 같다.

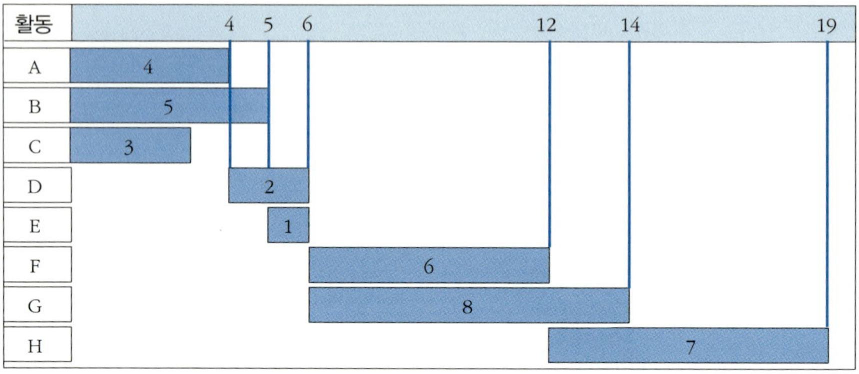

그림 8-2 [예제 8.1]의 간트 차트

간트 차트는 총 공정의 시간을 한눈에 파악할 수 있고, 선후행 관계에 대해 쉽게 이해할 수 있는 프로젝트 관리 도구이다. 비교적 간단한 활동들로 이루어진 프로젝트의 경우에는 간트 차트를 통해 프로젝트 일정관리를 수행할 수 있는 장점이 있다. 하지만, 수 없이 많은 활동들이 있고, 활동들 간의 관계가 복잡한 프로젝트의 경우에는 간트 차트를 통한 프로젝트 관리에 한계가 있다. 이런 경우에는 프로젝트 네트워크를 활용할 수 있다.

간트 차트는 주어진 프로젝트의 활동들의 공정 시간과 선후행 관계를 직관적이고 간단하게 막대그래프의 형태로 표현할 수 있는 간단한 기법이다. 하지만 선후행 관계가 일목요연하게 파악되지 못하고 활동들이 많아지면 프로젝트 일정관리에 중요한 활동이 무엇인지 바로 파악하기는 어렵다. 다음에 설명할 도구인 프로젝트 네트워크는 프로젝트를 표현하는 또 다른 방법으로 이 장에서 다루고자 하는 CPM 및 PERT를 이해하는데 도움을 준다.

3 • 프로젝트 네트워크

프로젝트를 표현하는 또 다른 도구로 프로젝트 네트워크(project network)가 있다. 프로젝트 네트워크란 각 활동 및 활동의 기간, 선후행 관계를 네트워크 모형으로 나타낸 것이다.

일반적으로, 네트워크란 여러 개의 노드(node)와 노드 간을 연결하는 아크(arc)로 연결된 그래프(graph)이다. 프로젝트를 네트워크로 표시하는 방법에는 두 가지가 있다.

첫째는 노드를 프로젝트의 활동으로 하고, 노드 간의 아크는 선후행 관계를 나타내는 네트워크로 AON(Activity On Node) 네트워크 방식이다. [그림 8-3]은 〈표 8-1〉의 정보시스템 개발 프로젝트를 AON 네트워크로 표현한 것이다.

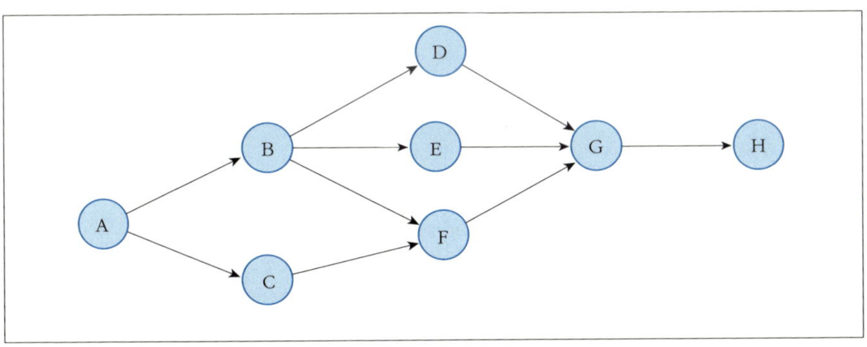

▌그림 8-3▌ 〈표 8-1〉의 AON 네트워크 방식 표현

두 번째는 노드와 노드를 연결하는 아크를 활동으로 정의하고 아크의 양 끝단을 해당 활동의 시작과 끝으로 정의하는 네트워크로 AOA(Activity On Arc) 네트워크라고 한다. 이 책에서는 AOA 네트워크 방식으로 표기한다.

〈표 8-1〉의 정보시스템 개발 프로젝트를 AOA 네트워크로 작성해 보자. 먼저, 선행작업이 없는 활동 A를 아크(화살표)로 나타내고, 아크의 시점을 노드 ①, 종점을 노드 ②로 나타낸다. 활동 A의 후행활동인 B와 C를 나타내는 아크를 시점 ②(활동 A의 종점)

로 하여 각각 작성한 후 각각의 종점을 나타내는 노드 ③, ④를 그린다. 다음에 활동 D, E, F가 모두 활동 B의 후행활동이므로 B의 종점인 ③을 시점으로 하는 3개의 아크를 그리고 각각의 종점 노드를 ⑤, ⑥, ⑦로 작성한다. 여기서, 활동 F는 C의 후행 작업이므로 두 활동 간의 선후행 관계를 표시해 줘야 한다. 이를 위해 노드 ④와 노드 ③을 연결하는 가상의 활동(아크)을 작성하면, C와 F의 선후행 관계를 표시할 수 있다. 같은 방식으로 노드 ⑦에서 ⑤로의 가상활동과 노드 ⑥에서 ⑤로의 가상활동을 추가한다. 이런 식으로 마지막 활동인 H까지 작성하여 완성된 AOA 방식의 네트워크가 [그림 8-4]이다. 네트워크의 각 아크에는 활동명과 소요기간이 나타나 있다. 그리고 여기서 세 개의 가상활동은 소요기간이 0이다.

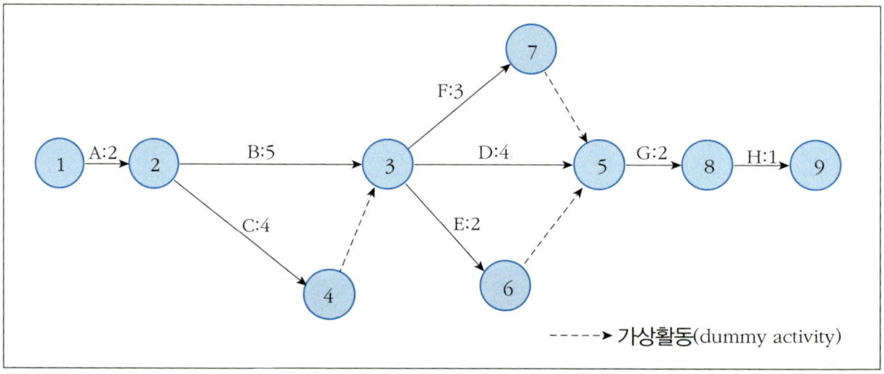

그림 8-4 정보시스템 개발 프로젝트 네트워크

예제 8.2

다음은 [예제 8.1]의 프로젝트를 표로 나타낸 것이다. 이를 AOA 방식의 프로젝트 네트워크로 작성해 보자.

활동	선행활동	소요기간(주)
A	–	4
B	–	5
C	–	3
D	A	2
E	B	1
F	B, C, D	6
G	B, C, D	8
H	E, F	7

먼저 선행활동이 없는 활동 A, B, C는 노드 1에서 출발하고, 각각의 아크가 도착하는 노드를 2, 3, 4로 표시한다. 활동 D는 선행활동이 A이므로, 노드 2에서 출발한다. 또한 활동 E의 선행활동이 B이므로, 노드 4에서 출발하여 노드 5에서 끝나는 것으로 표시한다.

활동 F와 G는 선행활동이 B, C, D로 동일하다. 즉 B, C, D가 모두 끝나는 노드에서 F와 G가 출발해야 한다. 따라서 활동 D가 끝나는 노드는 노드 3으로 한다. 이와 함께 활동 B가 끝나는 노드 4와 노드 3을 가상활동으로 연결해 줌으로써, 이를 표현할 수 있다. 마지막으로 활동 G와 H는 노드 6에서 끝나도록 연결해 준다. 이렇게 연결하여 완성된 프로젝트 네트워크가 [그림 8-5]이다.

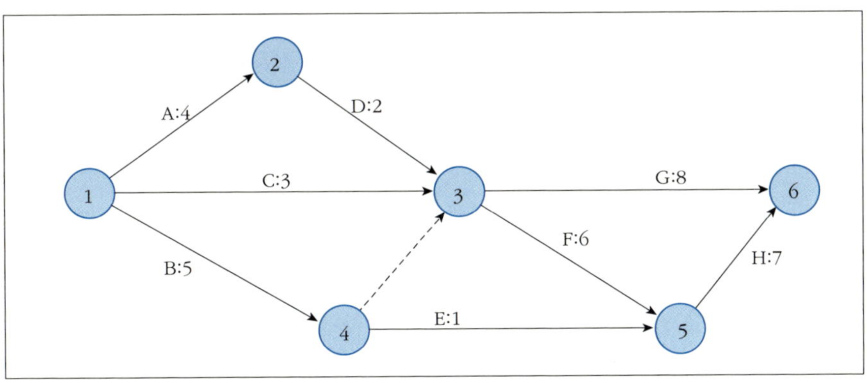

그림 8-5 [예제 8.2]의 프로젝트 네트워크

프로젝트 네트워크는 프로젝트 관리자에게 전체 프로젝트의 진행 순서와 일정, 활동들의 선후행 관계를 파악하는 데 큰 도움을 준다. 그리고 다음 절부터 자세히 살펴보게 될 CPM(Critical Path Method)이나 PERT(Program Evaluation and Review Technique)와 같은 프로젝트 관리 기법을 적용하기 위한 도구이기도 하다.

PERT는 미 해군의 미사일 개발 프로젝트의 전체 일정관리 및 통제를 위해 개발된 기법이다. 이에 반해 CPM은 듀퐁(Dupont)사에서 화학공장의 생산 과정 유지/통제 및 관리를 위해 개발된 프로젝트 관리 기법이다. 두 기법은 이렇게 별도로 개발되어 발전되어 왔으나 지금은 프로젝트 계획 수립 및 일정관리, 통제를 위한 기법으로 두 가지 기법이 혼용되어 사용되고 있기도 하다. 두 기법의 차이도 존재한다. CPM은 각 활동들의 활동 시간이 정확하게 주어진 상황하에서, 프로젝트 시간과 비용 간의 상관관계 분석에 주로 이용되는 기법이다. 반면에 PERT는 각 활동들의 활동 시간을 정확히 예측하기 어려운 경우에, 정해진 목표 달성에 도달할 수 있는 방법을 찾는 데 주로 이용되는 방법이다. 이제 두 기법에 대해 자세히 살펴보자.

4 • CPM

CPM(Critical Path Method)은 중대경로기법이라고 불리는데, 여기서 중대경로(CP: critical path)란 주어진 프로젝트 네트워크상에서, 최초 시작 노드에서 최종적으로 프로젝트가 끝나는 완료 노드까지의 모든 경로 중에서 가장 시간을 많이 필요로 하는 경로를 의미한다. 만약 프로젝트 관리자가 프로젝트의 시간을 예상하고자 할 경우, 혹은 보다 정확한 일정계획을 수립하고자 할 경우, 중대경로는 가장 중요하게 다루어져야 하는 경로를 의미한다. 왜냐하면, 특정한 사유로 중대경로상의 활동에 지연이 발생하면 이는 곧 전체 공정의 지연으로 이어지기 때문이다.

1) 중대경로의 의미

중대경로의 개념을 살펴보기 위하여 [그림 8-4]의 정보시스템 개발 프로젝트 네트워크를 고려해 보자. 이 네트워크에는 시작 노드인 노드 1에서 완료 노드인 노드 9까지 모두 6개의 경로가 존재한다(〈표 8-2〉).

▌표 8-2▐ 정보시스템 개발 프로젝트 네트워크의 중대경로

가능한 경로	포함된 활동	시간
1→2→3→7→5→8→9	A B F G H	13
1→2→3→5→8→9 *	**A B D G H**	**14**
1→2→3→6→5→8→9	A B E G H	12
1→2→4→3→7→5→8→9	A C F G H	12
1→2→4→3→5→8→9	A C D G H	13
1→2→4→3→6→5→8→9	A C E G H	11

* 중대경로(critical path)

그리고 각 경로상에 포함된 활동들의 소요시간을 모두 계산해 보면, 정의에 의해 두 번째 경로인 "1→2→3→5→8→9"가 중대경로임을 알 수 있다.

중대경로인 "1→2→3→5→8→9"에는 활동 A, B, D, G, H가 포함되어 있다. 이것이 어떤 의미인지 살펴보자. 만약 중대경로에 포함된 활동 B가 1개월 지연된다면 전체 일정도 15개월로 1개월 지연된다. 반면 중대경로에 포함되지 않은 활동 E는 2개월까지 지연되고, 활동 F가 1개월 지연되더라도 전체 일정에는 영향을 주지 않는다(단, F가 2개월 이상 지연되거나 E가 3개월 이상 지연되면 전체 일정도 지연된다). 따라서 중대경로란 그 경로에 포함된 활동 중 하나라도 지연이 생기면, 전체 일정의 지연을 유발하는 경로라고 할 수 있다. 따라서 프로젝트 일정관리의 입장에서는 다른 활동들보다 중대경로에 포함된 활동들에 대해 보다 세심한 관리가 요구된다.

2) 중대경로의 규명

규모가 큰 프로젝트 네트워크의 경우, 시작 노드에서 완료 노드까지의 가능한 경로는 무수히 많다. 이 경우, 모든 경로를 조사하여 중대경로는 찾는 것은 사실상 불가능하다. 이에, 모든 가능한 경로들 중 중대경로를 찾는 체계적인 방법을 제시한다.

먼저 다음과 같은 기호들을 정의한다.

i, j: 노드

(i, j): 노드 i에서 시작하여 노드 j에서 끝나는 활동

ET_i = 노드 i의 최단예상시간(earliest expected time)

LT_j = 노드 j의 최대허용시간(latest allowable time)

TS_{ij} = 활동 (i, j)의 총여유시간(total slack time)

FS_{ij} = 활동 (i, j)의 자유여유시간(free slack time)

SS_{ij} = 활동 (i, j)의 공유여유(shared slack)

t_{ij} = 활동 (i, j)를 수행하는 데 걸리는 시간

(1) 최단예상시간(ET)

최단예상시간이란 정해진 공정에 의해서 활동이 진행될 때, 그 노드까지의 모든 작업이 완료될 수 있는 최단 시간을 의미한다. 첫 번째 노드(시작 노드)의 최단예상시간은 선행 작업이 하나도 없으므로 $ET_1 = 0$이 된다. 이제 작업이 진행되는 순서대로 다음 식에 의해 나머지 노드들에 대한 최단예상시간을 계산한다.

$$ET_j = \max(ET_i + t_{ij}),\ i\text{는 노드 } j\text{의 모든 선행 노드}$$

[그림 8-6]의 프로젝트 네트워크를 통해 최단예상시간을 구하는 과정을 살펴보자.

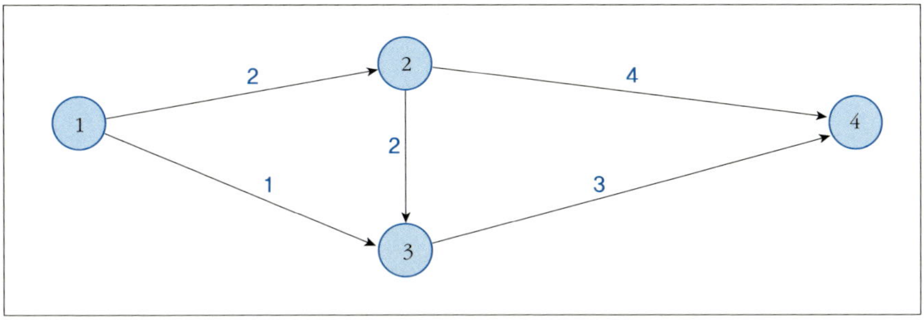

▌그림 8-6▌ ET, LT, S의 계산 예(1)

그림에서 노드 1은 시작 노드이므로 최단예상시간은 다음과 같다.

$$ET_1 = 0$$

노드 2의 선행 노드는 노드 1이므로 ET_2는 다음과 같다.

$$ET_2 = ET_1 + t_{12} = 0 + 2 = 2$$

노드 3의 선행 노드는 노드 1과 노드 2이다. 따라서 ET_3은 다음과 같다.

$$ET_3 = \max(ET_1 + t_{13}, ET_2 + t_{23}) = \max(0 + 1, 2 + 2) = 4$$

마지막으로 노드 4의 선행 노드는 노드 2와 노드 3이다. 따라서 ET_4는 다음과 같다.

$$ET_4 = \max(ET_2 + t_{24}, ET_3 + t_{34}) = \max(2 + 4, 4 + 3) = 7$$

(2) 최대허용시간(LT)

최대허용시간이란 전체 공정의 일정 계획에 차질을 초래하지 않는 범위 내에서 각 노드에 최대로 지연이 허용되는 시간이다. 최대허용시간은 마지막 노드(후행작업이 없는 노드)부터 시작하여 공정의 역순으로 계산한다. 정의에 의해서 마지막 노드(노드 n이라고 하자)의 최대허용시간은 노드 n의 최단예상시간과 같다.

$$LT_n = ET_n$$

이제 공정의 역순으로 다음 식에 의해 나머지 노드들에 대한 최대허용시간을 계산한다.

$$LT_i = \min(LT_j - t_{ij}),\ j\text{는 노드 } i\text{의 모든 후행 노드}$$

다시 [그림 8-6]의 네트워크에서 최대허용시간을 계산해 보자. 먼저 마지막 노드 4의 최대허용시간은 다음과 같다.

$$LT_4 = ET_4 = 7$$

노드 3의 후행 노드는 노드 4이므로 LT_3은 다음과 같다.

$$LT_3 = LT_4 - t_{34} = 7 - 3 = 4$$

노드 2의 후행 노드는 노드 3과 노드 4이다. 따라서 LT_2는 다음과 같다.

$$LT_2 = \min(LT_4 - t_{24}, LT_3 - t_{23}) = \min(7-4, 4-2) = 2$$

마지막으로 노드 1의 후행 노드는 노드 1과 노드 2이다. 따라서 LT_1은 다음과 같다.

$$LT_1 = \min(LT_2 - t_{12}, LT_3 - t_{13}) = \min(2-2, 4-1) = 0$$

(3) 활동별 여유시간

각각의 활동별로 여유시간을 나타내는 지표는 총여유시간과 자유여유시간이 있다. 활동 (i, j)의 총여유시간 (TS_{ij})은 특정 활동의 일정 계획 수립에 사용될 수 있는 최대 여유시간을 의미하며, 다음 식으로 계산된다.

$$TS_{ij} = LT_j - ET_i - t_{ij}$$

예를 들어, [그림 8-6]의 네트워크에서 각 활동들의 총여유시간은 다음과 같다.

$$TS_{12} = LT_2 - ET_1 - t_{12} = 2 - 0 - 2 = 0$$
$$TS_{13} = LT_3 - ET_1 - t_{13} = 4 - 0 - 1 = 3$$
$$TS_{23} = LT_3 - ET_2 - t_{23} = 4 - 2 - 2 = 0$$
$$TS_{24} = LT_4 - ET_2 - t_{24} = 7 - 2 - 4 = 1$$
$$TS_{34} = LT_4 - ET_3 - t_{34} = 7 - 4 - 3 = 0$$

자유여유시간(FS_{ij})은 특정 활동이 전체 네트워크 중 다른 어느 활동의 완료 시간도 지연시키지 않는 범위 내에서 지연될 수 있는 시간을 의미한다. 자유여유시간의 계산식은 다음과 같다.

$$FS_{ij} = ET_j - ET_i - t_{ij}$$

[그림 8-6]의 네트워크의 경우, 각 활동별 자유여유시간을 계산한 결과는 다음과 같다.

$$FS_{12} = ET_2 - ET_1 - t_{12} = 2 - 0 - 2 = 0$$
$$FS_{13} = ET_3 - ET_1 - t_{13} = 4 - 0 - 1 = 3$$
$$FS_{23} = ET_3 - ET_2 - t_{23} = 4 - 2 - 2 = 0$$
$$FS_{24} = ET_4 - ET_4 - t_{24} = 7 - 2 - 4 = 1$$
$$FS_{34} = ET_4 - ET_3 - t_{34} = 7 - 4 - 3 = 0$$

이제 공유여유(SS)에 대해 살펴보자. 각 활동별 공유여유는 다음 식과 같이 총여유시간에서 자유여유시간을 뺀 값으로 정의된다.

$$SS_{ij} = TS_{ij} - FS_{ij}$$

(4) 중대경로의 결정

<표 8-3>은 [그림 8-6]의 네트워크에 대한 활동별 여유시간을 정리한 것이다. 이 네트워크에서 총여유시간이 0인 활동들을 연결한 경로가 중대경로가 된다. 따라서 중대경로는 '1 → 2 → 3 → 4'이다. [그림 8-7]은 [그림 8-6]의 네트워크에 대해서, 각 노드별 ET와 LT, 그리고 활동별 총여유시간을 표시한 것이다.

표 8-3 네트워크의 활동별 여유시간

활동	소요시간(t_{ij})	TS_{ij}	FS_{ij}	SS_{ij}
(1, 2)*	2	0	0	0
(1, 3)	1	3	3	0
(2, 3)*	2	0	0	0
(2, 4)	4	1	1	0
(3, 4)*	3	0	0	0

*중대경로상의 활동들

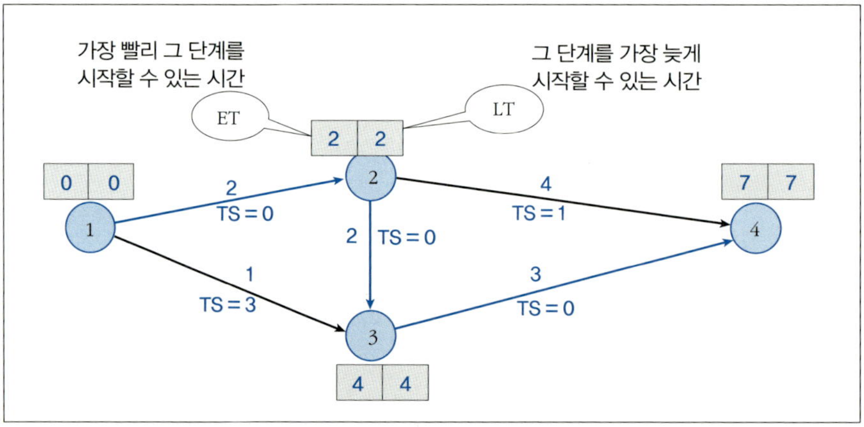

그림 8-7 중대경로의 규명

예제 8.3

[예제 8.2]의 프로젝트 네트워크는 [그림 8-5]와 같다. 이 프로젝트 네트워크의 중대경로를 구해보자.

[예제 8.2]에서 각 노드의 ET와 LT를 계산한 결과는 〈표 8-4〉와 같다. 또한 〈표 8-5〉는 각 활동별 TS를 구한 결과이다.

표 8-4 [예제 8.3]의 ET, LT계산 결과

노드	ET	LT
1	0	min(4−4, 6−3, 6−5)=0
2	0+4=4	6−2=4
3	max(0+3, 4+2)=6	min(12−6, 19−8)=6
4	0+5=5	min(12−1, 6−0)=6
5	max(6+6, 5+1)=12	19−7=12
6	max(6+8, 12+7)=19	19

표 8-5 [예제 8.3]의 TS 계산 결과

활동	t_{ij}	ET_i	LT_j	$TS_{ij} = LT_j - ET_i - t_{ij}$
(1,2)*	4	0	4	0
(1,3)	3	0	6	3
(1,4)	5	0	6	1
(2,3)*	2	4	6	0
(3,5)*	6	6	12	0
(3,6)	8	6	19	5
(4,3)	0	5	6	1
(4,5)	1	5	12	6
(5,6)*	7	12	19	0

* 중대경로상의 활동들

이상의 ET, LT, TS를 네트워크상에 표시하면 [그림 8-8]과 같다. 이 네트워크의 중대경로는 '$1 \rightarrow 2 \rightarrow 3 \rightarrow 5 \rightarrow 6$'이다.

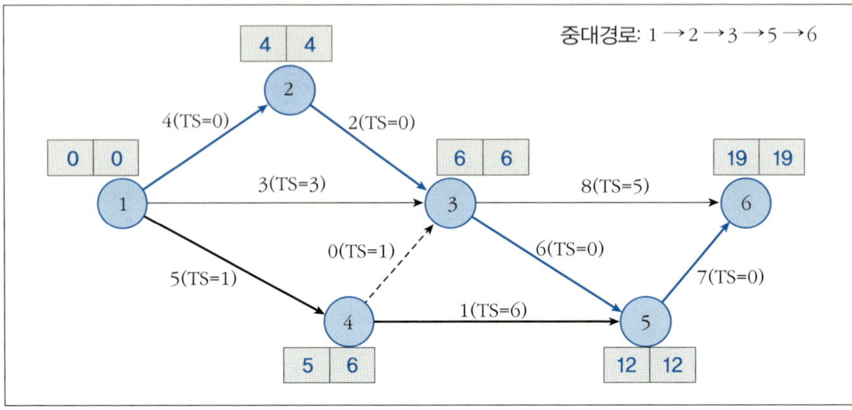

▌그림 8-8▐ [예제 8.3]의 중대경로 규명 네트워크

예제 8.4

다음 [그림 8-9]와 같은 프로젝트 네트워크가 주어져 있다. 여기서 A, B, …, G는 활동을 의미하며 각 활동들의 괄호 안의 숫자는 해당 활동을 수행하는 데 소요되는 시간(단위: 주)이다. 각 노드의 ET와 LT를 구하고, 각 활동별 총여유시간을 계산한 후, 중대경로를 찾아보자.

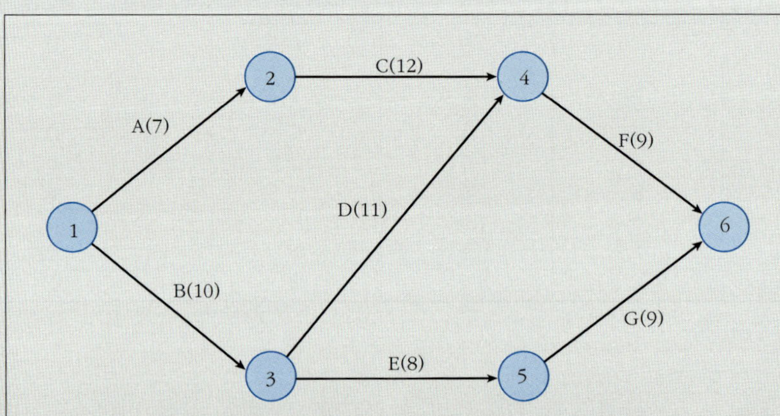

▌그림 8-9▐ [예제 8.4]의 프로젝트 네트워크

먼저 [예제 8.4]의 각 노드에 대한 ET와 LT를 계산하면 〈표 8-6〉과 같다. 또한, 〈표 8-7〉은 각 활동별 TS를 구한 값이다. [그림 8-16]은 이상의 계산 결과를 함께 나타낸 네트워크이다. 이 네트워크의 중대경로는 '1 → 3 → 4 → 6'이다.

▌표 8-6▌ [예제 8.4]의 ET, LT 계산 결과

단계	ET	LT
1	0	0
2	0+7 = 7	21−12 = 9
3	0+10 = 10	min(21−11,21−8) = 10
4	max(7+12,10+11) = 21	30−9 = 21
5	10+8 = 18	30−9 = 21
6	max(21+9,18+9) = 30	30

▌표 8-7▌ [예제 8.4]의 TS 계산 결과

활동(i,j)	t_{ij}	ET_i	LT_j	$TS_{ij} = LT_j - ET_i - t_{ij}$
A(1, 2)	7	0	9	2
B(1, 3)	10	0	10	***0***
C(2, 4)	12	7	21	2
D(3, 4)	11	10	21	***0***
E(3, 5)	8	10	21	3
F(4, 6)	9	21	30	***0***
G(5, 6)	9	18	30	3

〈표 8-6〉과 〈표 8-7〉에서 구한 ET와 LT, 그리고 TS 결과를 이용하여 중대경로를 구하면, 중대경로는 '1 → 3 → 4 → 6'이다. 이상의 결과는 [그림 8-10]에 나타나 있다.

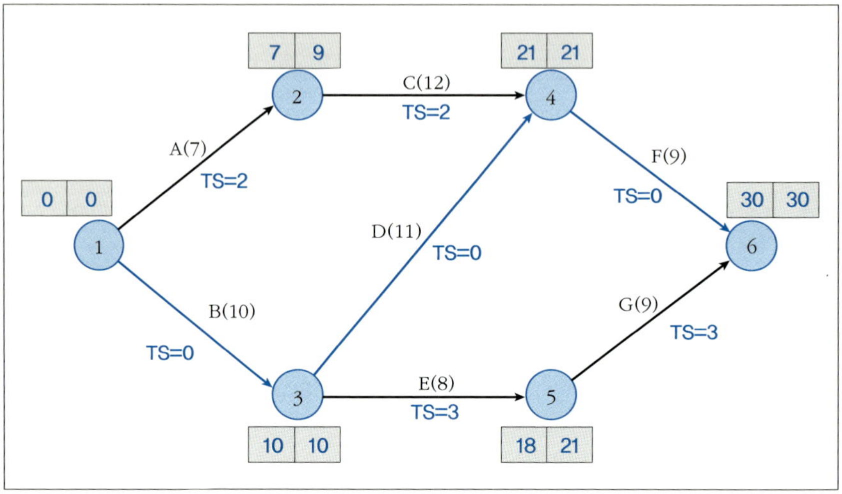

▌그림 8-10▐ [예제 8.4]의 중대경로 규명 네트워크

예제 8.5

[그림 8-11]의 프로젝트 네트워크에서 각 노드의 ET, LT를 구하고, 각 활동의 총여유시간과 자유여유시간을 계산하시오. 중대경로는 어떻게 되는가? 이 네트워크에서 중대경로는 어떤 의미인가? (네트워크의 아크상의 숫자는 각 활동들의 소요시간(단위: 일)이다.)

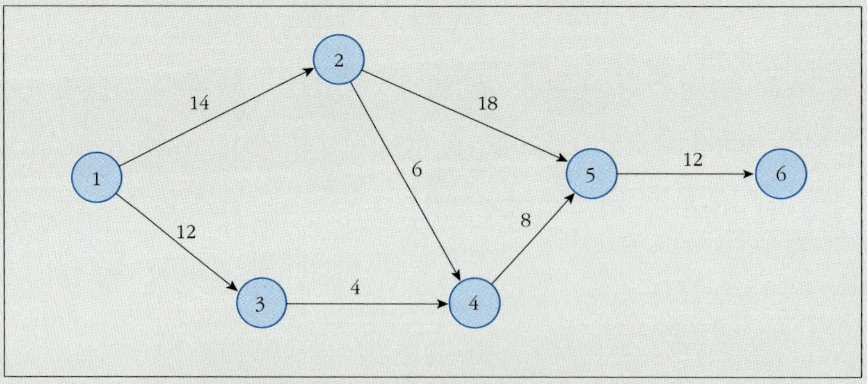

▌그림 8-11▐ [예제 8.5]의 프로젝트 네트워크

〈표 8-8〉은 각 노드의 ET와 LT를 계산한 결과이다. 〈표 8-9〉에 각 활동별 TS와 FS를 구한 값이 나타나 있다.

▌표 8-8▌ [예제 8.5]의 ET, LT 계산 결과

노드	ET	LT
1	0	min(14−14,20−12) = 0
2	0+14 = 14	min(32−18,24−6) = 14
3	0+12 = 12	24−4 = 20
4	max(14+6,12+4) = 20	32−8 = 24
5	max(14+18,20+8) = 32	44−12 = 32
6	32+12 = 44	44

▌표 8-9▌ [예제 8.5]의 TS, FS 계산 결과

활동	t_{ij}	ET_i	ET_j	LT_j	$TS_{ij} = LT_j - ET_i - t_{ij}$	$FS_{ij} = ET_j - ET_i - t_{ij}$
(1,2)*	14	0	14	14	0	0
(1,3)	12	0	12	20	8	0
(2,4)	6	14	20	24	4	0
(2,5)*	18	14	32	32	0	0
(3,4)	4	12	20	24	4	4
(4,5)	8	20	32	32	4	4
(5,6)*	12	32	44	44	0	0

[그림 8-12]는 이상의 계산결과를 함께 나타낸 네트워크이다. 이 네트워크의 중대경로는 '1→ 2→ 5→ 6'이다.

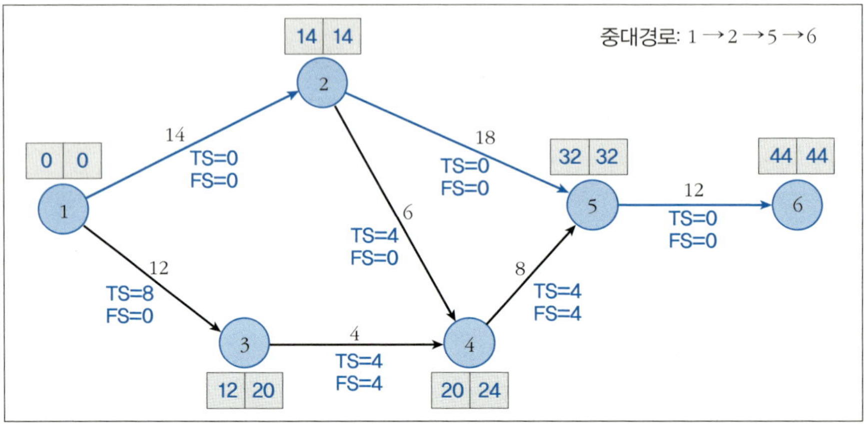

그림 8-12 [예제 8.5]의 중대경로 규명 네트워크

5 • CPM의 비용/시간 분석

프로젝트를 진행해 나가는 과정에서 정상적인 작업 일정보다 프로젝트의 일정을 단축시키고자 할 때에는 프로젝트의 특정 활동에 대한 소요 시간을 단축할 수 있다. 이렇게 일부 활동 혹은 전체 활동에 소요되는 시간을 줄여나가는 과정을 프로젝트 단축(project crashing)이라고 한다. 프로젝트 단축을 위해서는 보통 초과근무나 추가 장비 혹은 인력 투입 등의 방법을 이용한다. 그런데 프로젝트 단축 시에는 초기 예산보다 소요되는 비용이 증가하게 된다. 이렇게 추가 되는 비용에 따른 손실과 일정 단축에 따른 이익 간의 상관관계를 분석하는 것을 CPM의 비용/시간 분석이라고 한다. 이러한 비용/시간 상관관계 분석은 프로젝트 수행에 있어 중요한 의사결정이다. 여기에서는 [예제 8.4]의 프로젝트 네트워크([그림 8-9])를 예로 들어 프로젝트 단축이 어떻게 진행되는지를 설명한다.

〈표 8-10〉은 [예제 8.4]의 프로젝트를 정상적으로 진행할 경우와 단축할 경우의 시간과 비용을 나타낸 것이다. 〈표 8-10〉에서 '긴급'은 해당 활동을 최대한 단축하여 진

행할 수 있는 시간을 의미한다.

예를 들어 활동 D의 정상 작업시간은 11주, 이 활동을 단축할 경우 최대 2주 단축하여 9주에 작업을 수행할 수 있다. 이 경우 주당 25만 원의 비용이 추가되어 이 활동에 소요되는 비용은 정상적인 일정으로 진행 했을 때의 작업비용 400만 원보다 많은 450만 원(400+25×2=450)이 된다.

표 8-10 네트워크 단축에 따른 정보

활동	시간(주)		정상비용 (만 원)	1주 단축에 추가되는 비용(만 원)	최대단축 시 비용(만 원)
	정상	긴급			
A(1,2)	7	5	200	50	300
*B(1,3)**	10	9	300	150	450
C(2,4)	12	11	450	40	490
*D(3,4)**	11	9	400	25	450
E(3,5)	8	7	250	80	330
*F(4,6)**	9	9	500	–	500
G(5,6)	9	8	350	70	420
합계			2450		2940

* 중대경로에 포함된 활동들

이제 모든 활동을 정상적으로 작업했을 경우의 시간과 비용, 그리고 모든 활동을 최대로 단축했을 때의 시간과 비용을 비교해보자. 먼저 정상작업의 경우에는 앞서 [예제 8.4]에서 구한바와 같이([그림 8-10]), 총 30주가 소요되며, 총 비용은 2,450만 원이다. 모든 활동을 단축했을 때의 프로젝트 소요 시간을 구한 결과는 [그림 8-13]과 같이 27주이다. 그리고 이때의 비용은 2,940만 원이다. 따라서 정상적인 작업에 비해 일정은 3주 단축되고 비용은 490만 원 늘어난다. 〈표 8-11〉은 이를 정리한 것이다.

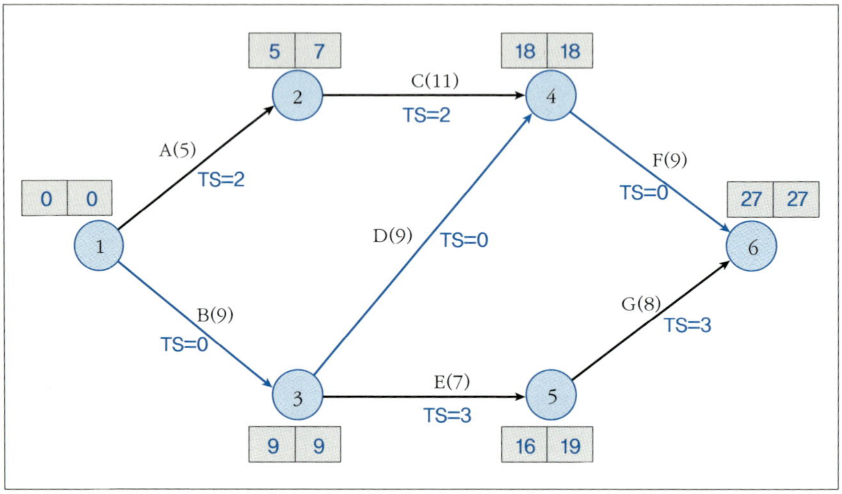

▌그림 8-13▌ 모든 활동을 긴급 처리했을 경우의 네트워크

▌표 8-11▌ 정상작업과 긴급작업의 비교

항목	정상 작업	모든활동을 긴급으로 할 경우	비교
전체일정 총비용	30주 2,450만 원	27주 2,940만 원	3주 단축 450만 원 증가

여기에서 다음과 같은 질문을 생각해 보자.

"프로젝트 기간을 27주로 단축하고자 할 경우, 위의 예와 같이 모든 활동을 최대로 단축해야 하는가? 만약 모든 활동을 단축할 필요가 없다면 어떤 활동을 얼마나 단축하는 것이 가장 효과적인가?"

결론부터 언급하면, 모든 활동을 단축할 필요는 없다. 즉, 모든 활동을 최대로 단축하지 않더라도(비용을 최대로 증가시키지 않더라도), 기간을 27주에 맞출 가능성이 존재한다. 이것이 가능한 이유는 중대경로에 포함된 활동과 중대경로에 포함되지 않은 활동의 특성 때문이다. 중대경로에 포함된 활동의 경우에는 활동의 일정 단축이 전체 일정을 단축시킬 수 있다. 그러나 중대경로에 포함되지 않은 활동은 일정을 단축하더라고 전체 일정은 단축시키지 못하고 비용 증가만 가져오는 비효율적인 상황이 발생할 수 있다. 이러한 비효율적 상황을 극복하기 위한 체계적이고 효과적인 프로젝트 일정단축 절차를 소개한다.

[프로젝트 일정단축 절차]

step 1) 현 프로젝트 네트워크에서 중대경로를 찾는다.

step 2) 기간을 단축할 활동을 찾아 단축한다.

case 1) 중대경로가 하나인 경우: 중대경로상의 활동 중 단위시간당 단축비용이 최소인 활동을 선택

case 2) 중대경로가 두 개 이상인 경우: 단위 시간당 단축 비용이 최소인 활동(공동중대활동)이 모든 중대 경로에 공통으로 포함되어 있을 경우에는 이 활동을 선택하고, 공동중대활동이 없을 경우에는 각각의 중대경로에서 단위시간당 단축비용이 최소인 활동을 선택

step 3) 단축된 활동을 감안한 새로운 네트워크에서 구성하고 중대경로를 찾아 프로젝트 완료시간을 계산한다. 단축하기 전의 네트워크와 기간 차이가 없으면 중단한다. 차이가 있는 경우에는 step 2로 간다.

[예제 8.4]의 프로젝트 네트워크와 〈표 8-10〉의 데이터를 이용하여 프로젝트 단축 과정을 자세히 살펴보자.

첫 번째 단축

step 1) [그림 8-10]에서 이미 구한 바와 같이, 정상적인 작업하에서의 중대경로는 '1→3→4→6'이다.

step 2) 현재 중대경로에 포함되는 활동은 B, D, F이다. 그리고 B의 단위 시간당

단축 비용은 150, D의 단위 시간당 단축비용은 25이다(F는 단축 불가). 가장 단축 비용이 적은 D를 단축하며, 최대 2주 단축하여 9주에 작업을 수행한다. 2주 단축시 추가되는 비용은 25만 원×2주=50만 원으로, 총비용은 2,500만 원(2,450+50)이 된다.

step 3) 활동 D를 단축한 네트워크에서 중대경로를 구한 결과는 [그림 8-14]이다. 중대경로는 '1→2→4→6'과 '1→3→4→6' 두 개이며, 일정은 28주로 2주 단축되었다.

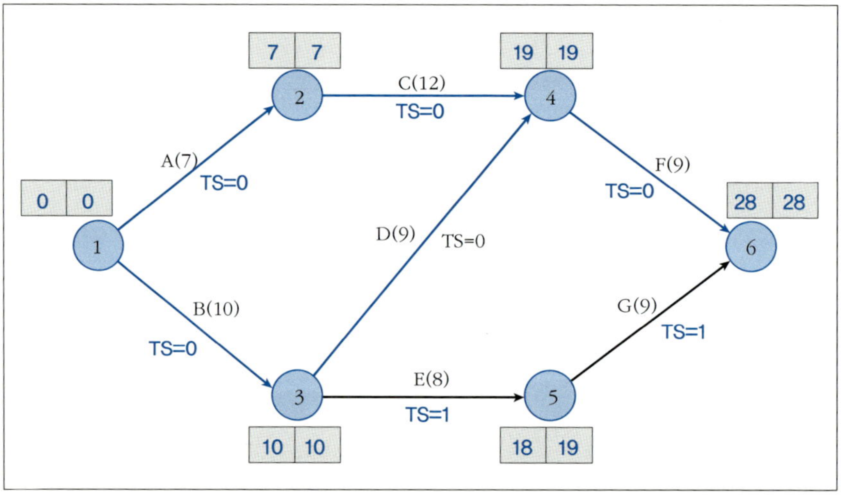

▌그림 8-14▐ 활동 D를 2주 단축한 네트워크에서의 중대경로

두 번째 단축

step 2) [그림 8-14]의 네트워크에는 두 개의 중대경로가 존재한다. 여기에서는 두 중대경로에 모두 포함된 활동 F를 단축하는 것이 가장 유리하나, 활동 F는 단축이 불가능하다. 따라서 다른 활동들 중에서 단축을 시도한다. 첫 번째 중대경로에는 A와 C가 포함되어 있다. 단위 시간당 단축비용은 A는 50, C는 40이다. 따라서 C를 단축한다. C는 1주 단축 가능하다. 두 번째 중대경로에는 B와 D가 포함되어 있다. D는 더이상 단축이 불가능하므로, B를 1주 단축한다. A 1주 단축에 추가되는 비용은 40, B 1주 단축에 추가되는 비용은 150이므로 총 190만 원의 추가 비용이 발생하여, 총비용은 2,690만 원(2,500+190)이 된다.

step 3) 활동 A와 B를 1주씩 단축한 네트워크에서 중대경로를 구한 결과는 [그림 8-15]이다. 중대경로는 '1→2→4→6'과 '1→3→4→6' 두 개이며, 일정은 27주로 추가 1주 단축되었다. 27주는 최대로 단축할 수 있는 기간이므로 더이상 단축이 불가능하다.

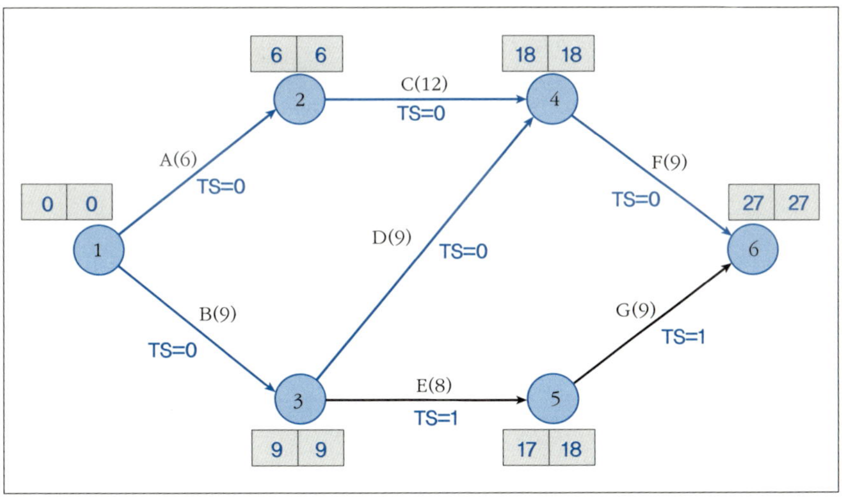

▌그림 8-15▐ 활동 A와 B를 2주씩 추가 단축한 네트워크에서의 중대경로

지금까지의 단축 과정을 거쳐 총 3주(30주→27주)가 단축되었으며, 총 비용은 2,690만 원으로 240만 원 증가하였다. 이를 앞서 모든 활동을 최대로 단축했던 결과인 〈표 8-11〉과 비교해 보면, 일정은 27주로 동일하나 비용은 210만 원(450−240) 차이가 남을 알 수 있다. 이는 프로젝트 단축 과정을 거칠 경우 모든 활동을 단축하지 않아도 전체 일정을 27주로 단축 가능하기 때문에 생긴 차이이다.

이와 같은 결과를 토대로 의사 결정자는 기간 단축으로 인한 이익이 증가되는 비용보다 크다고 판단되면, 전체일정을 조절한다.

예제 8.6

[예제 8.5]에서 프로젝트 네트워크의 중대경로를 구한 결과는 [그림 8-12]와 같다. [그림 8-12]의 결과에 의하면, 이 프로젝트의 각 활동들을 정상적인 작업 조건하에서 진행할 경우, 프로젝트를 완료하는 데는 총 44일이 소요될 것으로 예상된다. 그런데 각 활동들은 추가적인 비용이 투입된다면 더 빠른 시간 내에 작업을 완료할 수 있다. 〈표 8-12〉에 이 프로젝트의 각 활동들에 대한 정상작업 시간 및 긴급 작업 시간, 그리고 정상작업시의 비용과 1일 단축에 추가되는 비용이 정리되어 있다.

표 8-12 네트워크 단축에 따른 정보

활동	시간(일)		정상비용 (만 원)	1일 단축에 추가되는 비용(만 원)	최대단축시 비용(만 원)
	정상	단축			
(1,2)*	14	6	140	10	220
(1,3)	12	8	100	20	180
(2,4)	6	4	80	20	120
(2,5)*	18	14	160	10	200
(3,4)	4	2	40	20	80
(4,5)	8	6	40	10	60
(5,6)*	12	8	80	10	120
			640		980

* 중대경로에 포함된 활동들

(1) 모든 작업을 정상적으로 작업했을 경우의 기간 및 총비용은 어떻게 되는가?
(2) 모든 작업을 단축하여 작업했을 경우의 기간 및 총비용은 어떻게 되는가?
(3) "프로젝트 일정단축 절차"에 따라 일정단축을 수행하라.

(1) 모든 작업을 정상적으로 작업했을 경우의 기간 및 총비용

[예제 8.5]에서 구한 바와 같이 기간은 44일이며, 비용은 640만 원(〈표 8-12〉 참고)이다.

(2) 모든 작업을 단축하여 작업했을 경우의 기간 및 총비용

모든 활동을 단축했을 때의 프로젝트 소요 시간 및 중대경로를 구한 결과는 [그림 8-16]과 같다. 또한 이때의 총비용은 980만 원(〈표 8-12〉 참고)이다. 이는 정상적으로 작업했을 때보다 일정은 16일 단축되고, 비용은 340만 원이 증가한다.

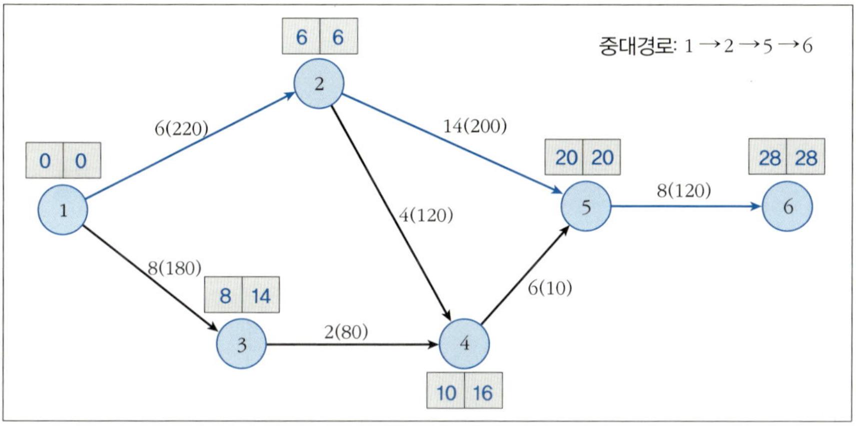

그림 8-16 모든 활동을 긴급 처리했을 경우의 소요시간 및 중대경로

표 8-13 정상작업과 긴급작업의 비교

항목	정상 작업	모든 활동을 긴급으로 할 경우	비교
전체일정 총비용	44일 640만 원	28일 980만 원	16일 단축 340만 원 증가

(3) 프로젝트 일정단축

첫 번째 단축

step 1) 정상적인 작업 시 네트워크에서 중대경로는 '1→2→5→6'이다.

step 2) 중대경로에 포함되는 활동은 (1, 2), (2, 5), (5, 6)이다. 그리고 세 활동의 단위 시간당 단축 비용은 모두 10만 원으로 동일하므로 임의의 활동 (1, 2)

를 선택한다. 활동 (1, 2)의 작업시간은 최대 8일 단축 가능하므로 6일(14−8)이 된다. 그리고 8일 단축분에 해당하는 비용은 80만 원(10만/일×8일) 증가하여 총비용은 720만 원(640+80)이 된다.

step 3) 활동 (1, 2)를 8일 단축한 네트워크는 [그림 8−17]과 같다. 그림에서 활동(아크)상의 숫자는 각 활동의 소요시간이며, 괄호안의 숫자는 최대로 단축했을 때의 소요시간이다. 그리고 아크 아래의 숫자는 1일 단축 시 추가되는 비용(단위: 만 원)이다. 단, 활동 (1, 2)와 같이 더이상 단축이 불가능한 활동은 소요시간만 표시한다. 이 네트워크의 중대경로는 '1→2→5→6'과 '1→3→4→5→6' 두 개가 존재하며, 모두 기간은 36일로 원래의 네트워크보다 단축된다.

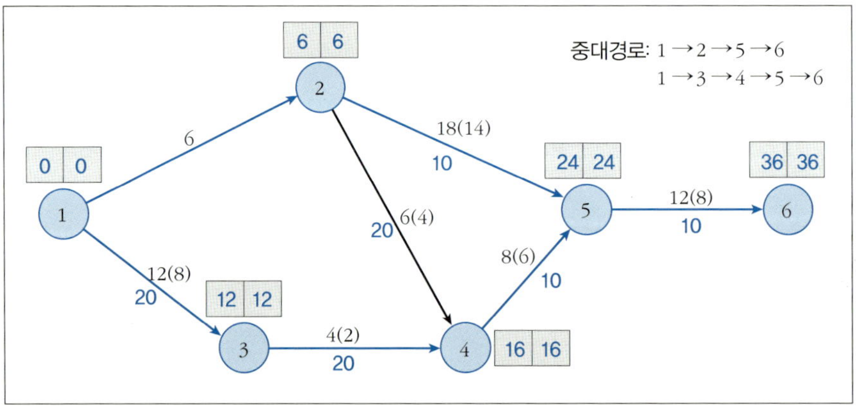

▌그림 8−17▌ 활동 (1,2)를 단축한 네트워크

두 번째 단축

step 2) [그림 8−17]의 네트워크에는 두 개의 중대경로가 존재한다. 여기에서는 두 중대경로에 모두 포함되는 활동 (5, 6)의 시간을 단축하는 것이 가장 유리하다. 이 활동은 최대 4주를 단축시킬 수 있으며, 이때 추가되는 비용은 40만 원(10만 원/일×4일)이며, 총비용은 760만 원(720+40)이 된다.

step 3) 활동 (5, 6)을 단축한 네트워크는 [그림 8-18]과 같다. 그림에서 이 네트워크의 중대경로는 '1→2→5→6' 과 '1→3→4→5→6' 두 개가 존재하며, 모두 기간은 32일로 원래의 네트워크보다 단축된다.

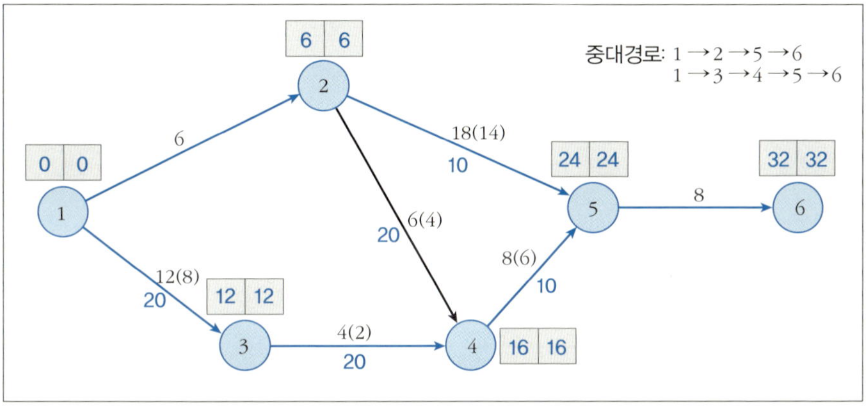

▌그림 8-18▌ 활동 (5, 6)을 추가 단축한 네트워크

세 번째 단축

step 2) 두 번째 과정과 마찬가지로 두 개의 중대경로가 존재한다. 하지만 공동중대경로는 없다. 이런 경우에는 각각의 중대경로를 구성하는 활동을 동시에 단축하여야 한다. 첫 번째 중대경로인 '1→2→5→6'에서는 활동 (2, 5)만이 단축 가능하며, 최대 4일 단축할 수 있다. 두 번째 중대경로인 '1→3→4→5→6'에서는 단위당 단축비용이 가장 최소인 활동 (4, 5)를 선택하며, 최대 2일 단축할 수 있다. 활동 (2, 5)가 최대 4일을 단축할 수 있다고 하더라도 활동 (4, 5)의 가능한 단축일수가 2일이므로 2일을 초과하여 단축하는 것은 프로젝트 전체 일정을 단축시키지는 못한다. 따라서 (2, 5) 역시 2일만 단축한다. 이때 추가되는 비용은 두 활동에서 각각 20만 원씩 총 40만 원이며, 총비용은 800만 원(760+40)이 된다.

step 3) 활동 (2, 5)와 (4, 5)를 단축한 네트워크는 [그림 8-19]와 같다. 그림에서

이 네트워크의 중대경로는 '1 → 2 → 5 → 6' 과 '1 → 3 → 4 → 5 → 6' 두 개가 존재하며, 모두 기간은 30일로 원래의 네트워크보다 단축된다.

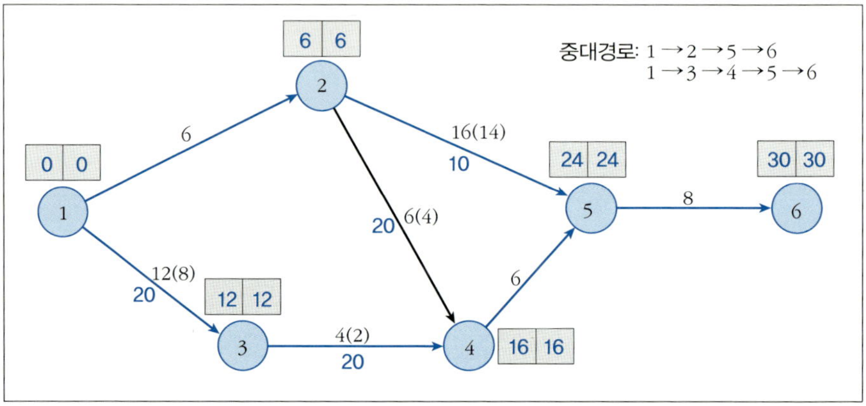

그림 8-19 활동 (2, 5)와 (4, 5)를 추가 단축한 네트워크

네 번째 단축

step 2) 중대경로는 계속 두 개다. 첫 번째 중대경로 '1 → 2 → 5 → 6'에서는 활동 (2, 5)만이 단축 가능하며, 최대 2일 단축할 수 있다. 두 번째 중대경로 '1 → 3 → 4 → 5 → 6'에서는 활동 (1, 3)과 (3, 4)의 단위당 단축비용이 동일하므로 임의로 활동 (3, 4)를 선택한다. (3, 4)는 2주 단축 가능하다. 활동 (2, 5)와 (3, 4) 모두 2주 단축 가능하므로 두 활동 모두 2주씩 줄인다. 이때 추가되는 비용은 활동 (2, 5)에서 20만 원(10만 원×2일), 활동 (3, 4)에서 40만 원(20만 원×2일)으로 합계 60만 원이고 총비용은 860만 원(800+60)이 된다.

step 3) 활동 (2, 5)와 (3, 4)를 단축한 네트워크는 [그림 8-20]과 같다. 그림에서 이 네트워크의 중대경로는 '1 → 2 → 5 → 6' 과 '1 → 3 → 4 → 5 → 6' 두 개가 존재하며, 모두 기간은 28일로 원래의 네트워크보다 단축된다. 28일은 이 네트워크에서 최대로 단축할 수 있는 일정이므로 더이상 단축은 불가능하다.

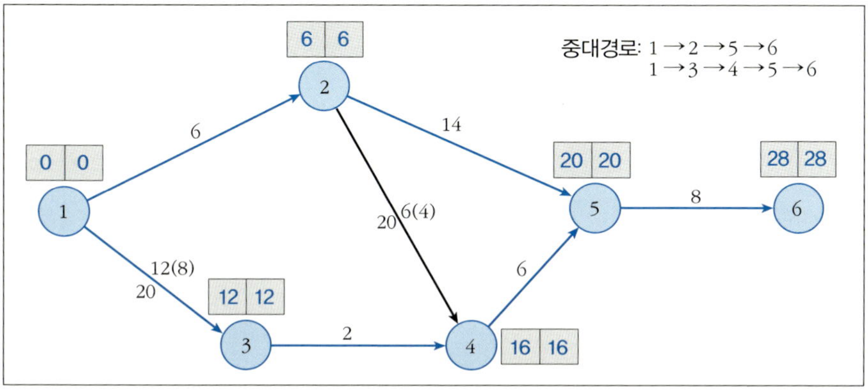

▌그림 8-20▐ 최종 네트워크

지금까지의 단축 과정을 거쳐 총 16일(44일→28일)이 단축되었으며, 비용은 220만 원(640만원→860만 원)으로 증가하였다. [그림 8-21]은 활동별 세부적인 단축일수와 비용증가분을 네트워크에 표시한 것이다. 이를 앞서 모든 활동을 최대로 단축했던 [그림 8-16]과 비교해 보면, 일정은 28일로 동일하나 비용은 120만 원(980-860) 차이가 남을 알 수 있다. 이는 프로젝트단축 과정을 거칠 경우 활동 (1, 3)과 (2, 4)의 단축이 없이도 전체일정을 28일로 단축 가능하기 때문에 생긴 차이이다.

이와 같은 결과를 토대로 의사 결정자는 기간 단축으로 인한 이익이 증가되는 비용보다 크다고 판단되면, 전체일정을 조절한다.

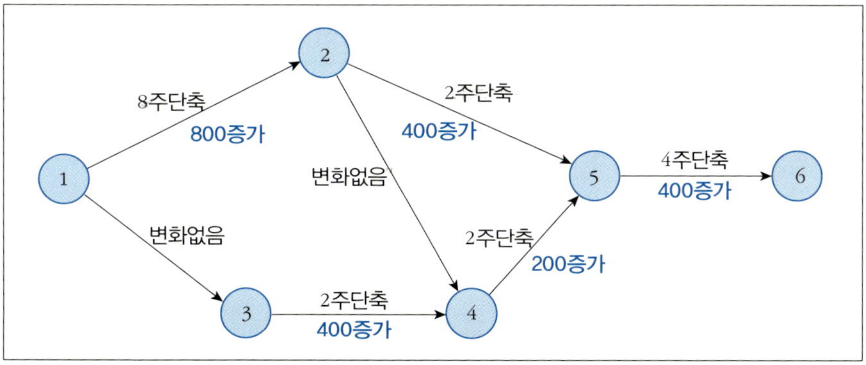

▌그림 8-21▐ 단축된 네트워크 요약

6 • PERT

CPM은 각 활동의 작업 시간을 정확히 예측할 수 있다는 가정을 토대로 하고 있으나, 실제 활동 시간을 정확히 예측하는 것이 어려운 경우가 많다. 이러한 경우에 적용할 수 있는 기법이 PERT이다.

1) PERT의 활동시간 가정

PERT 기법을 적용할 때는 활동 시간에 대한 다음 세 가지 가정을 필요로 한다.

가정 1) 각 활동 시간의 추정치는 다른 활동과는 서로 독립적이며, 베타 분포(β −distribution)를 갖는다.

가정 2) 전체 프로젝트의 총 활동시간은 정규분포를 가지며, 이는 개별 활동의 평균과 분산으로부터 얻어진다.

가정 3) 각 활동 시간은 낙관적(optimistic), 최적(most likely), 비관적(pessimistic) 시간의 세 가지 유형의 추정치를 갖는다.

세 번째 가정의 세 가지 시간추정치의 의미를 살펴보자. 먼저 낙관적 시간은 가장 이상적인 조건하에서 활동을 완료하는 데 걸리는 시간이다. 최적시간은 정상적인 상태 하에서 활동을 완료하는 데 걸리는 시간을 의미한다. 비관적 시간은 기계고장이나 원자재 부족 등 최악의 상황에서 활동을 완료하는 데 걸리는 시간을 뜻한다. 일반적으로 베타 분포의 분포도는 [그림 8-22]와 같은 모양을 띈다.

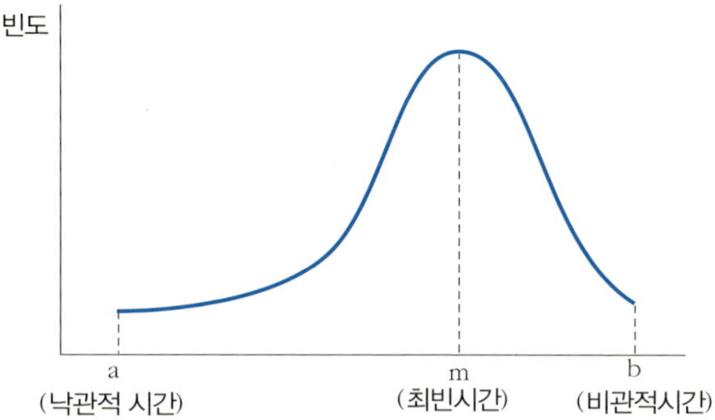

▌그림 8-22▐ 베타분포

활동시간은 베타분포를 가정하므로, 베타분포의 성질에 따라 활동 $(i,\ j)$의 평균(μ_{ij})과 표준편차(σ_{ij})는 다음 식으로 계산한다.

$$\mu_{ij} = \frac{a+4m+b}{6}, \qquad \sigma_{ij} = \frac{b-a}{6}$$

여기서, a: 낙관적 시간 추정치
m: 최빈 시간 추정치
b: 비관적 시간 추정치

2) PERT를 활용한 프로젝트 관리

PERT는 프로젝트의 활동시간이 불확실하므로 전체 프로젝트 일정에 대한 예측치(확률값)를 얻어 이를 토대로 프로젝트 관리에 이용할 수 있다. 프로젝트 활동 시간에 대한 세 가지 추정치 $(a,\ m,\ b)$가 주어졌을 때, 전체 프로젝트 일정을 예측하기 위한 절차는 다음과 같다.

step 1) 각 활동별 평균과 표준편차를 구한다.
step 2) 각 활동의 평균 시간을 기준으로 네트워크의 중대경로를 구한다.
step 3) 중대경로상의 활동들의 평균시간의 합 $\mu(cp)$와 표준편차 $\sigma(cp)$를 다음 식으로 구한다.

$$\mu(cp) = \sum_{(i,j) \in CP} \mu_{ij}, \quad \sigma(cp) = \sqrt{\sum_{(i,j) \in CP} \sigma_{ij}^2}$$

여기서 CP는 중대경로에 포함된 활동들의 집합.

step 4) 프로젝트 완료시간(X)은 평균 $\mu(cp)$, 표준편차 $\sigma(cp)$인 정규분포 따르므로, 표준정규분포표를 이용하여 완료시간에 대한 확률을 계산한다.

다음 예제를 통해 PERT 기법을 활용한 프로젝트 관리에 대해 자세히 알아보자.

예제 8.7

[그림 8-23]과 같은 네트워크가 주어져 있다. 네트워크의 활동(아크)상의 숫자는 각각 낙관치(a)/최빈치(m)/비관치(b)의 추정치(단위: 주)이다.

(1) 각 활동들의 평균과 분산을 구하라.

(2) 중대경로를 추정하라.

(3) 이 프로젝트를 29주 내에 완료할 확률은 얼마인가?

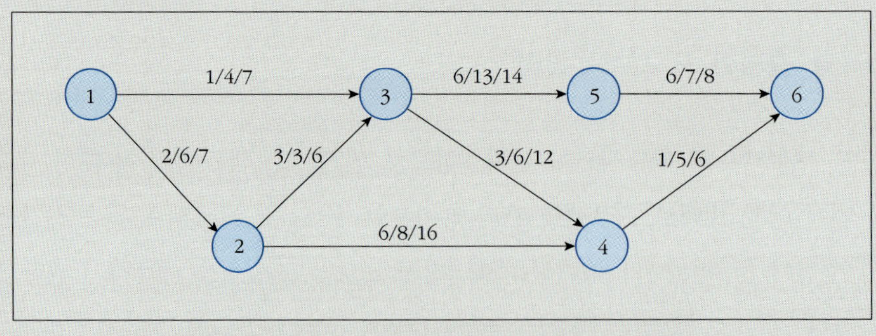

그림 8-23 [예제 8.7]의 프로젝트 네트워크

(1) 각 활동별 평균과 분산을 다음 식을 이용하여 계산하면 다음과 같다.

활동 $(i,\ j)$의 평균: $\mu_{ij} = \dfrac{a+4m+b}{6}$

활동 $(i,\ j)$의 분산: $\sigma_{ij}^2 = \left(\dfrac{b-a}{6}\right)^2$

활동				평균(μ_{ij})	분산(σ_{ij}^2)
	a	m	b		
(1,2)	2	6	7	5.5	0.69
(1,3)	1	4	7	4.0	1.00
(2,3)	3	3	6	3.5	0.25
(2,4)	6	8	16	9.0	2.78
(3,4)	3	6	12	6.5	2.25
(3,5)	6	13	14	12.0	1.78
(4,6)	1	5	6	4.5	0.69
(5,6)	6	7	8	7.0	0.11

(2) 각 노드의 ET와 LT, 그리고 각 활동의 TS를 계산한 결과가 [그림 8-24]에 표시되어 있다. 중대경로는 '1→2→3→5→6'이며 중대경로상의 활동들의 시간의 합 $\mu(cp)$와 표준편차 $\sigma(cp)$는 다음과 같다.

$$\mu(cp) = \mu_{12} + \mu_{23} + \mu_{35} + \mu_{56} = 5.5 + 3.5 + 12.0 + 7.0 = 27.0$$

$$\sigma(cp) = \sqrt{\sigma_{12}^2 + \sigma_{23}^2 + \sigma_{35}^2 + \sigma_{56}^2} = \sqrt{0.69 + 0.25 + 1.78 + 0.11} = 1.68$$

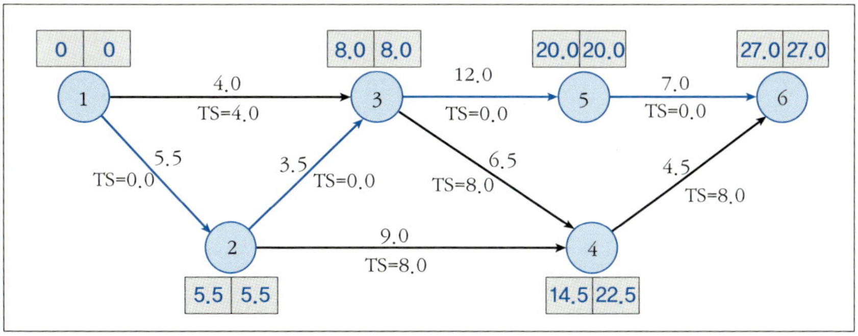

그림 8-24 [예제 8.7]의 추정된 중대경로

(3) 프로젝트 완료시간을 X라고 하면, X는 평균 27.0, 표준편차 1.68인 정규분포이다. 따라서 X가 29주보다 적을 확률은 다음과 같다.

$$\Pr(X \le 29) = \Pr\left(\frac{X-27.0}{1.68} \le \frac{29-27.0}{1.68}\right) = \Pr(Z \le 1.19)$$

여기서 Z는 표준정규분포함수이다. 부록의 표준정규분포표로부터

$\Pr(Z \le 1.19) = .8830$이므로,

즉, 프로젝트 완료시간이 29주 이내일 확률은 88.3%이다.

연 | 습 | 문 | 제

1 간트 차트는 프로젝트 관리에 어떤 단점이 있는가? 프로젝트 네트워크 모형은 간트 차트의 이러한 단점을 어떻게 극복하는가?

2 PERT와 CPM의 공통점은 무엇인가? 또한 차이점은 무엇인가?

3 CPM에서 총여유시간과 자유여유시간은 어떤 차이가 있는지 예를 들어 설명하라.

4 다음과 같이 프로젝트의 각 활동별 선행활동과 소요시간이 주어져 있다. 이 프로젝트를 간트 차트로 작성하라. 프로젝트 완료를 위해 소요되는 기간은 며칠인가?

활동	소요기간(일)	선행활동
A	12	–
B	13	A
C	28	A
D	22	A, B
E	9	C, D
F	18	D
G	6	E, F
H	12	F

5 다음과 같은 프로젝트 정보가 주어져 있다. 이 프로젝트를 프로젝트 네트워크로 작성하라.

활동	소요기간(일)	선행활동
A	4	–
B	7	–
C	6	B
D	4	A
E	9	A, C
F	13	B
G	5	E, F
H	7	G

연 | 습 | 문 | 제

6 다음과 같은 프로젝트 정보가 주어져 있다. 네트워크가 주어져있다. 이 프로젝트의 모든 활동은 정상작업시간의 30%까지 단축할 수 있으며, 주당 단축비용은 표에 나타나 있다.

활동	정상작업 시 소요기간(주)	선행활동	주당 단축비용
A	12	–	5
B	9	–	20
C	10	A	20
D	15	A	50
E	10	A	3
F	7	B	5
G	10	E	8
H	21	F	10
I	28	B	10
J	4	D	12
K	4	G, H, I	10
L	6	C, J, K	15

(1) 이 프로젝트의 프로젝트 네트워크를 작성하라.

(2) 정상적인 작업조건하에서 중대경로는 어떻게 되는가? 또한 프로젝트 소요기간은 얼마인가?

(3) 이 프로젝트를 5일 단축하고자 한다. 프로젝트 단축기법을 이용하여 새로운 중대경로를 구하라. 어떤 활동이 얼마씩 단축되는가? 그리고 단축에 따른 추가비용은 얼마인가?

7 다음과 같은 프로젝트 네트워크가 주어져 있다.

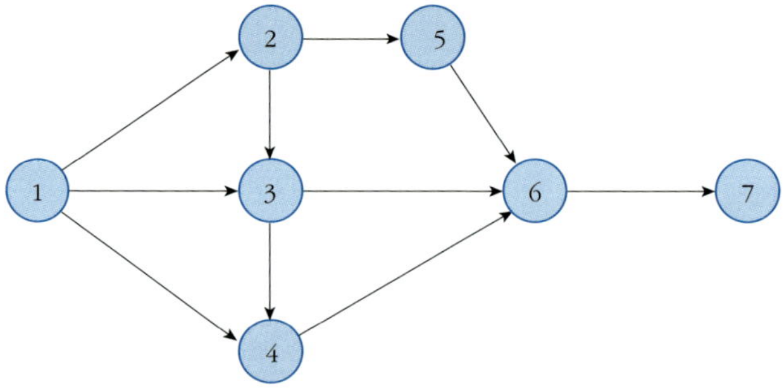

이 프로젝트의 활동 시간에 대하여 전문가들의 의견을 구한 결과, 다음 표와 같은 세 가지 종류의 시간추정치(단위: 일)를 얻었다.

연 | 습 | 문 | 제

활동	낙관적 추정치	최빈 추정치	비관적 추정치
1→2	2	3	10
1→3	3	4	5
1→4	3	3	3
2→3	2	2	2
2→5	4	4	10
3→4	2	2	2
3→6	2	9	10
4→6	2	5	8
5→6	2	2	8
6→7	3	5	7

(1) 이 프로젝트의 중대경로를 구하고, 프로젝트 완료시간에 대한 추정치를 구하라.

(2) 이 프로젝트를 22일 내에 마칠 확률은 어떻게 되는가?

8 다음과 같은 프로젝트 네트워크가 주어져 있다. 여기서 A, B, ⋯, G는 활동을 나타낸다.

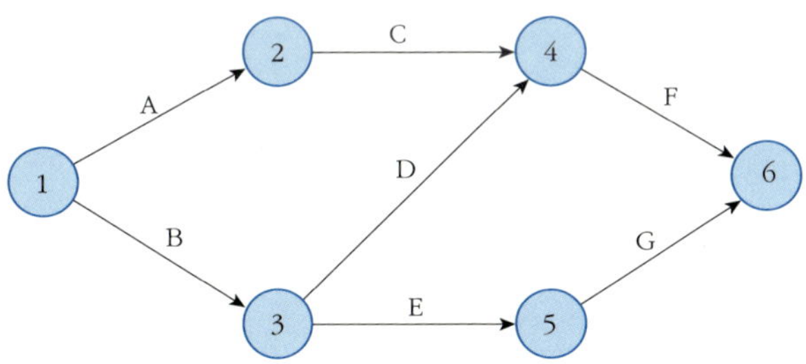

각 활동들은 정상 혹은 긴급한 방식으로 수행이 가능하며, 각 방식별 소요 시간 및 비용은 다음과 같다.

활동	시간(주)		비용(만 원)	
	정상	긴급	정상	긴급
A	7	6	200	250
B	11	8	300	450
C	12	10	450	530
D	11	7	400	500
E	8	7	250	330
F	9	8	500	570
G	9	8	350	410

연 | 습 | 문 | 제

(1) 정상적으로 작업을 진행할 경우, 중대경로와 완료시간, 그리고 총비용을 구하라.

(2) 모든 작업을 긴급하게 진행할 경우, 중대경로와 완료시간, 그리고 총비용을 구하라.

(3) 두 가지 경우의 비용 차이는 얼마인가? 이 프로젝트의 모든 작업을 단축할 필요가 있는가?

(4) 프로젝트 단축기법을 이용하여 프로젝트 단축을 실행하라. 어떤 활동이 얼마나 단축되는가?

management science

Chapter 9

예측이론

CHAPTER 09 management science

예측이론

1 • 서론

수요예측(demand forecasting)이란 미래의 수요를 예상하는 것이다. 제품 혹은 서비스에 대한 수요예측은 기업의 각종 의사결정에 대한 기초를 제공한다. 미래의 수요에 대한 예측치는 기업의 제품 및 서비스에 대한 계획 수립에 반영될뿐만 아니라, 시설 및 능력계획의 수립에도 영향을 끼치게 된다. 기업은 이렇게 수립된 생산계획을 토대로 향후의 인력계획과 자재수급계획 그리고 재고관리계획 및 수송계획 등 다양한 기업운영을 위한 의사결정을 하게 된다. 따라서 수요예측은 기업의사결정의 기초가 되는 중요한 의사결정이라고 할 수 있다.

하지만 기업의사결정의 근원에는 고객 수요의 예측이 있음에도 불구하고 근본적으로 너무 많은 기업 내외부의 불확실성으로 인해 수요를 정확히 예측하는 것은 상당히 어려운 일이다. 그럼에도 불구하고, 어떤 경우에는 과거의 수요 자료를 잘 살펴보면 일정한 패턴을 따른다는 것을 볼 수 있으며, 이를 근거로 미래 수요의 예측을 위한 근거로 활용할 수 있다. 예를 들어 겨울철이 다가오면 패팅 잠바의 수요가 증가하고, 노드북이나 데스크탑의 수요가 학기 초를 전후로 증가함을 알 수 있다. 또한, 숙박업수의 수요나 항공기 승객의 수는 휴가철이나 피크 시즌에 증가하는 패턴을 볼 수 있는데, 이러한 패턴에 근거하여 미래의 수요를 예측할 수 있다. 이렇게 일정한 패턴으로 시간에 따라 주기적으로 변하는 수요 값들을 시계열(time series)이라고 한다. 제품이나 서비스의 과거 수요를 장기적이고 지속적으로 살펴보면 일정한 형태의 시계열이 존재함을 알 수 있는데, 이 책에서는 시계열의 유형을 크게 3가지로 구분하여 살펴보고자 한다.

첫째는 수요가 거의 큰 변화 없이 평균을 중심으로 거의 일정한 형태를 띠는 경우로써, 수요의 변동이 확률적 요인에 의해서만 나타나는 경우이다. 〈표 9-1〉은 확률적 요인에 의해 평균적인 변동만 존재하는 경우의 시계열 데이터의 예이다. [그림 9-1]은 〈표 9-1〉을 그래프로 나타낸 것으로, 1주차부터 8주차까지의 수요는 시간에 따라 증가(또는 감소)하는 경향성이 없으며, 특정 시점(가령 짝수 달)에 수요가 증가하는 등의 패턴도 보이지 않는다는 것을 알 수 있다. 수요는 20에서 30사이에 랜덤하게 변동하는 것처럼 보인다. 이러한 시계열 패턴은 평균적인 변동만 존재하는 경우의 예이다.

표 9-1 시계열 데이터의 예(1)

월	신규 고객 수
1	20
2	24
3	30
4	27
5	23
6	26
7	21
8	28

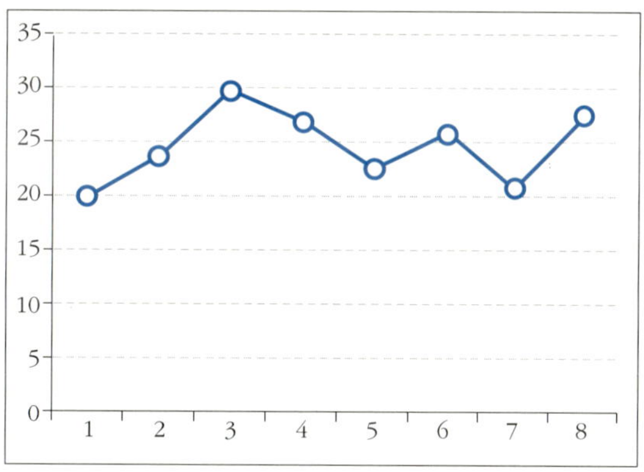

그림 9-1 평균적인 변동이 있는 시계열 데이터

둘째는 추세 혹은 특정한 경향성을 보이는 경우이다. 이를 추세변동이라고 하는데, 추세변동은 수요가 시간이 지남에 따라 지속적으로 증가하는 경향을 보이거나 감소하는 경향을 보이는 경우를 말한다. 예를 들어, 최근 몇 년간 우리나라의 출산율 저하로 인해 산부인과 고객수가 지속적으로 줄어드는 추세를 보이고 있는데, 이러한 경우가 추세변동에 해당한다. 이러한 추세변동은 인구 변화나 소득 수준의 변화 등으로 인해서 발생되는 것이 일반적이다. 〈표 9-2〉의 시계열 데이터를 살펴보자. 이 데이터를 그래

프로 표시한 것이 [그림 9-2]으로, 추세변동이 존재함을 볼 수 있다.

▌표 9-2▐ 시계열 데이터의 예(2)

월	신규 고객 수
1	101
2	116
3	165
4	209
5	264
6	301
7	322
8	354

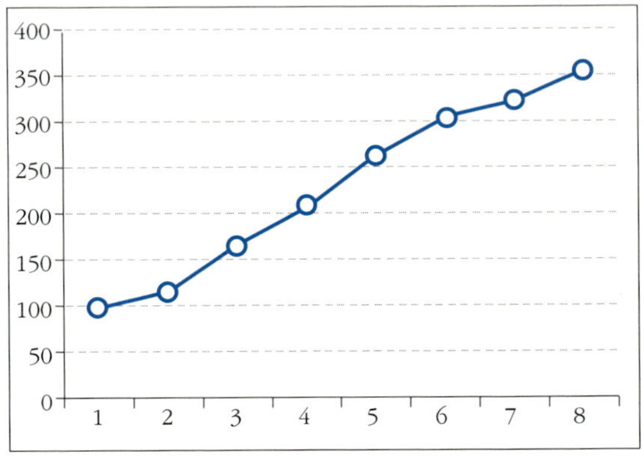

▌그림 9-2▐ 추세변동이 있는 시계열 데이터

셋째는 계절적 변동이다. 수요가 연중 휴가철 등 특별한 경우에 증가하거나, 혹은 하루 중 특정 시간대, 월중 특정일에, 수요가 증가하거나 감소하는 경우를 보이는 경우이다. 할인 마트의 하루 중 고객 수가 다른 시간에 비해서 오후 5시부터 7시 사이에 증가하거나, 중고차의 수요가 여름 휴가철 직전에 증가하는 경향을 나타내는 것이 예가 되겠다. 이러한 계절적 변동은 날씨의 변화나 문화나 관습 등의 원인으로 나타나게 되는데, 시간대별, 요일별, 월별, 계절별 수요 변화가 일어나는 경우이다. 〈표 9-3〉은 최근 3년간의 에어컨 수요를 나타낸 예이다. 이 시계열 자료를 보면, 매년 수요는 60~68만 대로 평균적인 변동을 보이고 있으나, 특정분기(2분기)에 수요가 집중되고 있음을 알 수

▌표 9-3▐ 계절변동이 있는 시계열 데이터

기간(분기)	기간별 수요(단위: 만 대)		
	2017년	2018년	2019년
1	10	13	12
2	32	36	35
3	14	12	12
4	4	7	5
계	60	68	64

있다. 이러한 유형의 시계열을 계절적 변동이 있는 수요라고 한다.

실제 시계열 데이터는 이 세 가지 유형 중 특정한 한 가지로만 표현되는 경우보다는 여러 가지 복합적인 유형으로 나타나는 것이 일반적이다. 예를 들어 [그림 9-3]을 최근 3년 동안의 어느 호텔의 방문객 수라고 하자. 내년도 고객 수를 예측하고자 과거의 데이터를 살펴보니, 매년 고객이 늘어나고 있으며, 또한 2분기에 고객수가 특히 많음을 알 수 있는데, 이러한 유형의 시계열은 추세변동과 계절 변동이 복합적으로 존재하는 경우이다.

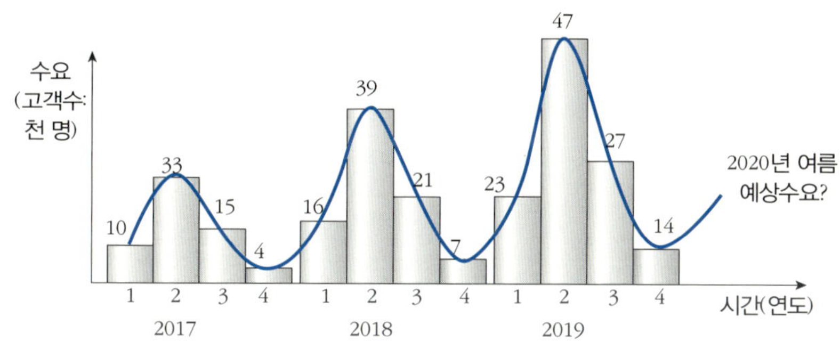

[그림 9-3] 복합적인 변동(추세+계절)이 존재하는 시계열 데이터

수요예측이 근본적으로 어려운 이유는 확률적 변동 때문이다. 아무리 정교한 수리적 예측모형을 개발하고 많은 데이터를 확보하고 있다고 하더라도 확률적인 변동은 예측자가 컨트롤할 수 없는 우연에 의한 변동이다. 따라서 어떠한 예측기법도 오차가 발생할 수밖에 없는데 근본적으로 수요예측은 얼마나 오차가 적은 예측모형을 개발하여 적용하는가에 성패가 달려있다.

이 장에서는 시계열 데이터를 활용하여 계량적으로 수요를 예측하는 다양한 시계열 예측 모형에 대해 살펴본다. 시계열 모형은 과거의 수요행태가 미래에도 지속될 것이라는 가정에 근거한 모형이다. 이때 과거 시간이 독립변수가 되며, 시간에 따라 변하는 수요가 종속 변수가 된다. 시계열 모형에서는 독립변수가 단순한 시간의 흐름이므로 독립변수는 고려하지 않고 종속변수만을 고려하여 종속변수의 과거 패턴을 형성한 수요

요소들을 식별하여 미래를 예측하는 모형이다. 여기에서는 평균적 변동, 추세변동, 계절적 변동이 있는 시계열 데이터를 활용한 시계열 모형에 대해 살펴본다. 먼저 평균적인 변화에 확률적 변동만이 포함되어 있는 경우에 적용할 수 있는 이동평균법과 지수평활법에 대해 다룬다. 그리고 추세가 있는 경우에 적용할 수 있는 추세조정지수평활법을 다룬다. 마지막으로 계절적 변동이 존재하는 경우에 사용되는 모형에 대해서 다룬다.

2 • 평균적 변동이 있는 경우의 예측기법

현실적으로 예측을 위해 사용될 수 있는 가장 초보적인 방법(naive forecast)은 바로 직전의 수요량이 다음 기간의 수요가 될 것이라고 예측하는 것이다. 예를 들어 〈표 9-1〉의 현시점이 8월 말이고, 9월의 수요를 예측하고자 할 때, 8월의 실제 수요량 28을 9월의 수요예측치로 사용하는 것이다.

이 예측방법은 추세를 감안한 예측에서도 활용될 수 있다. 바로 직전 2기간 동안의 실제 수요의 변화량만큼을 다음 기간의 수요예측에 반영하여 예측하는 것이다. 〈표 9-2〉의 7월 실제 수요는 322이고, 8월의 실제 수요는 이보다 32(354−322) 증가한 354이다. 따라서 이를 근거로 9월의 수요를 354+32=386이라고 예측하는 것이다. 만약 한달이 더 경과하여 9월의 400이라고 가정하자. 그러면 10월의 수요는 400−354=46을 감안하여 400+46=446이라고 예측하는 방식이다.

이러한 예측 방식은 특별한 학습이 없이도 예측이 가능한 아주 단순한 형태의 예측법으로, 평균이나, 추세변동, 계절적 변동 등이 큰 변화 없이 오차가 적을 경우에 간단하게 적용할 수 있는 장점이 있다. 그러나 실제 수요의 확률적 변동이 클 경우에는 예측의 정확성이 상당히 떨어질 우려가 커서 활용성이 떨어진다. 여기에서는 보다 과학적인 예측기법인 이동평균법과 지수평활법에 대해 알아보자.

1) 단순이동평균법

이동평균법은 과거의 시계열 데이터 평균을 이용하여 예측하는 단순이동평균법(simple moving average method)과 과거 데이터에 가중치를 부여한 평균을 이용하는 가중이동평균법(weighted moving average method)이 있다. 이중, 단순이동평균법에 대해 먼저 살펴보자.

단순이동평균법은 시계열 자료에 추세나 계절적 변동이 존재하지 않고 평균적 추세와 확률적 변동만이 존재하는 경우에 유용한 예측기법이다. 이 방법은 최근 n 기간 동안의 수요의 평균을 다음 기의 예측치로 활용하는 기법이다. 시간이 흘러 다음 기의 실제 수요를 알게 되면 가장 오래된 실제수요는 제외하고 최근 수요를 추가하여 다시 다음 기의 수요를 예측한다. 이 방식은 항상 최근 n기간 동안의 수요로 이동하면서 예측치를 구하게 된다. 현 시점을 t기 말이라고 하고 예측하고자 하는 다음 기를 $t+1$이라고 하면 $t+1$기의 예측치 F_{t+1}은 다음 식으로 구한다.

$$F_{t+1} = \text{최근 } n\text{기간 동안의 수요의 평균} = \frac{D_t + D_{t-1} + \cdots + D_{t-n+1}}{n}$$

여기서 F_{t+1}: $t+1$기의 예측값

D_t: t기의 실제 수요값

n: 예측에 사용되는 기간

다음 예제를 통해 단순이동평균법이 어떻게 적용될 수 있는지 살펴보자.

예제 9.1

다음과 같은 시계열 데이터가 주어졌다.

월	신규 고객 수
1	20
2	24
3	30
4	27
5	23
6	26
7	21
8	28

(1) 4주 이동평균법을 적용할 경우, 9주차의 예측치는 얼마인가?

(2) 시간이 지나 9주차의 실제 수요가 26이었다. 4주 이동평균법을 이용하여 10주차의 예측치를 구하라.

(3) 만약 3주 이동평균법을 이용하여 9주차를 예측할 경우, 그 값은 얼마인가? (1)에서 구한 4주 이동평균법에 의한 예측치와는 어떻게 다른가?

여기서 $n=4$일 때, F_9와 F_{10}은 각각 다음과 같이 구할 수 있다.

(1) $F_9 = \dfrac{28+21+26+23}{4} = 24.5$

(2) $F_{10} = \dfrac{26+28+21+26}{4} = 25.25$

$n=3$인 경우, F_9는 다음과 같다.

(3) $F_9 = \dfrac{28+21+26}{3} = 25$

이는 4주 이동평균법으로 구한 예측치 24.5와 0.5의 차이가 있다.

단순이동평균법은 [예제 9.1]의 (1), (3)과 같이 기간($n=3$ or 4)에 따라 그 예측치가 다르게 나타날 수 있다. 예측을 위해 사용할 과거 자료의 개수(n)는 의사결정자가 원하는 기간만큼 사용할 수 있으나, 시계열 자료의 안전성에 따라 그 기간은 달라질 수 있다. 과거 수요가 안정적이라는 말은 이동기간에 따라 예측값이 크게 달라지지 않는다는 것을 의미한다. 과거 자료(실제 수요값)의 변동이 클수록(불안정) 가급적 n은 작게 하는 것이 좋으며, 변동이 작으면 n값을 크게 할 수 있다. n이 클수록 수요변화에 반응하는 정도는 둔감하며, 반대로 n이 작으면 수요변화에 민감하게 반응한다.

2) 가중이동평균법

단순이동평균법은 바로 전기의 자료나 그보다 오래된 자료나 모두 똑같은 비중으로 예측에 활용된다. 그러나 오래된 자료보다 최근의 자료가 더 의미가 클 수 있다는 전제하에서는 최근 자료에 더 큰 가중치를 두어 이동평균을 구할 수 있다. 이러한 방식으로 이동평균을 계산하여 예측하는 방법을 가중이동평균법이라고 한다. 가중이동평균법은 단순이동평균법과 유사하나, 최근자료에 더 큰 가중치를 둔다는 데 차이가 있다. 가중치의 합은 1로 하여 최근 자료일수록 더 큰 가중치를 부여하여 평균을 구하고 이를 다음 기의 예측치로 사용한다. 가중이동평균법을 이용한 예측치는 다음과 같이 구한다.

$$F_{t+1} = \alpha_t D_t + \alpha_{t-1} D_{t-1} + \cdots + \alpha_{t-n+1} D_{t-n+1}$$

여기서, $\alpha_t + \alpha_{t-1} + \cdots + \alpha_{t-n+1} = 1$

$$\alpha_t \ge \alpha_{t-1} \ge \cdots \ge \alpha_{t-n+1}$$

가중치는 의사결정자가 정한다. 3주 가중이동평균법을 이용하고, 가장 최근 자료의 가중치를 0.5, 그 전기의 가중치를 0.3, 가장 오래된 자료의 가중치를 0.2로 할 경우, 다음과 같이 구하게 된다.

$$F_{t+1} = 0.5D_t + 0.3D_{t-1} + 0.2D_{t-2}$$

[예제 9.1]의 자료에서 9주차의 수요를 4주 가중이동평균법을 이용하여 예측하고자 한다. 가중치는 가장 최근의 자료부터 차례로 0.4, 0.3, 0.2, 0.1을 적용하여 예측하면,

$$\begin{aligned} F_9 &= 0.4 \times 28 + 0.3 \times 21 + 0.2 \times 26 + 0.1 \times 23 \\ &= 11.2 + 6.3 + 5.2 + 2.3 = 25.0 \end{aligned}$$

이 된다. 단순이동평균법의 예측 결과인 24.5와 차이가 남을 알 수 있다.

가중이동평균법은 단순이동평균법에 비해 최근의 자료에 높은 가중치를 부여함으로써 최근의 수요변화에 민감하게 반응할 수 있다는 점이다. 하지만, 가중이동평균도 근본적으로는 단순이동평균과 마찬가지로 과거 수요의 평균을 이용하는 것이기 때문에 추세가 있을 경우에는 추세변동을 반영할 수 없는 한계가 있다. 또한, 사용하는 데이터의 양(n)이 많으면 보관해야 할 자료가 그만큼 많아지는 단점이 있다.

3) 지수평활법

지수평활법(exponential smoothing method)은 과거 자료의 평균을 이용하되, 최근 자료에 더 많은 가중치를 부여한다는 점에서 일종의 가중이동평균법이다. 하지만 이 기법은 가중이동평균법보다 발전된 형태로써 계산에 필요한 자료가 적고 계산이 쉽다는 점에서 현실에서 많이 이용되는 예측기법 중의 하나이다. 가중이동평균의 계산에서 과거 n기간 동안의 수요 자료와 n기간 각각의 가중치가 필요한 반면에 지수평활법에서는 3가지 자료만 있으면 예측치를 구할 수 있다. 이 3가지 자료는 다음과 같다.

F_t: 이번 기에 구한 예측치

D_t: 이번 기의 실제 수요

α: 평활 상수($0 \leq \alpha \leq 1$)

그러면 지수평활법을 이용한 다음기의 예측치 F_{t+1}은 다음과 같다.

$$F_{t+1} = \alpha D_t + (1-\alpha)F_t$$

여기에서 $\alpha(0 \le \alpha \le 1)$는 평활상수이다. 이 공식을 다르게 표현하면, 다음과 같이 나타낼 수 있다.

$$\begin{aligned} F_{t+1} &= \alpha D_t + (1-\alpha)F_t \\ &= \alpha D_t + F_t - \alpha F_t \\ &= F_t + \alpha(D_t - F_t) \end{aligned}$$

식 $F_{t+1} = F_t + \alpha(D_t - F_t)$의 의미를 살펴보면, 다음기의 예측치 F_{t+1}은 이번기의 예측치(F_t)에 이번기의 실제 값과 예측 값의 차이($D_t - F_t$)에 일정 값을 보정(α)하여 조정해 준 것이다.

예제 9.2

[예제 9.1]의 시계열 자료에 대해서 다음 예측치를 구하라.

(1) 현시점을 3주 말이라고 가정하고 4주차의 신규 고객수를 지수평활법을 이용하여 예측하라. 단 평활상수는 0.1을 이용하라. 단, 1주차의 예측치 F_1은 경험적으로 구한 23을 이용한다.

(2) 5주차 신규 고객의 예측치를 구하라.

(1) 4주차의 예측치 F_4는 $F_4 = 0.1D_3 + 0.9F_3$로부터 구할 수 있다. 여기서 F_3는 식 $F_3 = 0.1D_2 + 0.9F_2$로부터 구할 수 있고, 마찬가지로 F_2는 식 $F_2 = 0.1D_1 + 0.9F_1$로부터 구할 수 있다. 그러면, F_2와 F_3는 각각 다음과 같다.

$$F_2 = 0.1D_1 + 0.9F_1 = 0.1 \times 20 + 0.9 \times 23 = 22.7$$

$$F_3 = 0.1D_2 + 0.9F_2 = 0.1 \times 24 + 0.9 \times 22.7 \cong 22.8$$

따라서 예측하고자 하는 4주차 예측치 F_4는 다음과 같다.

$F_4 = 0.1D_3 + 0.9F_3 = 0.1 \times 30 + 0.9 \times 22.8 \cong 23.5$이다.

(2) $F_5 = 0.1 \times D_4 + 0.9 \times F_4 = 0.1 \times 27 + 0.9 \times 23.5 = 23.8$이다.

지수평활법을 이용한 예측의 의미를 조금 더 살펴보자.

$F_{t+1} = \alpha D_t + (1-\alpha)F_t$ 을 계속 전개하면,

$$\begin{aligned} F_{t+1} &= \alpha D_t + (1-\alpha)F_t \\ &= \alpha D_t + (1-\alpha)[\alpha D_{t-1} + (1-\alpha)F_{t-1}] \\ &= \alpha D_t + \alpha(1-\alpha)D_{t-1} + (1-\alpha)^2 F_{t-1} \\ &= \alpha D_t + \alpha(1-\alpha)D_{t-1} + (1-\alpha)^2[\alpha D_{t-2} + (1-\alpha)F_{t-2}] \\ &= \alpha D_t + \alpha(1-\alpha)D_{t-1} + \alpha(1-\alpha)^2 D_{t-2} + (1-\alpha)^3 F_{t-2} \\ &= \cdots \\ &= \alpha D_t + \alpha(1-\alpha)D_{t-1} + \alpha(1-\alpha)^2 D_{t-2} + \cdots + \cdots + \alpha(1-\alpha)^{t-1}D_1 \\ &\quad + (1-\alpha)^t F_1 \end{aligned}$$

가 된다. 위 식을 보면, 다음기의 예측치 F_{t+1}은 α와 초기예측치 F_1, 그리고 과거의 수요 자료에 의해서 결정됨을 알 수 있다. 보통 초기 예측치 F_1은 과거의 유사한 상황의 자료나 정성적인 예측 방법을 통해서 결정된다.

평활상수는 과거 수요에 부여되는 가중치라고 할 수 있다. 이는 가중이동평균법과 같은 의미이나, 가중치의 부여가 최근자료부터 더 오래된 자료로 갈수록 지수적으로 작아지게 된다. 이 평활상수는 0과 1사이의 값을 갖는데, 1에 가까운 값을 가질수록 최근 수요의 변화에 민감하게 반응하게 되고, 반대로 0에 가까운 값을 가질수록 실제 수요예측치는 수요 변화에 둔감하게 반응한다. 실제 예측에 있어서 지수평활법을 적용할 경우, 이 평활상수값을 다양하게 변화시켜 가면서 가장 오차가 작은 평활상수값을 찾아서 적용하는 것이 중요하다.

3 • 추세변동이 있는 경우의 예측기법

먼저 다음 예를 살펴보자.

예제 9.3

다음 시계열 데이터는 어느 여성복 매장의 지난 4주간의 고객 수를 나타낸 것이다.

기간(주)	수요(고객수)
1	10
2	22
3	29
4	39

1주차의 초기예측값을 $10(F_1 = 10)$, 평활상수는 $\alpha = 0.3$이라고 할 때, 지수평활법을 이용하여 2주부터 4주차까지의 예측치는 어떻게 되는가?

[예제 9.3]의 예측결과는 다음과 같다.

$$F_2 = 0.3D_1 + 0.3F_1 = 0.3 \times 10 + 0.3 \times 10 = 10.0$$

$$F_3 = 0.3D_2 + 0.7F_2 = 0.3 \times 22 + 0.7 \times 10 = 13.6$$

$$F_4 = 0.3D_3 + 0.7F_3 = 0.3 \times 29 + 0.7 \times 13.6 \cong 18.2$$

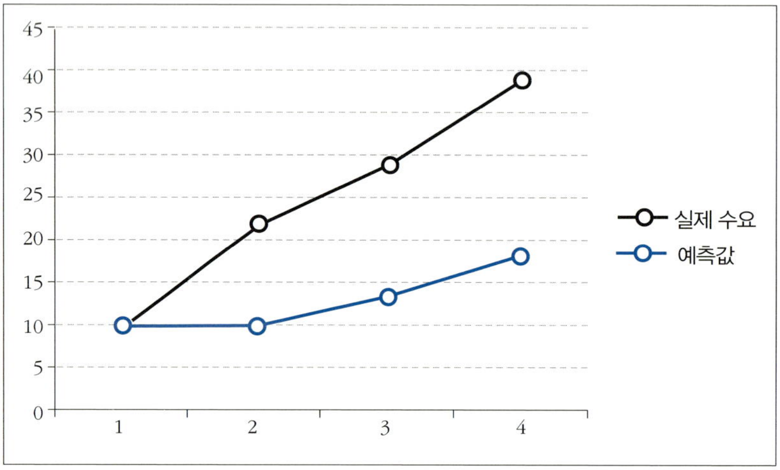

▌그림 9-4▌ 추세변동에 의한 실제 수요와 예측치의 차이

[그림 9-4]는 [예제 9.3]의 1주부터 4주까지 기간별 실제 수요와 예측값을 함께 나타낸 것이다. [그림 9-4]에서 시간이 경과할수록 실제값과 예측값의 차이가 점점 커져감을 알수 있다. 이는 매주 고객이 증가하고 있는 추세임에도 불구하고 지수평활법을 적용함으로써 이러한 추세를 반영하지 못하였음을 의미한다.

1) 추세조정 지수평활법

이동평균법이나 지수평활법은 기본적으로 과거 자료의 평균을 이용한 예측기법이다. 반면에 위의 여성복 매장 고객수의 변동 예에서와 같이 추세가 있는 자료의 경우에는 적절한 예측기법이 되지 못한다. 따라서 추세를 반영할 수 있는 예측기법이 필요한데 그 중 한 가지가 추세조정 지수평활법(trend adjusted exponential smoothing method)이다.

추세가 존재할 경우 예측력을 향상시키기 위해서는 추세값을 추정하여 예측치에 반영하는 것이 필요하다. 추세추정치는 현 시점에서 계산한 평균치와 바로 직전 시점에서 계산한 평균치의 차이를 이용하여 추정할 수 있다. 기간이 바뀔 때마다 추세추정치를 계속 구하여 이 값들의 평균치를 추세추정치로 이용하게 된다. 기본적은 추세추정치를 구하는 방법은 지수평활법에서 평균값을 구하는 방법과 유사하다. 이러한 방식으로 예측하는 방식을 추세조정 지수평활법이라고 한다. 이 기법에서는 두 가지 유형의 평활상수를 이용하여 최근 데이터의 가중치를 결정하게 된다. 하나는 지수평활법과 마찬가지로 평균값에 대한 평활상수이며, 또 다른 하나는 추세치에 대한 평활상수이다.

추세조정 지수평활법에 의한 다음기의 예측치 W_{t+1}은 다음식으로 계산한다.

$$W_{t+1} = F_t + T_t$$

F_t는 지수평활법에 의해서 계산한 평균값의 예측치와 같은 의미이며, 다음 식에 의해 구한다.

$$F_t = \alpha D_t + (1-\alpha)(F_{t-1} + T_{t-1})$$

T_t는 추세추정치를 뜻하며, 다음식으로 계산한다.

$$T_t = \beta(F_t - F_{t-1}) + (1-\beta)\,T_{t-1}$$

여기서, α는 평균에 대한 평활상수($0 \leq \alpha \leq 1$)이며, β는 추세에 대한 평활상수($0 \leq \beta \leq 1$)이다.

예측치를 구하기 위해서는 초기 평균추정치와 초기 추세추정치가 필요하다. 이 값들은 정성적인 기법을 통해 결정하는 것이 일반적이다. 두 평활상수는 시행착오(trial & error)를 통해 결정하게 되는데, 과거의 실제수요와 예측값의 차이가 가장 적은 평활상수값을 찾아 미래의 예측값을 결정하는 데 사용한다.

예제 9.4

[예제 9.3]의 여성복 매장의 시계열 데이터에 대하여 추세조정 지수평활법으로 5주차의 수요를 예측하라. 초기평균추정치는 10, 초기 추세추정치는 9, 평균과 추세 평활상수는 각각 $\alpha=0.3$, $\beta=0.2$를 이용하라.

[예제 9.4]에서 $F_1=10$, $T_1=9$이므로

$$W_2=F_1+T_1=10+9=19\text{가 된다.}$$

같은 방식으로,

$$F_2=0.3D_2+0.7(F_1+T_1)=0.3\times22+0.7\times(10+9)=19.9$$
$$T_2=0.2(F_2-F_1)+0.8T_1=0.2\times(19.9-10)+0.8\times9\cong9.2\text{이므로}$$
$$W_3=F_2+T_2=19.9+9.2=29.1\text{이다.}$$

계속해서,

$$F_3=0.3D_3+0.7(F_2+T_2)=0.3\times29+0.7\times29.1\cong29.1$$
$$T_3=0.2(F_3-F_2)+0.8T_2=0.2\times9.2+0.8\times9.2=9.2\text{이므로}$$
$$W_4=F_3+T_3=29.1+9.2=38.3\text{이 된다.}$$

마지막 5주차 예측치는

$$F_4=0.3D_4+0.7(F_3+T_3)=0.3\times39+0.7\times38.3\cong38.5$$
$$T_4=0.2(F_4-F_3)+0.8T_3=0.2\times9.4+0.8\times9.2\cong9.2\text{이므로}$$
$$W_5=F_4+T_4=38.5+9.2=47.7\text{이다.}$$

[예제 9.4]에서 4주차까지의 실제수요와 예측값을 비교하면 다음 표와 같이 거의 차이가 없는데, 이는 초기예측치와 평활상수가 상당히 적절하게 설정되었음을 의미한다.

기간(주)	실제 수요	예측치
1	10	–
2	22	19
3	29	29.1
4	39	38.3

2) 회귀분석법

추세변동이 있는 시계열 데이터에 대한 또 다른 예측기법으로 회귀분석법(regression)을 이용할 수 있다. 회귀분석법은 독립변수가 종속변수에 미치는 영향력의 크기를 파악하여 독립변수의 일정한 값에 대응하는 종속변수의 값을 예측하는 기법이다. 시계열 데이터에서는 독립변수는 시간이고, 종속변수가 예측하고자 하는 수요가 된다. 회귀분석법은 시계열 데이터뿐만 아니라, 과거 자료의 예측하고자 하는 대상과 그 대상에 영향을 끼치는 요인들의 관계를 파악하여 예측하고자 할 경우에도 사용할 수 있는데, 이러한 유형의 데이터를 인과형 데이터라고 한다. 〈표 9-4〉와 같은 시계열 자료를 고려해 보자.

표 9-4 인과형 데이터의 예

월	광고비(백만 원)	신규 고객 수(천 명)
3	25	264
4	13	116
5	14	165
6	10	101
7	20	209

〈표 9-4〉의 데이터에서, 3월부터 7월까지 시간의 흐름에 따른 고객수(수요)의 변화는 어떠한 추세가 존재한다고 판단하기에는 미흡하다. 하지만 광고비를 독립변수, 고

객수를 종속변수로 하고 이 두 변수의 관계를 표현하면 [그림 9-5]와 같이 나타낼 수 있다.

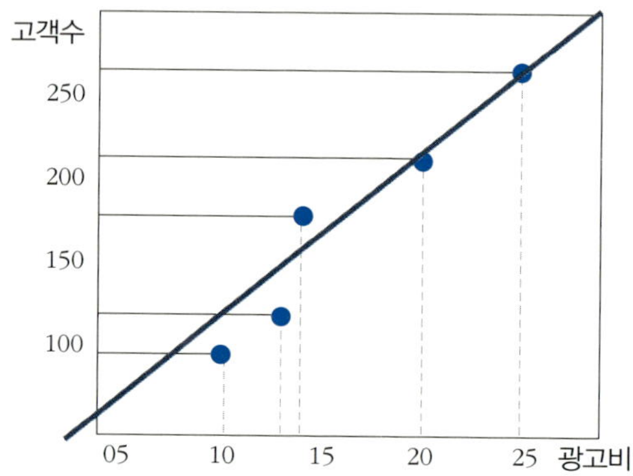

▌그림 9-5▐ 광고비에 따른 고객수의 변화

광고비(독립변수)의 증가가 고객 수(종속변수)의 증가에 영향을 끼침을 볼 수 있다. 회귀 분석은 주어진 좌표상의 점들을 가장 잘 표현할 수 있도록 독립변수(X)와 종속변수(Y) 간의 함수를 찾는 것이다. 이때, X와 Y의 관계를 함수로 정확히 표현하는 것은 사실상 거의 불가능하므로, 이 변수들 간의 관계를 보다 현실적으로 표현할 수 있는 함수는 X와 Y의 일차함수이다(예: $Y = 20 + 8X$). 이렇게 X와 Y의 관계를 일차식으로 표현한 것을 선형회귀방정식이라고 한다. (선형)회귀분석은 독립변수와 종속변수의 인과관계를 가장 잘 표현할 수 있는 선형회귀방정식을 찾는 것이다. [그림 9-5]에서 직선이 선형회귀방정식의 한 예이다.

선형회귀방정식은 다음과 같이 표현된다.

$$Y = a + bX$$

여기서, Y: 종속변수

X: 독립변수

a: 회귀방정식의 Y절편
b: 회귀방정식의 기울기

독립변수와 종속변수의 관계를 가장 잘 설명하는 회귀방정식을 찾는다는 것의 의미는 회귀방정식에 의한 y값들과 실제 y값들의 차이를 가장 적게 만드는 a와 b를 찾는 것이다. 임의의 한 점 (x_i, y_i)에 대해서, 실제값과 회귀식에 의한 값의 차이의 제곱은 $(y_i - a - bx_i)^2$이다. 이를 모든 점에 대해서 평균을 구한 값이 평균제곱오차(MSE: mean squared error)이며, MSE는 다음식과 같다.

$$MSE = \frac{\sum_{i=1}^{n}(y_i - a - bx_i)^2}{n}$$

MSE를 최소로 하는 a와 b를 구하면, 실제값과 가장 가까운 회귀방정식을 얻게 된다. MSE식에서 분자를 SS라고 하자. 그리고 SS를 최소로 만드는 a와 b를 각각 a', b'라고 하자. a'와 b'는 SS를 미분함으로써 구할 수 있다.

$SS = \Sigma(y_i - a - bx_i)^2$이므로, SS를 a와 b에 대해 편미분하여 구한 a'와 b'는 다음과 같이 된다.

$$b' = \frac{\Sigma x_i y_i - n\overline{x}\,\overline{y}}{\Sigma x_i^2 - n\overline{x}^2}, \qquad a' = \overline{y} - b\overline{x}$$

여기서, $\overline{x} = \frac{\Sigma x_i}{n}$, $\overline{y} = \frac{\Sigma y_i}{n}$이다.

예제 9.5

〈표 9-4〉의 광고비 변화에 따른 고객 수 변화의 예에서 다음 물음에 답하라.

(1) 회귀방정식을 구하라.

(2) (1)에서 구한 회귀방정식을 이용하여 8월의 광고비가 17백만 원으로 책정될 경우 예상되는 고객수를 예측하라.

(1) $b' = \dfrac{\sum x_i y_i - n\overline{x}\,\overline{y}}{\sum x_i^2 - n\overline{x^2}} = \dfrac{15608 - 5 \times 16.4 \times 171}{1490 - 5 \times 16.4^2} = 10.92$

$a' = \overline{y} - b\overline{x} = 171 - 10.92 \times 16.4 = -8.09$

따라서 선형회귀방정식은 $Y = -8.09 + 10.92X$이다.

(2) 광고비가 17(백만 원)이므로 예상되는 고객수는

$Y = -8.09 + 10.92 \times 17 = 177.55$이므로 약 177,550명이다.

[예제 9.5]에서 구한 예상 고객수는 얼마나 신뢰할 수 있는 값일까? 이에 대한 답을 하기 위해서는 원래 데이터에 종속변수와 독립변수 간의 연관성이 얼마나 크게 존재하는가를 객관적인 기준으로 표현할 수 있어야 한다. 이를 위해서 상관계수(r)를 그 지표로 이용한다. 상관계수는 독립변수와 종속변수 간의 관련성 정도 및 방향성을 나타내는 지표로써 다음 식을 이용하여 구한다.

$$r = \frac{n\sum x_i y_i - (\sum x_i)(\sum y_i)}{\left(\left[n\sum x_i^2 - (\sum x_i)^2\right]\left[n\sum y_i^2 - (\sum y_i)^2\right]\right)^{1/2}}$$

r의 값은 -1에서 $+1$사이에 존재한다. r값이 0에 가까울수록 독립변수와 종속변수

의 관련성이 없는 것을 의미하며, r값이 +1 또는 −1에 가까울수록 관련성이 큰 것임을 의미한다. +값은 독립변수와 종속변수 간의 양의 상관관계가 존재함을 나타내며, −값은 음의 상관관계가 존재함을 의미한다. 일반적으로 $r = 0.8 \sim 0.9$ 이상 혹은 $r = -0.9 \sim -0.8$ 이하이면 상관관계가 크다고 판단할 수 있으며, 이 경우 추세가 존재하는 데이터라고 판단할 수 있다.

4 • 계절 변동이 있는 경우의 예측기법

수요가 계절적인 요인에 의한 패턴을 갖는 경우에 적용할 수 있는 예측기법 중, 승법계절모형(multiplicative seasonal method)에 대해 살펴본다. 계절적인 요인은 1년 이내의 기간(분기, 월, 주, 하루 등) 내에서 수요량이 증감을 반복하는 경우에 발생한다. 예를 들어, 패스트푸드 음식점의 수요는 하루 중 오전 11시에 오후 1시, 오후 5시에서 7시 사이에 가장 많다. 또 영화관의 수요는 한 주 중 주말에 손님이 많이 몰린다. 은행의 고객은 월말에 많아지는 경향이 있다.

계절적 영향을 반영하여 수요를 예측하는 쉬운 방법은 시계열 자료를 계절별로 구분하여 앞서 배운 기법들을 적용하는 것이다. 예를 들어, 다음 달 은행의 고객수를 예측하고자 할 경우, 이전의 시계열 자료를 월초, 월중, 월말로 구분하여 각각에 대한 수요를 예측하는 것이다. 이 방법은 쉽게 예측을 할 수 있다는 장점이 있으나, 과거 자료에 포함된 정보를 충분히 활용하지 못한다는 단점이 있다. 여기에서는 과거 시계열 자료의 분석을 통해 과거 수요의 평균에 계절적 요소를 지수로 표현하여 예측하는 방법으로 사용되는 방법인 승법계절 모형을 소개한다. 승법계절 모형은 다음과 같은 절차를 통해 수요를 예측한다.

- **계절별 평균 수요 계산:** 연간 총 수요를 계절 수로 나누어 1계절의 평균 수요를 산출한다.
- **계절지수 산출:** 연도별로 각 계절의 실제 수요를 1계절 평균으로 나누어 계절 지수를 산출한다. 계절지수는 1계절 평균 수요에 대한 실제 수요의 비율이다.
- **평균 계절지수 산출:** 연도별로 같은 계절의 계절지수에 대한 평균값을 산출한다.
- **다음 년도의 계절별 수요 예측:** 기존 방법(평균, 가중평균, 지수평활, 이중지수평활) 중 한 가지를 적용하여 다음 년도 총수요를 예측하고, 총수요를 계절수로 나누어 1계절 평균 수요를 구한다. 여기에 계절지수를 곱해 최종 예측치를 계산한다.

다음 예제를 통해 승법계절 모형을 이용한 예측 과정을 살펴보자.

예제 9.6

다음 시계열 데이터는 2017~2019 3년 동안의 분기별 에어컨 수요이다. 이 자료에 대해 승법계절 모형을 이용하여 2020년의 분기별 수요를 예측하고자 한다.

기간(분기)	기간별 수요(단위: 만 대)		
	2017년	2018년	2019년
1	10	13	12
2	32	36	35
3	14	12	12
4	4	7	5
계	60	68	64

먼저 각 년도별로 분기별 에어컨 수요의 평균을 계산한 후, 분기별 계절지수를 계산한다. 그 다음, 각 분기에 대하여 계절지수의 평균값인 평균 계절지수를 계산한다. 계산 결과는 다음 표와 같다.

기간(분기)	연도별 수요(단위:만 대) 및 계절지수						평균계절지수 (a+b+c)/3
	2017년		2018년		2019년		
	수요	계절지수(a)	수요	계절지수(b)	수요	계절지수(c)	
1	10	10/15=0.667	13	13/17=0.765	12	12/16=0.750	0.727
2	32	32/15=2.133	36	36/17=2.218	35	35/16=2.186	2.179
3	14	14/15=0.933	12	12/17=0.706	12	12/16=0.750	0.796
4	4	4/15=0.267	7	7/17=0.412	5	5/16=0.313	0.331
계	60		68		64		
평균	60/4=15		68/4=17		64/4=16		

2020년도 분기별 평균 에어컨 수요량은 66만 / 4=16.5(만 대)이다. 위에서 구한 평균 계절지수를 이용하여 다음과 같이 분기별 수요를 예측할 수 있다.

1분기 수요 예측값=0.727×165,000=119,955

2분기 수요 예측값=2.179×165,000=359,535

3분기 수요 예측값=0.796×165,000=131,340

4분기 수요 예측값=0.331×165,000=54,615

5 예측기법의 선택

지금까지 다양한 예측기법을 살펴보았다. 경영자가 미래의 수요를 예측할 기법을 선택할 경우 어떤 예측기법을 선택하여 적용하는 것이 가장 좋을까? 좋은 예측기법은 실제 값과 예측치의 차이, 즉 예측 오차가 적은 예측기법이 좋은 예측기법이다. 예측오차(forecast error)는 실제 예측 당시에는 알 수 없으나, 일정 기간이 경과한 후 과거에 예측했던 값과 실제 발생한 값을 비교하여 측정할 수 있다.

예측오차의 평균적인 크기를 측정하는 일반적인 방법으로는 평균제곱오차(MSE:

measn squared error), 평균절대오차(MAD: mean absolute deviation)가 있으며, 각각 다음과 같이 계산한다.

$$MSE = \frac{\sum E_t^2}{n} \qquad MAD = \frac{\sum |E_t|}{n}$$

여기서, $E_t = D_t - F_t$

D_t =기간 t의 실제 수요

F_t =기간 t의 예측치

n =데이터의 수

MSE나 MAD가 작으면 예측치가 실제값에 거의 근접하고 있음을 의미하며, 반대로 이 값이 크면 예측치가 많이 틀리고 있음을 의미한다.

어떤 경우에는 단순히 오차의 절대적인 크기만으로는 정확한 정보를 얻기 어려울 수도 있다. 예를 들어 수요가 100일 때의 오차 10과 수요가 10,000일때의 오차 10은 그 의미가 다르다. 따라서 실제 수요에 비해 상대적인 오차의 크기가 어느 정도인지를 측정할 수 있는 지표로 평균절대백분율오차(MAPE: mean absolute percent error)를 이용하며, 다음과 같이 측정한다.

$$MAPE = \frac{\sum |E_t| / D_t}{n} \times 100(\%)$$

예제 9.7

다음은 8기간 동안의 실제 수요와 예측치이다. 이 자료에 대해 MAD와 $MAPE$는 어떻게 되는가?

기간 (t)	수요 (D_t)	예측치 (F_t)
1	20	21
2	24	22
3	30	28
4	27	29
5	23	25
6	26	24
7	21	25
8	28	24

계산에 필요한 값들을 정리하면 다음 표와 같다.

기간 (t)	수요 (D_t)	예측치 (F_t)	오차 (E_t)	절대오차 ($\|E_t\|$)	절대백분율오차 ($(\|E_t\|/D_t)\times 100$)
1	20	21	−1	1	5.0%
2	24	22	2	2	8.3%
3	30	28	2	2	6.7%
4	27	29	−2	2	7.4%
5	23	25	−2	2	8.7%
6	26	24	2	2	7.7%
7	21	25	−4	4	19.0%
8	29	26	3	3	10.3%

MAD와 $MAPE$는 다음과 같다.

$$MAD = \frac{\Sigma|E_t|}{n} = \frac{18}{8} = 2.25$$

$$MAPE = \frac{\Sigma|E_t|/D_t}{n} \times 100(\%) = \frac{73.1\%}{8} = 9.1\%$$

연 | 습 | 문 | 제

1 수요 예측을 위한 자료는 크게 나누어 인과형 자료와 시계열 자료로 구분할 수 있다. 두 유형의 자료는 각각 어떻게 다른지를 설명하라.

2 수요의 기본적인 패턴 중 확률적 변동은 왜 예측이 불가능한 요인이지를 설명하라.

3 휴대전화 판매점인 KP상사의 지난 1주 동안 방문한 고객 수는 290명 이었으며, 금주 1주일 동안 방문한 고객 수는 310명이었다. 지수평활법을 이용하여 다음 주의 고객 수를 예측하려고 한다. 평활계수를 0.2와 0.3으로 하여 각각 예측치를 구하라. 평활계수를 0.2와 0.3 중에서 선택하려고 할 때, 어느 값으로 하는게 옳은지 결정하기 위해서는 어떤 정보가 추가적으로 더 필요한가? (단, 초기 예측치는 실제 환자수와 같다고 가정한다.)

4 다음은 K 자동차 회사의 한 영업점의 지난 9개월간의 영업사원 수와 매출액을 나타낸 자료이다.

월	영업사원수	차량판매대수
1	11	31
2	9	30
3	15	43
4	13	44
5	7	30
6	10	38
7	9	37
8	12	39
9	11	41

(1) 영업사원수와 차량판매대수 간의 회귀방정식을 구하라.

(2) 앞서 구한 회귀방정식을 이용하여, 다음 달의 판매대수를 45대로 하기 위해서는 얼마나 많은 영업사원이 필요한지 예측하라.

(3) (1)에서 구한 회귀방정식은 영업사원수와 판매대수 간의 의미 있는 정보를 제공하는가? 상관계수를 구하고, 의미가 있는지를 파악하라.

연 | 습 | 문 | 제

5 한 컴퓨터 가게에서 프린터를 빌려주고 있다. 이 가게 주인은 토너, 종이 등 프린터 관련 제품을 적절히 주문하기 위하여 프린터 대여 수요를 예측하고 싶어 한다. 지난 6주간의 자료는 다음과 같다.

주	대여량
1	25
2	34
3	40
4	51
5	60
6	68

(1) 4주 단순이동평균법으로 7주의 예측치를 구하라.

(2) 4주 가중이동평균법으로 7주의 예측치를 구하라. 단, 가중치는 최근부터 0.4, 0.3, 0.2, 0.1로 한다.

(3) 위 자료를 보면 매주 수요가 증가하고 있어 이중지수평활법이 적절할 것으로 보인다. 이 방법을 이용하여 수요를 예상할 경우, 3주째 예상치는 얼마이겠는가? (단, 평균평활계수는 0.2, 추세평활계수 0.3 그리고 초기 예측치는 실제 수요, 추세추정치는 10으로 한다.)

6 B 내과에 지난 5주 동안 방문한 외래환자수는 다음과 같다.

주	외래환자수
1	230
2	179
3	213
4	220
5	206

(1) 3주 단순이동평균법을 이용하여 4주차부터 6주차까지 수요를 예측하라.

(2) 3주 가중이동평균법을 이용하여 4주차부터 6주차까지 수요를 예측하라. 단, 가중치는 최근 데이터부터 0.5, 0.3, 0.2를 부여한다.

(3) 지수평활법을 이용하여 4주차부터 6주차까지 수요를 예측하라. 평활상수 $\alpha = 0.2$를 사용한다.

연 | 습 | 문 | 제

7 다음은 어떤 제품의 지난 4주간의 수요이다. 상황을 읽고 물음에 답하라.

기간	수요
1	430
2	370
3	415
4	405

(1) 3주 단순이동평균법으로 5주차의 수요를 예측하라.

(2) 3주 가중이동평균법을 이용하여 다가올 5주차의 수요를 예측하라. 단, 가중치는 최근부터 각각 0.5, 0.3, 0.2를 이용한다.

(3) 지수평활법을 이용하여 5주차의 수요를 예측하라. 단, 평활계수는 0.8을 이용하며, 1주의 초기 예측값은 1주차 실제값과 같다고 가정한다.

8 한 병원에서 지난 1주 동안 방문한 외래 환자수는 100명이었으며, 금주 1주일 동안 방문한 환자수는 210명이었다. 추세보정지수평활법을 이용하여 다음주의 외래환자수를 예측하라.

9 다음은 어떤 제품의 지난 5주간의 수요이다. 상황을 읽고 물음에 답하라.

기간	수요
1	15
2	19
3	25
4	31
5	34

(1) 4주 가중이동평균법을 이용하여 다가올 6주차의 수요를 예측하라. 단, 가중치는 최근부터 각각 0.5, 0.3, 0.1, 0.1을 이용한다.

(2) 지수평활법을 이용하여 6주차의 수요를 예측하라. 단, 평활계수는 0.2를 이용하며, 1주의 초기 예측값은 1주차 실제값과 같다.

(3) 회귀분석법을 이용하여 6주차의 수요를 예측하라.

(3) 위 세 가지 예측기법을 비교하고자 한다. 주어진 데이터로 어느 예측기법이 더 정확한지 판단할 수 있는가? 판단 가능하다면 어느 기법이 더 좋은지 설명하라. 만약 판단이 불가능하다면 왜 그런지 설명하라.

연 | 습 | 문 | 제

10 한 음식점의 지난 8월의 고객수 예측치는 900명이었고, 실제 고객수는 1,000명이었다. 지수평활법을 이용하여 다가올 9월의 고객수를 예측하고자 한다.

(1) 평활상수(α)를 0.1로 했을 경우와 0.2로 했을 경우, 각각의 예측치를 구하라.

(2) 두 예측치의 차이가 있는가? 만약 차이가 있다면 이는 어떤 의미인지를 설명하라.

11 BB 치킨은 양념치킨과 튀김치킨을 섞은 '반반세트'에 대한 특별할인 행사를 매월말 5일간 진행해오고 있다. 다음 표는 최근 6개월간의 '반반세트'에 대한 판매가격과 판매량에 대한 자료이다. 이 자료를 이용하여 회귀방정식과 상관계수를 구하라. 만약 다음 달의 가격을 13,000원으로 할 경우, 몇 세트를 판매할 것으로 예측되는가?

월	가격(원)	판매수량(세트)
1	12,800	780
2	13,600	620
3	12,900	745
4	14,200	490
5	12,500	810
6	13,300	640

management science

Chapter 10

재고 모형

1. 서론
2. 재고의 유형
3. 확정적 재고 모형
4. 확률적 재고 모형

CHAPTER 10 management science

재고 모형

1 • 서론

재고(inventory)란 현 시점 이후에 사용할 목적으로 기업이 보유하고 있는 원자재나 부품, 혹은 완제품을 말한다. 이러한 원자재나 부품, 혹은 완제품이 기업 내로 들어오는(입고) 양이 기업 밖으로 나가는(출고) 양보다 많으면 기업의 재고는 증가한다. 기업의 재고가 부족할 경우에는 고객 수요를 충족시키지 못해 손실이 발생할 수 있으며, 반대로 너무 많은 재고는 원가에 부담을 줄 수 있는 요인이 된다. 따라서 적정한 수준의 재고를 확보하여 관리하는 것은 기업의 경쟁우위를 위한 의사결정에 매우 중요한 요소이다.

이 장에서는 재고 관리와 관련된 기본 개념과 함께 재고와 관련된 비용 요소들을 소개하고, 재고의 유형에는 어떤 것들이 있는지 살펴본다. 또한, 적절한 수준의 재고유지를 위한 재고통제시스템을 확정적 모형과 확률적 모형으로 나누어 학습한다.

1) 재고와 관련된 비용

일정기간 동안의 제품의 입고량이 출고량보다 많을 경우, 재고가 증가하게 되고, 반대로 출고량이 입고량보다 많으면 재고는 줄어들게 된다. 본 절에서는 기업이 재고를 감축해야 하는 이유와 동시에 비축해야 하는 이유를 관련된 비용의 관점에서 살펴본다.

(1) 재고를 왜 줄여야 하는가?

재고를 적게 유지해야 하는 가장 중요한 이유는 재고가 제품에 투자된 자금이고, 이 자금에 대한 금융비용이 발생하기 때문이다. 재고유지비용(holding cost)은 품목을 유지하는데 들어가는 비용으로, 이자, 보관비, 취급비용, 세금, 상품훼손이나 분실로 인한 비용, 보험비용 등을 포함한다. 재고 수준이 높을수록 이 비용은 커지게 된다. 기업이 연간 재고유지비용으로 지출하는 금액은 일반적으로 제품 가치의 20% 이상이다. 예를 들면, 연간 매출이 1,000억 원이고, 연평균 재고 수준이 매출액의 30%, 재고유지비용이 20%라면 재고유지를 위해 발생하는 비용은 총 60억 원(1,000억 원×0.3×0.2)이다. 만약 이 기업의 경상이익이 6%가 넘지 못하면 재고유지비용으로 인해 경상 수지에 적자가 발생하게 되는 것이다. 따라서 기업은 재고유지를 위해서 발생하는 비용 요소들을 감축할 필요가 있다.

① 기회비용

먼저, 기업이 재고를 보유하고 있음으로 인해 기회비용이 발생하게 된다. 재고에 투입된 자금은 즉각 현금으로 전환될 수 있다면 더 좋은 투자 기회가 발생할 수 있을 것이다. 기회비용은 재고유지비용 중 가장 큰 부분을 차지한다.

② 보관/임대 비용

재고 보관에도 비용이 발생한다. 재고는 이를 보관하기 위한 장소가 필요하다. 일반적으로 기업들은 부품이나 완제품의 보관을 위한 창고를 별도로 보유하거나 외부 보관업체를 이용한다. 이 경우 창고유지비 혹은 창고임대비용이 발생하게 된다. 또한 재고가 없다면 창고를 다른 부가가치 창출을 위한 용도로 활용함으로써 얻을 수 있는 기회비용이 발생하게 된다.

③ 세금 및 보험료

이 외에도 재고 수량이 증가하면, 부과되는 세금이 증가하고 보험료 역시 많아진다.

④ 진부화 및 훼손

재고 보관기간이 길어짐으로 인해서 제품의 가치가 떨어지거나 아예 못쓰게 될 수도 있다. 이를 진부화라고 한다. 예를 들어 계절 변화에 따라 수요가 민감한 의류의 경우에는 제철이 지난 의류는 원래의 가격으로 판매하지 못하고 대폭 할인된 가격으로 팔게 되는데, 이러한 경우가 진부화의 예이다. 어떤 경우에는 오랜 보관으로 인해 제품이 못쓰게 될 수도 있다. 예를 들어 유통기한이 지난 식품 등은 폐기처분을 해야 한다. 이 밖에도 절도 등으로 인한 비용이 발생할 수도 있다.

(2) 재고를 왜 비축해야 하는가?

재고유지비용을 줄이기 위해서는 재고는 적을수록 좋다. 그러나 다음과 같은 이유로 인해 일정 수준의 재고를 보유하는 것이 오히려 유리할 수 있다.

① 고객 응대

기업이 일정 수량의 재고를 확보하고 있지 못하면 고객 응대가 불가능해질 수가 있으며 궁극적으로 고객 서비스 수준의 하락을 가져온다. 재고부족 현상은 두 가지 유형으로 나타날 수 있다. 첫째 품절로 인한 재고고갈(stock out)이다. 이는 수요가 발생했을 때 재고부족으로 인해 이를 충족시키지 못하는 것으로 판매 기회를 잃게 된다. 두 번째는 미납주문(back order)이다. 이는 고객의 주문을 약속시간에 충족시키지 못함으로써 고객에 대한 신뢰를 떨어뜨리거나, 할인을 해줘야 하는 일이 발생하는 경우이다. 고객이 주문 약속시간을 기다려준다고 하더라도 다음 거래 시에는 다른 회사로 거래처를 옮길 수도 있다. 이를 방지하기 위해 할인을 해줄 수 있는데, 이 역시 재고부족으로 인한 비용 발생이다.

② 주문비용(준비비용)

유통 업체 혹은 부품을 구매하는 제조업체의 경우, 제품이나 부품을 조달하기 위한 주문비용(ordering cost)은 주문을 할 때마다 발생하게 된다. 일반적으로 1회 주문비용은 주문 수량에 관계없이 일정하다. 따라서 주문 횟수가 많을수록 주문 비용은 증가하게 된다. 한꺼번에 많은 수량을 주문하면 주문비용은 줄일 수 있으나 반대로 재고량이 급격하게 증가하여 재고유지비가 커지게 된다.

제조업체의 경우, 생산 품목을 교체할 때 설비 가동을 위한 준비비용(setup cost)이 발생한다. 품목 교체를 자주 하게 되면 소량으로 생산함으로써 재고는 줄일 수 있으나 그만큼 준비비용이 증가한다. 준비비용에는 작업도구의 교체, 변경 등의 시간이 포함된다. 일반적으로 준비비용은 1회 생산량(lot size)에 관계없이 일정하기 때문에 잦은 작업 교체는 많은 준비비용을 야기한다.

③ 수송비용

많은 재고를 보유하고 있으면 수송비용을 줄일 수 있다. 재고가 많을 경우 차량 적재율을 높일 수 있어 수송비용을 줄일 수 있다. 또한 여유 있는 재고로 인해 긴급 수송수단을 사용함으로써 발생하는 높은 수송비용을 부담할 가능성이 줄어든다.

④ 구입가격

유통업체에서 완제품을 구입하거나 제조업체에서 부품을 구매하는 경우, 한 번에 많은 양을 구매하게 되면 재고 수준은 높아질 수 있다. 하지만 일시에 많은 양을 주문함으로써 구매 단가가 낮아져 재고 증가로 인한 추가비용보다 가격 할인으로 인한 혜택이 더 크게 나타날 수도 있다.

2 • 재고의 유형

재고는 크게 세 가지 형태의 유형으로 구분될 수 있다. 유형을 구분하는 기준은 물리적 형태의 재고가 아니라 재고가 하는 역할이다. 재고 감축을 위한 전략을 이해하기 위해서는 이 세 가지 유형의 재고에 대한 이해가 필요하다.

1) 주기재고

전체 재고 중에서 로트 크기(lot size)에 따라 직접적으로 변하는 부분을 주기재고(cycle inventory)라고 한다. 로트란 한 번에 주문하는 수량(제조업체에서 직접 생산하는 경우에는 한 단위로 함께 생산하는 수량)을 뜻한다. 수요가 일정하다고 가정할 때, 주문과 주문 사이의 간격(주문 간격)이 길수록 주기재고의 양이 증가하며, 반대로 주문 간격이 짧을수록 주기재고의 양은 감소한다. 즉, 로트 크기는 주문 간격에 비례한다. 수요율이 일정할 경우에 주문하는 시점의 재고량이 최대(Q)이고, 다음 주문 시점의 재고량이 최소(0)인 경우, 평균주기는 $\frac{Q}{2}$가 된다([그림 10-1]). 주기재고를 낮추기 위해서는 주

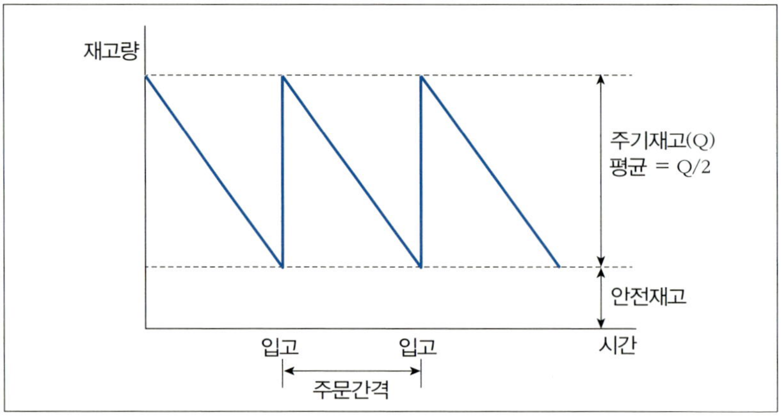

그림 10-1 주기재고와 안전재고

문량(Q)을 낮추면 된다. 그러나 주문량을 낮추면 품절 발생의 위험이 있다. 따라서 재고와 관련된 제반 비용의 철저한 분석을 통해 적절한 수준의 주기재고를 산출하는 것이 중요하다.

2) 안전재고

안전재고(safety stock)란 재고가 부족함으로써 생기는 품절이나 미납 주문으로 인해 생길 수 있는 기회비용의 발생을 예방하기 위하여 평균적인 수요보다 더 비축하고 있는 재고를 말한다. [그림 10-1]에서와 같이 수요율(수요가 발생하는 비율)이 일정하고, 리드타임(lead time: 주문에서 납품까지 걸리는 시간) 역시 확실한 경우에는 안전재고는 필요 없다. 그러나 실제로는 수요율과 리드타임이 불확실성을 내포하고 있기 때문에 평균적인 수요율 이상의 재고를 보유함으로써 품절이나 미납주문을 방지하고자 하는 것이 안전재고의 목적이다. 안전재고를 비축하는 방법은 예상되는 평균 수요보다 많은 양을 발주하는 방법과 평균 리드타임보다 일찍 발주하는 방법이 있다.

안전재고의 수준을 낮추기 위해서는 무엇보다 정확한 수요 예측이 중요하다. 예측의 오차가 적을수록 낮은 수준의 안전재고를 설정할 수 있다. 또한 리드타임이 짧을수록 안전재고 수준을 낮출 수 있다. 극단적인 예로 리드타임이 없으면, 안전재고는 사실상 필요 없을 것이다. 최근에는 많은 기업들이 공급업체와의 공급사슬관리시스템(supply chain management systems) 구축을 통해 수요 및 판매 계획을 공유함으로써 리드타임을 줄이고자 노력하고 있다.

3) 수송재고

수송재고(pipeline inventory)는 한 지점에서 다른 지점으로 이동 중인 재고이다. 납품업체에서 유통센터로, 유통센터에서 도매점, 도매점에서 소매점으로 이동 중인 재고가 이에 해당된다. 기본적으로 이미 발주를 했으나 아직 도착하지 않은 재고를 말한다.

수송재고를 줄이기 위한 한 가지 방법은 리드타임이 짧은 공급업체와 거래를 진행하는 것이다. 또한 공급업체와의 정보 공유는 빠른 수송을 통해 수송재고를 줄일 수 있다.

3 • 확정적 재고 모형

재고 모형이란 재고와 관련된 문제를 해결하기 위하여 주어진 상황에 몇 가지 가정을 추가하여 재고와 관련된 비용을 최소화하는 문제를 해결할 수 있도록 해주는 모형이다. 재고 모형은 수요와 리드타임이 고정되어 있는 경우에 적용하는 확정적 모형과 수요와 리드타임이 불확실한(확률 분포를 갖는) 경우에 적용할 수 있는 확률적 모형으로 구분된다. 본 절에서는 수요와 리드타임이 고정되어 있는 경우의 확정적 모형에 대해 살펴본다.

1) EOQ 모형

경제적 주문량(EOQ: Economic Order Quantity)이란, 재고와 관련된 제 비용을 최소화할 수 있는 가장 경제적인 1회 발주량을 의미한다. EOQ 모형은 재고 관련 제비용 중 재고유지비용과 발주비용만을 고려하여 가장 경제적인 1회 발주량(EOQ)을 구하는 모형으로 고전적 EOQ 모형이라고도 한다. EOQ 모형에서는 다음과 같은 가정을 근거로 경제적 발주량을 산출한다.

(1) EOQ 모형의 기본 가정

가정 1) 발주비용은 발주량에 관계없이 항상 일정하다. 발주량이 많다고 해서 발주비용이 증가하지 않으며, 발주량이 줄어든다고 발주비용이 줄어드는 것도 아니다.

가정 2) 재고유지비는 발주량의 크기에 정비례한다. 즉, 재고유지비는 재고량에 정비례한다.

가정 3) 품절이나 미납주문은 발생하지 않는다. 따라서 재고부족비는 고려하지 않는다.

가정 4) 1회 발주량은 수량에 관계없이 한 번에 입고된다. 실제로는 분할납품이 발생하는 경우도 있으나 EOQ 모형에서는 분할납품은 없다고 가정한다.

가정 5) 구입단가는 항상 일정하다. 1회 발주량이 증가하더라도 대량 구매로 인한 가격 할인은 없다고 본다.

가정 6) 재고가 사용되는 비율(수요율)은 일정하며, 정확히 알고 있다. 예를 들어, 하루 수요가 10으로 정해지면 이는 항상 일정하다.

가정 7) 발주 후 입고까지 걸리는 리드타임은 항상 일정하며, 알려져 있다.

이상의 7가지 가정이 모두 충족될 경우 경제적 주문량 EOQ는 재고관련 비용을 최소화 할 수 있는 최적의 대안이 된다. 하지만 현실에서는 위 가정들은 타당하지 않을 수도 있다. 실제 가정 3의 품절이나 미납주문은 재고관련 업무 수행 시 수시로 발생할 수 있다. 가정 4의 분할 납품 역시 실제로 많이 발생하는 일이다. 가정 5에서 언급한 일정한 구입 단가 역시 실제로는 대량구매에 따른 할인이 생기는 경우가 있다. 특히 가정 6과 7은 수요와 리드타임의 확실성에 관한 가정으로 실제로는 수요율과 리드타임은 상당한 불확실성을 내포하고 있다.

이와 같이 EOQ 모형은 실제 상황을 많은 부분 완화한 이상적인 모형이다. 그러나 EOQ 모형은 보다 실제적인 모형으로의 확장을 위한 가장 기초적인 지식을 제공하는 데에 의미가 있는 모형이다.

(2) EOQ 공식의 유도

EOQ 모형의 가정이 성립할 경우 재고량의 변화는 [그림 10-2]와 같다. 주문한 물품이 도착하면 재고량은 0에서 Q로 증가한다. 이 재고는 시간이 지남에 따라 일정한 비율로 감소하며, 다시 0에 도달하면 다시 Q로 일시에 증가한다. 이러한 변화가 계속 반복된다.

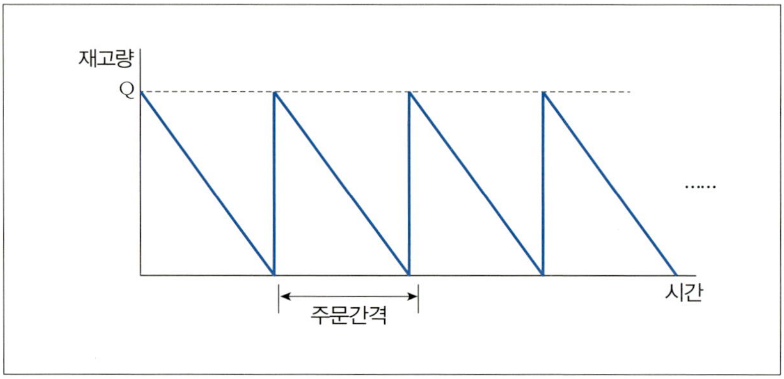

그림 10-2 EOQ 모형의 재고량 변화

이 모형에서 재고와 관련된 연간 총비용은 연간재고유지비용과 연간발주비용의 합이다(가정에 의해, 재고부족비와 가격 할인은 존재하지 않는다).

연간 총비용(TC) $=$연간 재고유지비$+$연간 발주비

연간 총비용 계산을 위해 먼저 다음과 같이 기호를 정의한다.

S: 회당 발주비

H: 단위당 재고유지비

D: 연간 수요량

Q: 1회 주문량(결정변수)

먼저 연간 재고유지비를 살펴보자. 연평균 재고량은 $\frac{Q}{2}$이고 단위당 재고유지비는

H이므로 연간 재고유지비는 $\frac{Q}{2} \times H$가 된다.

$$\text{연간 재고유지비} = \frac{QH}{2}$$

연간 발주비는 연간 발주횟수와 회단 발주비(S)의 곱이다. 연간 수요가 D이고 1회 발주량이 Q이므로 연간 발주횟수는 $\frac{D}{Q}$가 된다. 예를 들어, 연간 수요가 2,000개이고 1회 발주량이 100개일 경우, 연간 발주횟수는 $\frac{2000}{100} = 20$회가 된다. 따라서 연간 발주비는 $\frac{D}{Q} \times S$이다.

$$\text{연간 발주비} = \frac{DS}{Q}$$

따라서 EOQ 모형의 연간 총비용은 Q에 따라 달라지고 다음과 같다.

$$TC(Q) = \frac{QH}{2} + \frac{DS}{Q}$$

연간 재고유지비는 Q에 정비례하고, 연간 발주비는 Q에 반비례한다. 연간 재고유지비와 연간 발주비를 그림으로 나타내면 각각 [그림 10-3]의 (a)와 (b)이다. 이 둘을 합치면 [그림 10-3]의 (c)이다. 총비용 그래프 (c)는 발주량 Q의 증가에 따라 감소하다가 다시 증가하는 모습을 띄는데, 이때 총비용 $TC(Q)$를 최소로 만드는 Q의 값이 1회 경제적 주문량이다.

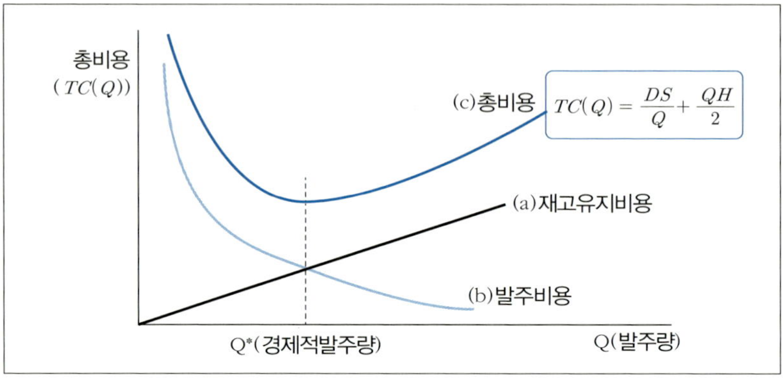

▌그림 10-3▐ EOQ 모형의 연간 총비용 구성

TC는 Q의 함수이다. 그러므로 $TC(Q) = \frac{QH}{2} + \frac{DS}{Q}$에서, $TC(Q)$를 Q에 대해서 미분하여 0으로 놓고, Q에 대해서 정리하면 EOQ를 구할 수 있다.

$$\frac{dTC(Q)}{dQ} = -\frac{DS}{Q^2} + \frac{H}{2} = 0$$

$$\Rightarrow \frac{DS}{Q^2} = \frac{H}{2}$$

$$\Rightarrow Q^2 = \frac{2SD}{H}$$

결론적으로, 경제적 발주량 EOQ는 다음 식에 의해 구할 수 있다.

$$EOQ(Q^*) = \sqrt{\frac{2SD}{H}}$$

EOQ를 구한 후에는 연간 총비용(최적비용)을 다음과 같이 계산할 수 있다.

$$TC(Q^*) = \frac{DS}{Q^*} + \frac{Q^* H}{2}$$
$$= \frac{DS\sqrt{H}}{\sqrt{2SD}} + \frac{H\sqrt{2SD}}{\sqrt{H}}$$
$$= \frac{\sqrt{DSH}}{\sqrt{2}} + \frac{\sqrt{2SDH}}{2}$$
$$= \sqrt{2DSH}$$

연간 최적 발주횟수는 연간 총수요를 경제적 발주량으로 나눈 $\frac{D}{Q^*}$가 된다. 또한 최적 발주간격은 $\frac{Q^*}{D}$이다.

예제 10.1

어떤 품목의 연간 수요가 4,000개이다. 발주비용은 주문 당 80,000원이며, 재고유지비는 단위당 연간 640원이다.

(1) 경제적 1회 발주량을 구하라.
(2) 연간 최적 재고유지비용은 얼마인가?
(3) 연간 최적 발주횟수는 몇 회인가?
(4) 적정 발주간격을 구하라.

(1) $Q^* = \sqrt{\frac{2SD}{H}} = \sqrt{\frac{2 \times 640 \times 4,000}{80,000}} = 1,000$이므로, 경제적 1회 발주량은 1,000개이다.

(2) $TC(Q^*) = \frac{DS}{Q^*} + \frac{Q^* H}{2} = \frac{4,000 \times 80,000}{1,000} + \frac{1,000 \times 640}{2} = 640,000$원이다.

혹은

$TC(Q^*) = \sqrt{2DSH} = \sqrt{2 \times 4,000 \times 640 \times 80,000} = 640,000$과 같이 계산해도

같은 결과이다.

(3) 연간 최적 발주횟수는 $\frac{D}{Q^*} = \frac{4,000}{1,000} = 4$회이다.

(4) 적정 발주간격은 연간 발주횟수가 4회이므로, $\frac{1년}{4회} = 0.25$년(혹은 3개월)이다.

[그림 10-4]는 [예제 10.1]에서 구한 경제적 발주량에 근거한 연간 재고량의 변화를 나타낸 것이다.

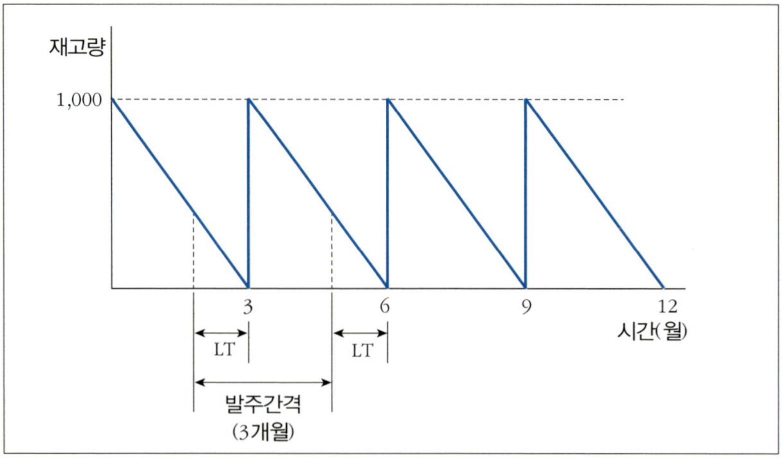

▌그림 10-4▌ [예제 10.1]의 최적 재고량 변화

예제 10.2

A 유통센터의 품목 B의 연간 수요가 1,000개이다. 재고유지비는 단위당 연간 200원, 발주비는 회당 1,000원이며, 연간 영업일수는 365일이다.

(1) 경제적 주문량과 연간 최적비용을 구하라.
(2) 만약 리드타임이 5일이면, 재고 수준이 얼마일 때, 주문해야 하는가?

(1) $Q^* = \sqrt{\frac{2SD}{H}} = \sqrt{\frac{2 \times 1,000 \times 1,000}{200}} = 100$개다.

총비용은

$$TC(Q^*) = \frac{DS}{Q^*} + \frac{Q^* H}{2} = \frac{1,000 \times 1,000}{100} + \frac{100 \times 200}{2} = 20,000\text{원이 된다.}$$

(2) 연간 수요가 1,000개이므로 하루 수요는 $\frac{1,000}{365} \cong 2.74$개다. 따라서 5일(리드타임) 동안의 수요는 $2.74 \times 5 = 13.7$개이므로, 재고가 13.7개 남았을 때 주문하면 된다([그림 10-5]).

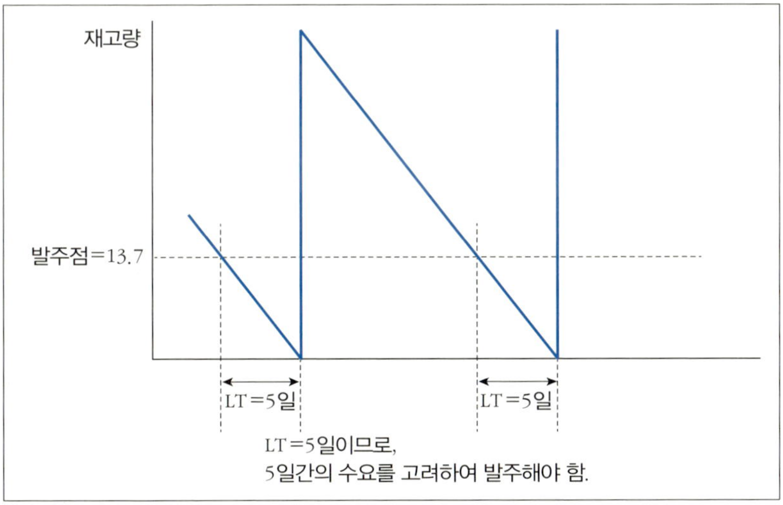

|그림 10-5| *EOQ* **모형에서 LT를 고려한 발주시점**

2) 재고부족이 있는 *EOQ* 모형

재고관리 업무를 수행할 때, 재고부족으로 인해 발생하는 비용이 재고를 보유함으로써 발생하는 비용보다 적을 가능성이 있을 경우, 정책적으로 재고부족을 허용하는 모형을 고려할 수 있다. 재고부족을 허용하는 EOQ 모형에서는 고전적 EOQ 모형의 가정 3이 제거된다(다른 가정은 동일).

(1) 재고량의 변화

재고부족을 허용할 경우에는 주문한 물품이 입고되면, 재고는 최고 수준에 이르며, 일정한 비율로 소진되다가 어느 시점부터는 재고가 부족한 상태가 된다. 이 과정이 계속 반복되는 형태이다. 이러한 변화가 [그림 10-6]에 나타나 있다. 여기서, X는 최대재고수준, Y는 최대부족분, t_1은 재고를 보유하고 있는 기간, t_2는 재고가 부족한 기간, $t_0(=t_1+t_2)$는 발주간격이다.

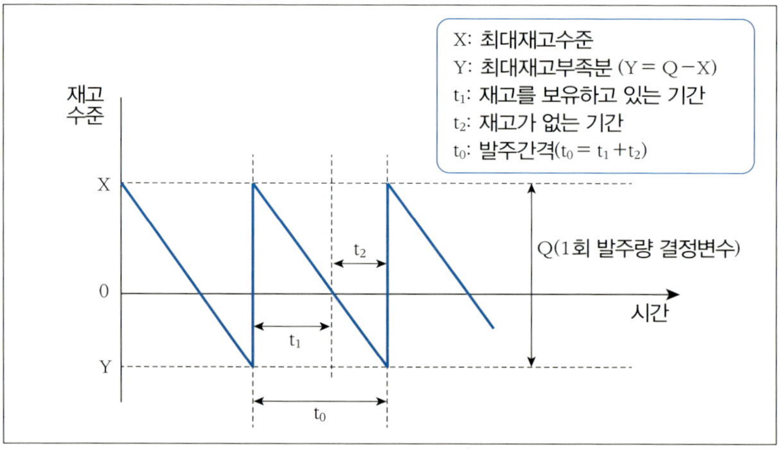

그림 10-6 재고부족이 있는 경제적발주량 모형의 재고량 변화

(2) 재고부족이 있는 경제적 발주량 모형(EOQ_R)

재고부족이 있는 경우에 연간 재고관련 총비용에는 연간 재고유지비와 연간 발주비에 추가하여 연간 재고부족비가 추가된다. 따라서 재고부족이 있는 경우에 연간 총비용 TC_R은 다음과 같다.

$$TC_R = \text{연간 발주비} + \text{연간 재고유지비} + \text{연간 재고부족비}$$

연간 발주비는 고전적 EOQ 모형과 같이 연간 발주횟수와 1회 발주비용의 곱이다.

$$\text{연간 발주비} = \frac{DS}{Q}$$

연간 재고유지비는 재고가 없는 기간이 존재함으로써, 고전적 EOQ 모형에서처럼 연평균 재고량을 얻기가 어렵다. 따라서 여기에서는 주기별 재고유지비와 연간 발주횟수의 곱으로 연간 재고유지비를 계산한다.

$$\text{연간 재고유지비} = \text{한 주기당 재고유지비} \times \text{연간 발주횟수}$$

한 주기당 재고유지비는 한 주기의 평균재고와 단위당 재고유지비의 곱으로 나타낼 수 있다. [그림 10-6]에서와 같이 한 주기 내에서 재고를 보유하고 있는 기간은 t_1이므로, 이 이간 동안의 평균 재고는 $\frac{X}{2}$이고, t_1동안의 재고 유지비는 t_1H이다. 따라서 한 주기당 재고유지비는 다음과 같다.

$$\text{한 주기당 재고유지비} = \frac{X}{2} \times t_1 H = \frac{t_1 XH}{2}$$

[그림 10-6]에서 $\frac{t_1}{t_0} = \frac{X}{Q}$임을 알 수 있다. 따라서

$$t_1 = \frac{t_0 X}{Q} = \frac{(Q/D)X}{Q} = \frac{X}{D}$$

가 된다. 결국 한 주기당 재고유지비는 다음과 같이 나타낼 수 있다.

$$\text{한 주기당 재고유지비} = \frac{t_1 XH}{2} = \frac{(X/D)XH}{2} = \frac{(Q-Y)^2 H}{2D}$$

여기에 연간 발주횟수 $\frac{D}{Q}$를 곱하면 연간 재고유지비는 다음과 같다.

$$\text{연간 재고유지비} = \frac{(Q-Y)^2 H}{2D} \times \frac{D}{Q} = \frac{(Q-Y)^2 H}{2Q}$$

연간 재고부족비 역시 비슷한 방법으로 구할 수 있다. 단위당 연간 재고부족비를 R이라고 하자. 그러면, 연간 재고유지비를 계산하는 것과 같은 방식으로 연간 재고부족비를 다음과 같이 얻을 수 있다.

$$\text{연간 재고부족비} = \frac{Y^2 R}{2Q}$$

이제 재고부족이 있는 경우의 연간 총비용을 Q와 Y의 함수로 나타내면 다음과 같다.

$$\begin{aligned} TC_R(Q, Y) &= \text{연간 발주비} + \text{연간 재고유지비} + \text{연간 재고부족비} \\ &= \frac{DS}{Q} + \frac{(Q-Y)^2 H}{2Q} + \frac{Y^2 R}{2Q} \end{aligned}$$

$TC_R(Q, Y)$를 최소로 하는 Q와 Y를 구하기 위하여 $TC_R(Q, Y)$를 Q와 Y로 각각 편미분한 후 0으로 놓고 Q와 Y의 연립방정식을 풀면 최적 1회 발주량 Q^*와 최적 재고 부족분 Y^*를 각각 다음과 같이 얻을 수 있다.

$$Q^* = \sqrt{\frac{2SD}{H}}\sqrt{\frac{H+R}{R}}$$

$$Y^* = \sqrt{\frac{2SD}{R}}\sqrt{\frac{H}{H+R}} \text{ 혹은 } Q^*\frac{H}{H+R}$$

예제 10.3

[예제 10.2]의 A 유통센터에서 품목 B에 대한 재고부족 모형을 고려하고 있다. 재고부족을 허용할 경우 경제적 발주량과 연간 총비용은 어떻게 되는가? A 유통센터는 재고부족을 허용하는 것이 더 나은가? 단, 단위당 재고부족비는 연간 600원이다.

공식에 의해, 재고부족을 고려할 경우 1회 경제적 주문량은

$$Q^* = \sqrt{\frac{2SD}{H}}\sqrt{\frac{H+R}{R}} = \sqrt{\frac{2\times 1{,}000\times 1{,}000}{200}}\sqrt{\frac{200+600}{600}} \cong 115 \text{이고,}$$

최대재고부족분은

$$Y^* = Q^*\frac{H}{H+R} = 115\times\frac{200}{200+600} \cong 29 \text{이다.}$$

따라서 총비용은

$$TC_R(Q^*, Y^*) = \frac{DS}{Q^*} + \frac{(Q^* - Y^*)^2 H}{2Q^*} + \frac{Y^{*2}R}{2Q^*}$$
$$= \frac{1{,}000\times 1{,}000}{115} + \frac{(115-29)^2\times 200}{2\times 115} + \frac{29^2\times 600}{2\times 115} \cong 17{,}321 \text{원이다.}$$

고전적 EOQ 모형의 총비용 20,000원과 비교하면, 재고부족을 허용하는 것이 더 비

용이 적다는 것을 알 수 있다.

3) 가격 할인이 있는 경우의 EOQ

일반적으로 한 번에 많은 양을 구매하는 경우 제품 단가를 할인받을 수 있는 경우가 있다. 여기에서는 1회 구매량이 증가함으로써, 제품 가격을 할인 받을 수 있는 경우에 EOQ를 계산하는 방법을 살펴본다. 한 번에 많은 양을 구매하게 되면 대량 구매에 따른 재고유지비용이 증가하게 되지만, 이보다 가격 할인에 따른 이익이 더 클 가능성이 있는 경우에 적용할 수 있는 방법이다. 이 모형에서는 재고와 관련된 3가지 비용(발주비, 재고유지비, 재고부족비)과 함께 구매 가격을 동시에 고려하게 된다. 일반적으로 1회 구매량이 증가하면, 재고유지비는 증가하나 발주비, 재고부족비, 구매가격은 감소하게 된다.

가격 할인이 있는 경우의 EOQ 계산은 단순히 할인이 되는 구간과 할인이 되지 않는 구간으로 나누어 EOQ를 계산한 다음, 각각의 경우에 재고관련비용과 구매가격의 합을 비교하여 최종 EOQ를 계산하다.

다음의 예제를 통해 가격할인이 있는 경우의 EOQ 계산방법을 살펴보자.

예제 10.4

타이어 도매점에서 타이어 구매를 고려하고 있다. 타이어의 개당 가격은 100,000원이다. 하지만, 1회 구매량이 1,000개 이상일 경우에는 2% 할인을 받아 개당 가격이 98,000원으로 할인된다. 타이어의 연간 수요는 5,000개이며, 1회 발주비용은 125,000원이다. 또한 재고유지비는 단위당 연간 20,000원이다. 재고부족은 허용하지 않는다. 이 경우, 경제적 주문량은 어떻게 되는가?

타이어 가격을 P라고 하자. 주어진 데이터는 다음과 같다.

$$D = 5{,}000 \text{ (개)}$$

$$S = 125 \text{ (천 원)}$$

$$H = 20 \text{ (천 원)}$$

$$P = \begin{cases} 100 \text{ (1회 구매량} \geq 1{,}000) \\ 98 \text{ (1회 구매량} < 1{,}000) \end{cases} \text{(천 원)}$$

먼저 할인이 없는 경우(1회 구매량이 1,000개 미만)를 살펴보면,

$$\sqrt{\frac{2SD}{H}} = \sqrt{\frac{2 \times 125 \times 5{,}000}{20}} = 250(< 1{,}000)\text{이므로,}$$

$EOQ = 250$가 된다. 이 경우의 총 비용을 TC_1이라고 하면, $Q = 250$(개), $P = 100$(천 원)이므로, TC_1은 다음과 같다.

$$\begin{aligned} TC_1 &= \frac{DS}{Q} + \frac{QH}{2} + DP \\ &= \frac{5{,}000 \times 125}{250} + \frac{250 \times 20}{2} + 5{,}000 \times 100 = 505{,}000 \text{(천 원)} \end{aligned}$$

두 번째로 가격할인이 있는 경우(1회 구매량이 천 개 이상)에는, EOQ가 250이 될 수 없다. 왜냐하면, 할인을 받기 위해서는 1회 구매량이 1,000개 이상이어야 하는데 250 < 1000이므로, 이는 논리적으로 맞지 않는다. 이때의 경제적 주문량은 1,000이 된다([그림 10-7]). [그림 10−7]에서 할인이 있는 구간(1회 구매량이 천 개 이상)에서 비용이 가장 낮은 구매량은 1,000임을 알 수 있다. 또한, 가격은 2% 할인되어 98(천 원)이다

따라서 $Q = 1{,}000$(개), $P = 98$(천 원)이 되며 가격 할인이 있는 경우의 총 비용 TC_2는 다음과 같다.

$$TC_2 = \frac{DS}{Q} + \frac{QH}{2} + DP$$

$$= \frac{5,000 \times 125}{1,000} + \frac{1,000 \times 20}{2} + 5,000 \times 98 = 500,625(\text{천 원})$$

$TC_1 > TC_2$이므로, 경제적인 1회 발주량은 1,000개이다.

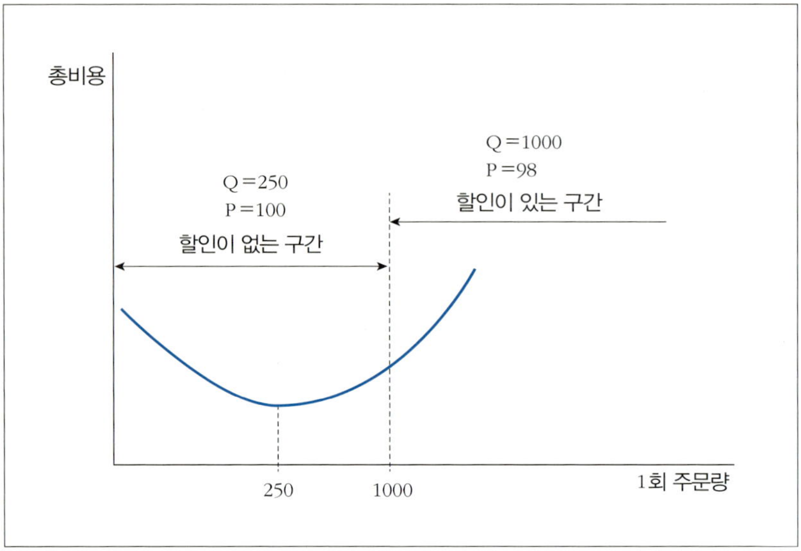

그림 10-7 가격할인이 있는 경우의 EOQ와 단가의 변화

4 • 확률적 재고 모형

확정적 재고 모형은 재고가 사용되는 비율(수요율)과 조달에 걸리는 리드타임이 일정하다는 가정에 근거를 두고 있다. 그러나 실제 상황에서의 재고의 변화는 매우 불확실한 형태로 나타난다. 즉, 수요와 조달 리드타임이 모두 불확실성을 지니고 있는 경우가 대부분이다. 확률적 재고 모형은 수요 변화가 확률적 분포를 가지는 것을 고려한 모형이다. 확률적 모형에서는 불확실성에 대비하기 위한 방법으로 안전재고(safety stock)를

고려하게 된다.

안전재고의 수준은 정책적으로 결정한 서비스 수준에 의해 정해지는데, 서비스 수준이란 고객으로부터 주문을 받았을 때, 품절을 일으키지 않고, 이미 보유하고 있는 재고에 의하여 물품을 공급하는 비율을 말한다. 예를 들어, 95%의 서비스 수준을 책정했다면 100번 중 95번은 주문받은 즉시 공급하고자 하는 재고 정책으로, 5% 품절위험수준과 동일한 의미로 사용된다.

서비스 수준을 높게 책정할 경우, 안전재고의 수준은 높아지게 되고 그 만큼 재고보유량은 많아진다. 따라서 확률적 모형은 정책적으로 결정한 서비스 수준을 유지하기 위한 안전재고 수준을 결정하는 의사 결정이라고 말할 수 있다.

확률적 모형은 발주 형태에 따라 정량발주 모형과, 정기발주 모형, 그리고 이 두 가지를 혼합한 (s, S) 모형으로 나눌 수 있다. 정량발주 모형은 재고량이 일정 수준에 도달하면 정해진 수량만큼 발주하는 모형이다. 정기발주 모형은 일정기간이 경과하면 목표 수준의 재고량을 채우기 위해 필요한 수량만큼 발주하는 모형이다. 아래에서 수요가 정규분포를 갖는다고 가정하고, 세 가지 확률적 모형 각각에 대해 자세히 살펴본다.

1) 정량발주 모형

정량발주 모형은 FOQ(Fixed Order Quantity) 시스템 혹은 Q 시스템이라고도 하는데, 재고 수준이 일정수준(재발주점, ROP: ReOrder Point)에 도달하면, 사전에 정해진 수량(Q)만큼 발주하는 재고관리 방식이다. [그림 10-8]에서 발주에서 입고까지 걸리는 리드타임은 매 발주마다 확률분포에 따라 달라진다($LT1 \neq LT2 \neq LT3$). 또한 재고 수준이 재발주점에 도달하는 시점도 수요율에 따라 확률적으로 변하기 때문에 발주간격 역시 변한다(발주간격 1 $\neq$ 발주간격 2). 반면 입고되는 수량은 항상 일정(Q)하다. 그리고 입고시점의 재고 수준이 항상 다르기 때문에 최대 재고 수준도 일정하지 않다.

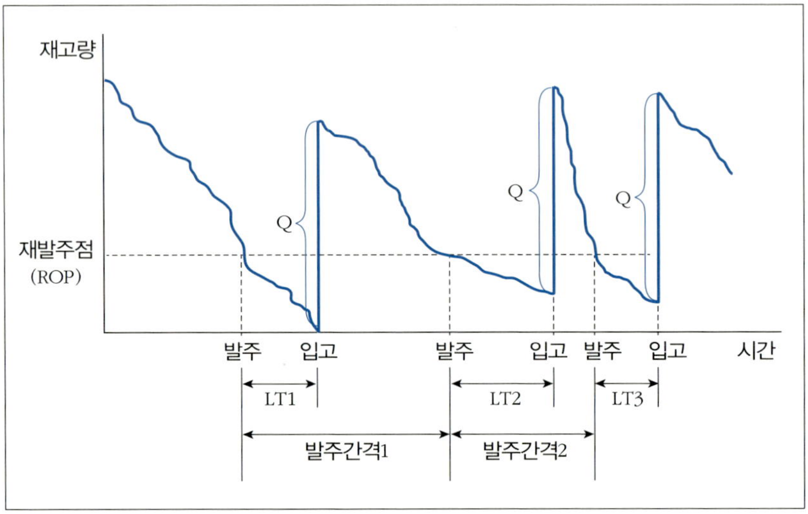

그림 10-8 정량발주 모형의 재고량 변화

정량발주시스템을 적용한 재고관리는 경제적발주량과 재발주점에 의해서 정해진다. 먼저 경제적 1회 발주량은 EOQ 모형으로부터 추정할 수 있다. 연간 수요가 평균 $\overline{D}$, 표준편차 σ_D인 정규분포를 갖는다고 가정하자. 경제적발주량은 다음과 같이 연간 평균 수요 $\overline{D}$를 이용하여 그 추정치를 사용한다.

$$경제적\ 발주량(EOQ) = \sqrt{\frac{2S\overline{D}}{H}}$$

재발주점은 리드타임(LT) 동안의 수요와 서비스 수준 두 가지 항목에 따라 정해진다. 리드타임 동안의 수요가 많을수록 재발주점은 높아질 것이다. 또한 서비스 수준을 높게 책정할수록 안전재고(SS: Safety Stock)는 많아야 하며, 재발주점을 높이는 결과를 가져온다. 결국 재발주점은 리드타임 동안의 수요와 안전재고의 합으로 구성된다.

$$재발주점(ROP) = 리드타임\ 동안의\ 평균수요 + 안전재고$$

하루의 수요는 평균 $\bar{d}$, 표준편차 σ_d인 정규분포를 갖는다고 하자. 그러면 리드타임(LT)동안의 수요는 평균 $\bar{d} \cdot LT$, 표준편차 $\sigma_d \sqrt{LT}$인 정규분포이다. 따라서 재발주점은 다음이 된다.

$$ROP = \bar{d} \cdot LT + SS$$

이제 서비스 수준에 따라 안전재고가 어떻게 결정되는지 살펴보자. 만약 안전재고를 보유하고 있지 않다면, 품절이 일어날 확률은 50%가 된다. 왜냐 하면, 리드타임 동안의 평균수요가 $\bar{d} \cdot LT$이고, 이 기간 동안 실제수요가 $\bar{d} \cdot LT$보다 클 확률은 정확히 50%이기 때문이다([그림 10-9(a)]).

만약 일정한 수준의 안전재고를 보유하게 되면, 품절확률은 줄어든다(서비스 수준이 높아진다). 예를 들어 어느 한 품목에 대한 서비스 수준을 95%로 하고자 한다고 가정하자(품절확률 5%). 그러면 정규분포의 성질에 의해서 평균에서 표준편차의 $z = 1.65$배만큼 안전재고를 보유하면 서비스 수준을 95%로 할 수 있게 된다(표준정규분포 변환값인 z값은 부록의 표준정규분포표에서 구할 수 있다). 따라서 안전재고 수준은 $1.65\sigma_d \sqrt{LT}$가 된다

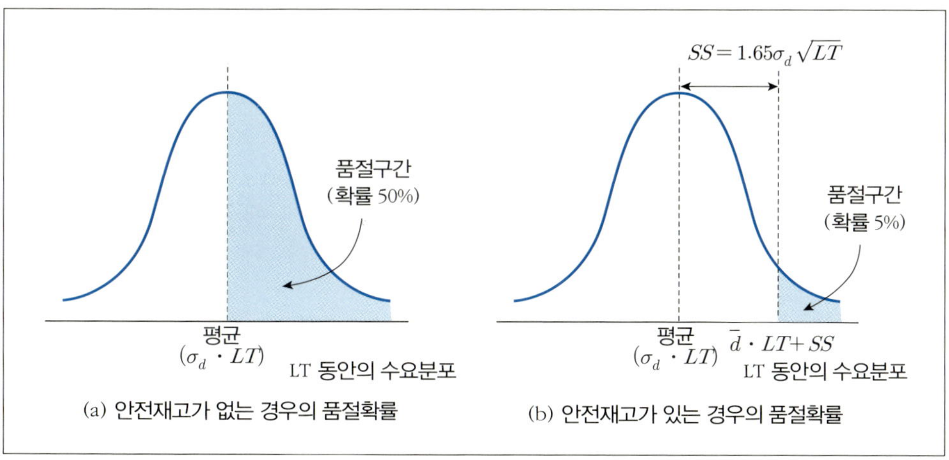

▌그림 10-9▐ 안전재고 수준에 따른 품절확률

([그림 10-9(b)]). 결론적으로 재발주점은 다음과 같다.

$$ROP = \bar{d} \cdot LT + z\sigma_d \sqrt{LT}, \text{ (단, } z\text{는 표준정규분포 변환값)}$$

예제 10.5

어느 호프집에서 맥주의 1일 수요가 평균 100병, 표준편차 10병인 정규분포라고 하자. 맥주의 리드타임은 8일이다. 이 호프집은 품절 위험을 2% 이내로 유지하고자 한다. 다음 물음에 답하라.

(1) 재발주점은 얼마인가?
(2) 재발주점이 815병으로 설정한다면, 이 호프집의 서비스 수준은 어떻게 되는가?

(1) $\bar{d} = 100$, $\sigma_d = 10$, $LT = 8$이며, 표준정규분포표로부터 $z = 2.06$이다. 따라서 안전재고는

$SS = 2.06\sigma_d \sqrt{LT} = 2.06 \times 10 \times \sqrt{8} \cong 58$이고, 재발주점은

$ROP = \bar{d} \cdot LT + SS = 100 \times 8 + 58 = 858$병이다.

(2) $ROP = \bar{d} \cdot LT + SS = 100 \times 8 + SS = 815$이므로

$SS = z\sigma_d \sqrt{LT} = z \times 10\sqrt{8} \cong 15$이다.

따라서 $z = 0.53$이 된다. 표준정규분포표에서 $z = 0.53$에 해당하는 확률값은 .7019이므로 서비스 수준은 약 70%이다.

2) 정기발주 모형

정기발주 모형은 재고수준을 정기적으로 조사하고 그 때마다 재고수준을 일정한 목

표수준까지 끌어 올릴 수 있는 만큼의 수량을 주문하는 시스템으로, FIO(Fixed Interval Reorder) 시스템 혹은 P 시스템이라고도 한다.

이 재고관리 모형에서는 재고수준을 연속적으로 조사하지 않고 정해진 기간이 경과한 후 주기적으로 조사한다. 따라서 주문 간격은 고정되어 있다. 주문량은 재고조사 시점의 재고수량에 따라 달라지므로 일정하지 않다. 정기발주 모형에서의 재고량은 [그림 10-10]과 같이 변화한다.

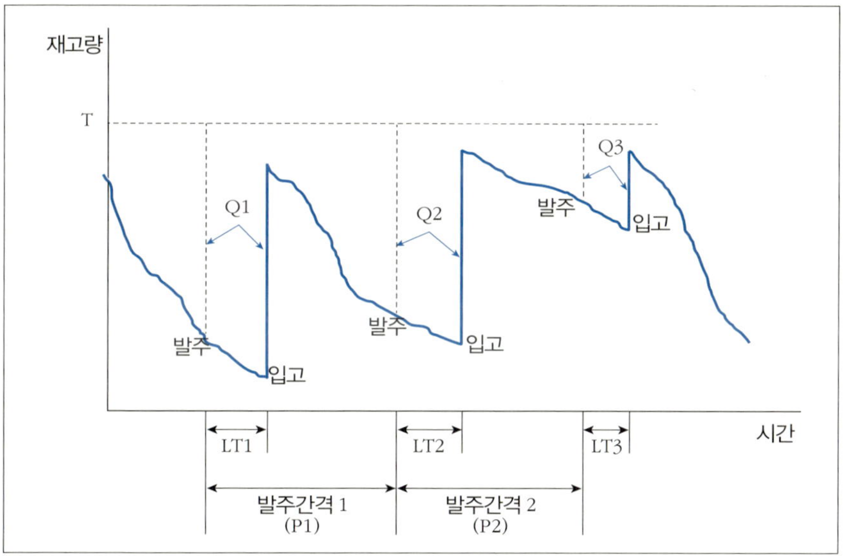

▌그림 10-10▐ 정기발주 모형의 재고량 변화

[그림 10-10]에서 발주간격(P)은 항상 일정하다($P1 = P2$). 발주시점에 도달하면 목표재고수준(T)과 현 재고수준의 차이많큼 발주를 하게 된다. 따라서 매번 발주하는 수량은 달라질 수 있다($Q1 \neq Q2 \neq Q3$). 리드타임도 확률 분포를 갖는다($LT1 \neq LT2 \neq LT3$).

이 모형에서 결정해야 하는 사항은 발주간격(P)과 목표재고수준(P)이다. 먼저 발주간격 P는 경제적 1회 발주량을 연평균수요로 나눈 값으로 추정할 수 있다.

$$P = \frac{EOQ}{\bar{D}}, \ EOQ = \sqrt{\frac{2S\bar{D}}{H}}$$

다음으로 결정할 사항은 목표재고수준(T)이다. 정량발주모형의 경우 재고가 일정 수준이하로 떨어지면, 언제든지 발주할 수 있지만, 정기발주는 정해진 시점에만 발주가 가능하다. 따라서 다음 주문까지의 기간(P)와 주문에서 입고까지의 기간(LT) 동안의 수요 변화에 대응할 수 있는 안전재고를 확보할 수 있도록 주문해야 한다. 즉, $P+LT$ 동안의 수요의 불확실성에 대비할 수 있도록 목표수준을 설정하여야 한다. 하루 수요가 평균 $\bar{d}$, 표준편차 σ_d인 정규분포이므로, $P+LT$ 동안의 수요는 평균 $\bar{d} \cdot (P+LT)$, 표준편차 $\sigma_d \sqrt{P+LT}$인 정규분포이다. 따라서 목표재고수준 T는 다음과 같다.

$$T = \bar{d}(P+LT) + z\sigma_d \sqrt{P+LT}$$

여기서 z 는 서비스수준에 의해서 결정되는 표준정규분포 변환 값이며, $z\sigma_d \sqrt{P+LT}$ 는 정기발주시스템의 안전재고에 해당된다.

예제 10.6

[예제 10.5]의 호프집에서 EOQ 추정치가 2,000이라고 하자. 같은 조건일 경우, 정기발주 모형을 적용하고자 하면, 발주간격과 목표재고수준은 어떻게 되는가?

발주간격은

$$\frac{Q}{\bar{d}} = \frac{2,000}{100} = 20\text{일}$$

이다. 목표재고수준은

$$T = \bar{d}(P+LT) + z\sigma_d\sqrt{P+LT} = 100(20+8) + 2.05$$
$$= 100(20+8) + 2.05 \times 10\sqrt{20+8} \cong 2,907\text{가 된다.}$$

■ 정량발주 모형(Q 시스템)과 정기발주 모형(P 시스템)의 비교

Q 시스템은 여러 품목의 재고를 관리할 때, 품목별로 조사 빈도를 다르게 설정하는 것이 가능하다. 또한 로트 크기가 클 경우, 수량 할인을 고려한 발주량을 결정할 수 있다. 그리고 P 시스템에 비해 안전재고 수준이 상대적으로 낮다. P 시스템이 $P+LT$ 동안의 비교적 긴 기간 동안의 변동성에 대비하는 안전재고를 책정하는 반면에 Q 시스템은 LT 기간 동안의 수요에 대해서만 안전재고를 책정하기 때문이다.

반면에 P 시스템은 연속적인 재고관리가 필요치 않기 때문에 상대적으로 관리가 용이한 장점이 있다. 또한 여러 품목을 같은 업체에서 납품 받는 경우에는 동시에 여러 품목을 주문할 수 있는 이점이 존재한다.

3) (s, S) 시스템

이 모형은 정량발주 모형의 재발주점(s)과 정기발주 모형의 목표재고수준(S) 개념을 결합한 시스템으로 조건부 보충시스템(optional replenishment system)이라고도 한다. 이 모형에서는 정기발주 모형처럼 고정된 시간 간격마다 재고수준을 조사한다. 이때 재고수준이 사전에 정한 재발주점(s) 이하이면, 재고를 목표재고수준(S)까지 끌어올릴 수 있을 만큼 주문한다. 만약 조사 시점에서 재고수준이 재발주점 이상이면 주문하지 않는다. [그림 10-11]은 (s, S) 시스템의 재고량 변화의 한 예이다. 이 예에서 목표재고수준은 200이고 재발주점은 120이다. 첫 번째 검토시점 $t1$에서의 재고수준은 130으로 재발주점($s=120$)보다 높으므로 주문하지 않고 그냥 지나간다. 두 번째 검토시점 $t2$에

서는 재고수준이 50으로 재발주점($s = 120$) 이하이므로 목표재고수준($S = 200$)과의 차인 150개를 주문한다. 이 시스템은 연속조사를 하지 않기 때문에 주문 비용이 크고 조사비용 역시 많은 비용이 소요될 때 유용한 시스템이다.

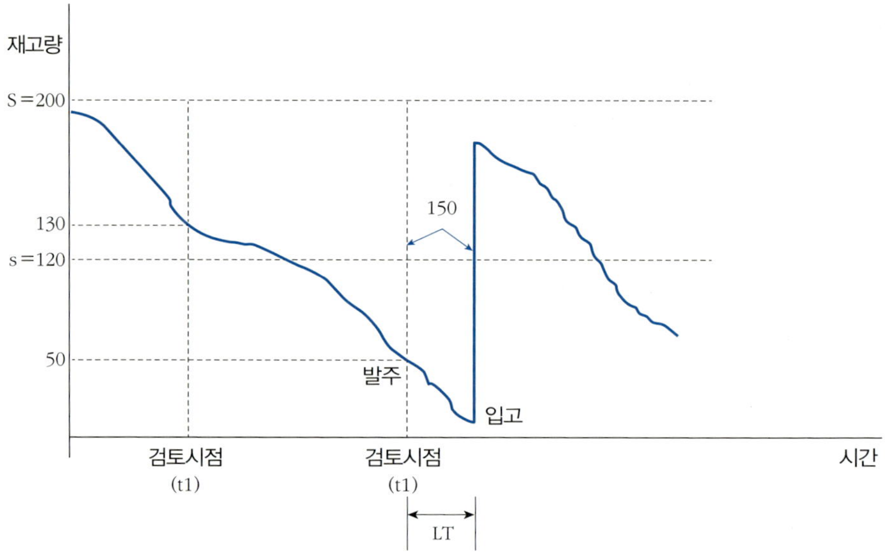

그림 10-11 (s, S) 시스템의 재고량 변화

연 | 습 | 문 | 제

1 재고와 관련된 비용항목 중 주문비용에는 어떤 항목들이 포함되는지를 설명하라.

2 재고와 관련된 비용항목 중 재고유지비용에는 어떤 항목들이 포함되는지를 설명하라.

3 특정 제품의 안전재고 수준을 결정하기 위해 필요한 정보는 무엇인지를 말하고, 각각에 대하여 설명하라.

4 재고의 세 가지 유형은 무엇인가? 각각에 대해 설명하라.

5 공급사슬에서 안전재고가 어떤 역할을 하는지 설명하라. 공급사슬 전체의 관점에서 재고를 줄이기 위한 방안은 무엇이 있을까?

6 어떤 제품 A에 대한 자료가 다음과 같다. 아래 물음에 답하라.

- 제품 A의 연간 수요: 4,000개
- 제품 A의 수요율: 연간 일정한 수요율을 유지
- 품목 A의 1회 발주비용: 1,000원
- 매 발주시 항상 동일한 수량을 발주
- 품목 A의 단위당 연간 재고유지비: 50원
- 재고부족은 허용하지 않음
- 현재 재고는 없음
- 1년은 50주(week)로 가정

(1) 품목 A의 연간 재고 관련 비용을 최소화하기 위한 경제적인 1회 발주량을 구하시오.
(2) 총 재고관리비용은 얼마인가?
(3) 재고수준이 얼마일 때, 발주가 이루어져야 하는가?

7 한 보일러 중간 도매점의 연간 수요는 3,000개로 일정하다. 보일러를 공급사에 주문할 때마다 1회주문비용은 주문수량에 관계없이 100원, 리드타임은 2주, 개당 연간 재고유지비용은 60원이다. 만약 재고가 부족할 경우에는 늦더라도 보일러 대리점에 공급할 수가 있으며, 이 때 재고부족

연 | 습 | 문 | 제

으로 인해 발생하는 비용은 개당 20원이다. 1년을 50주로 가정하고, 다음 물음에 답하라.

(1) 경제적인 1회 주문량은 몇 개인가?
(2) 주문은 몇 주에 한 번씩 이루어져야 하는가?
(3) 1년 중 재고가 가장 많은 경우의 재고량은 얼마인가?
(4) 1년 중 재고 부족이 발생하는 기간은 얼마나 되는가?
(5) 연간 총 재고부족비용은 얼마인가?

8 A 찜질방은 1년에 1,000상자의 비누를 구입하며, 수요는 일정하다. 연간 재고유지비는 상자당 1원이며 1회 발주비용은 45원이다. 재고부족은 허용하지 않으며, 대량 구매 시 가격할인을 받을 수 있는데, 발주량에 따른 단가는 다음과 같다. 다음 물음에 답하라.

발주량(상자)	단가(원)
1~199	10
200~499	9
500 이상	8

(1) 만약 가격할인이 없을 경우, 경제적 발주량(EOQ)은 얼마인가?
(2) 가격할인이 있을 경우의 경제적 발주량은 얼마인가?
(3) 가격할인이 있을 경우 제품가격을 포함한 연간총비용을 계산하라.

9 어떤 품목의 현재고가 50개, 주간 평균 사용량은 200개, 리드타임은 2주, 안전재고는 50이다. 재발주점(reorder point)은?

10 어떤 제품의 리드타임 동안의 평균 수요가 100개이며, 안전재고가 50인 경우, 정량발주시스템에서의 재발주점은?

11 위 10번 문제에서, 리드타임을 2주라고 하자. 만약, 동일한 서비스 수준하에서 정기발주시스템을 적용할 경우, 정량발주시스템에 비해 안전재고 수준은 어떻게 달라지는가? 단, 발주 간격은 3주이다.

연 | 습 | 문 | 제

12 어떤 회사에서 품목 A의 재고관리를 위해 선택적 보충시스템((s,S) 시스템)을 이용하고 있다. 현재 매 3주에 한 번씩 재고를 체크하고 있으며, 리드타임은 1주이다. 또한 현재의 안전재고 수준은 100이다. 만약 이 회사가 재고관리 방식을 정량발주시스템으로 변경할 경우 안전재고 수준은 어떻게 될까? 단, 서비스 수준은 현재와 같은 수준을 유지한다.

13 어느 호프집의 1일 맥주 판매량은 평균 100병, 표준편차 10인 정규분포이다. 맥주 주문시 리드타임은 8일이며, 이 호프의 사장은 서비스 수준은 98%로 유지하고 싶어한다. 이 호프집의 맥주의 안전재고 수준은 어떻게 되나?

14 어느 제품의 리드타임 동안의 수요는 평균 450, 표준편차 20인 정규분포이다. 5%의 품절확률을 유지하기 위한 안전재고 수준은 얼마인가?

15 A 공장은 연간 8,000개의 부품 X를 일정한 비율로 이용한다. 개당 구입가격은 1,000원이며, 연간 재고유지비는 구입가격의 25%이다. 1회 발주비는 2,500원이며, 재고부족은 발생하지 않는다. 만약 리드타임이 2주라고 하면, 재발주점은 얼마인가? 단, A 공장의 연간 가동기간은 40주이다.

management science

Chapter 11

의사결정분석

1. 서론
2. 불확실한 상황에서의 의사결정
3. 위험 상황에서의 의사결정
4. 의사결정나무

CHAPTER 11 management science

의사결정분석

1 • 서론

의사결정분석(decision making analysis)이란 의사결정을 계량적으로 수행하는 것을 의미한다. 경영현장에서 접하게 되는 다양한 의사결정을 수학이나 통계학과 같은 계량적인 도구들을 사용해서 최적 대안을 찾는 경영과학 기법이다. 본 장에서는 다음 예제를 통해서 의사결정 문제의 유형과 해법을 살펴본다.

예제 11.1

ABC 회사는 미래의 경기상황이 어떻게 변할 지에 대해서 비교적 정확한 예측을 하려고 한다. 그래서 국내에서 한 유명 경영연구소에 의뢰를 하여 내년도 경기상황에 대한 다음과 같은 예측 보고서를 전달받았다.

내년의 경기상황이 호경기가 될 확률	0.3
내년의 경기상황이 불경기가 될 확률	0.7

또한 이 회사는 내년도에 현재 가지고 있는 여유 자산들을 적절한 투자처에 투자하고자 한다. 현재 고려중인 투자대안들은 채권, 주식, 부동산이다. 이 투자대안들은 내년도 경기상황에 따라서(호경기 혹은 불경기) 각각 예상수익율이 달라질 수 있을 것으로 예측된다.
채권은 위험이 거의 없어서 비교적 좋은 투자대안이긴 하지만 수익률은 상대적으로 낮다. 반면

에 주식은 위험이 항상 관련되어 있으나 수익률이 아주 좋을 수도 있고, 아니면 아주 나쁠 수도 있다. 그리고 부동산도 경기와 상당히 관련이 있는데 호경기가 되면 상당히 좋은 수익률을 올릴 수 있으나, 불경기가 되면 수익률이 상당히 나빠질 수가 있다. 현재 각각의 호경기와 불경기에 예상되는 채권, 주식, 부동산의 예상수익율은 다음 〈표 11-1〉과 같다.

표 11-1 투자대안에 대한 성과표

투자대안	경기상황	
	호경기 (확률($P(S_1)$)=0.3)	불경기 (확률($P(S_2)$)=0.7)
채권	4%	3%
주식	8%	−2%
부동산	6%	1%

각각의 상황에 따라 선택할 수 있는 최적의 대안은 달라진다. 이 예제의 경우, 내년이 호경기라는 것을 확실하게 알 수 있다면 최적 대안은 가장 수익률이 높은 주식이 최적 대안이 될 것이며, 내년도 상황이 불경기라는 것을 확실히 알 수 있다면 가장 수익률이 높은 대안은 채권 투자가 될 것이다.

하지만 불행히도 내년도의 경기상황을 정확하게 알고 있지 못하다. 이렇게 상황에 따른 투자대안별 성과(수익 혹은 비용)를 〈표 11-1〉과 같이 표현한 것을 성과표(payoff matrix)라고 한다. 기업의 많은 의사결정 상황들은 여러 가지 발생 가능한 상황에 따라 대안별로 예상되는 성과가 다른 경우가 일반적이다. 이제 이러한 성과표가 주어졌을 때, 다양한 의사결정 기법에 대해 이 예제를 통해 설명한다.

2 • 불확실한 상황에서의 의사결정

〈표 11-1〉의 성과표에는 내년도 경기상황에 대한 확률정보가 주어져 있다. 호경기일 확률(0.3)보다는 불경기일 확률(0.7)이 더 큰 상황이 예측된다는 것을 알 수 있다. 이

렇게 발생 가능한 상황에 대한 확률이 주어져있을 경우의 의사결정을 '위험상황에서의 의사결정'이라고 한다. 하지만 상황 발생에 대한 확률을 전혀 알 수 없다고 할 경우에는 '불확실한 상황에서의 의사결정'이 된다. 이 장에서는 〈표 11-2〉와 같은 불확실한 상황에서의 의사결정 방법에 대하여 설명한다. ('위험상황에서의 의사결정' 기법에 대해서는 다음 절에서 다룬다.)

표 11-2 불확실한 상황에서의 의사결정(성과표)

투자대안	경기상황	
	호경기	불경기
채권	4%	3%
주식	8%	−2%
부동산	6%	1%

1) 맥시민(maximin) 기준

이 기준은 미래의 상황에 대해서 상당히 보수적이고 비관적인 관점으로 의사결정을 하는 것이다. 먼저 각각의 대안별로 성과가 가장 적은 상황을 선택한다. 그리고 이 상황들 중에서 성과가 가장 큰 대안을 최종 대안으로 선택하는 것이다. 〈표 11-2〉에서 채권 대안의 최소 성과는 3%, 주식 대안의 최소 성과는 −2%, 부동산 대안의 최소 성과는 1%이다. 이 중, 가장 큰 성과는 채권에 투자하는 방법이며, 결론적으로 맥시민 기준에 의한 최적 대안은 채권이 된다. 〈표 11-3〉은 맥시민 기준에 의한 의사결정 결과를 보여준다.

표 11-3 맥시민 기준에 의한 의사결정

투자대안	경기상황			
	호경기	불경기	최솟값(min)	선택대안
채권	4%	3%	3%	⇐
주식	8%	−2%	−2%	
부동산	6%	1%	1%	

2) 맥시맥스(maximax) 기준

이 기준은 맥시민 기준과는 정반대의 기준으로 의사 결정하는 방식이다. 미래의 상황을 낙관적으로 예상하고 각각의 대안별로 성과가 가장 좋은 상황을 선택한다. 그리고 이 상황들 중에서 성과가 가장 큰 대안을 최종 대안으로 선택하는 것이다. 〈표 10-2〉에서 채권 대안의 최대 성과는 4%, 주식 대안의 최대 성과는 8%, 부동산 대안의 최대 성과는 6%이다. 이중, 가장 큰 성과는 주식에 투자하는 방법이며, 결론적으로 맥시맥스 기준에 의한 최적 대안은 주식이 된다. 〈표 11-4〉는 맥시맥스 기준에 의한 의사결정 결과를 보여준다.

표 11-4 맥시맥스 기준에 의한 의사결정

투자대안	경기상황			
	호경기	불경기	최대값(max)	선택대안
채권	4%	3%	4%	
주식	8%	−2%	8%	⇐
부동산	6%	1%	6%	

3) 미니맥스(minimax) 기준

이 기준은 최대후회를 최소화하는 방식의 의사결정으로 기회손실 기준이라고도 한다. 이 기준은 먼저 각 상황별로 기회 손실을 구한다. 기회손실이라 가장 성과가 좋은 대안과 주어진 대안의 차이를 말한다. 기회손실을 구한 다음에는 이 중 기회 손실이 가장 큰 대안들 중에서 그 값이 가장 최소가 되는 대안을 최적대안으로 선택한다. 〈표 11-5〉는 미니맥스 기준에 의한 의사결정 결과를 보여준다.

표 11-5 미니맥스 기준에 의한 의사결정

투자대안	경기상황별 기회손실			
	호경기	불경기	최대값(max)	선택대안
채권	4%	0%	4%	
주식	0%	5%	5%	
부동산	2%	2%	2%	⇐

3 • 위험 상황에서의 의사결정

〈표 11-1〉과 같이 발생 가능한 상황에 대한 확률이 주어져있을 경우의 의사결정을 위험상황에서의 의사결정이라고 한다.

1) 기댓값(expected value) 기준

기댓값은 각 대안별 기댓값을 계산하여 이중 최댓값을 갖는 대안을 선택하는 방식이다. 〈표 11-1〉에서 각 대안별 기댓값은 다음과 같이 계산된다.

채권투자의 기대수익율 $=0.3\times4\%+0.7\times3\%=3.3\%$

주식투자의 기대수익율 $=0.3\times8\%+0.7\times-2\%=1.0\%$

부동산투자의 기대수익율 $=0.3\times6\%+0.7\times1\%=2.5\%$

따라서 기댓값을 기준으로 한 경우의 최선의 선택은 채권에 투자하는 것이다.

표 11-6 기댓값 기준에 의한 의사결정

투자대안	경기상황별 기회손실		기댓값	선택대안
	호경기 ($P(S_1)$=0.3)	불경기 ($P(S_2)$=0.7)		
채권	4%	3%	3.3%	⇐
주식	8%	−2%	1.0%	
부동산	6%	1%	2.5%	

2) 완전정보의 기댓값

만약 우리가 내년도에 발생할 상황을 완전하게 알 수 있다면, 각 상황에 맞는 최적의 의사결정을 내릴 수 있을 것이다. 다시 말해서, 내년도에 호경기가 된다는 것을 확실히 안다면 우리는 최고의 수익율을 낼 수 있는 주식투자를 할 것이다. 또한 내년도에 불경기가 된다는 것을 확실히 알 수 있다면 우리는 최고의 수익률을 낼 수 있는 채권투자를 할 것이다. 이렇게 완전하게 미래를 알 수 있다는 가정하에 예상되는 기댓값을 완전정보하의 기댓값(expected value of perfect information)이라고 한다.

먼저 〈표 11-1〉의 성과표에서 완전정보하의 투자수익율은 다음과 같다.

0.3×8%(주식투자의 수익율)+0.7×3%(채권의 수익률)=4.5%

앞서 구한 기댓값 기준에 의한 수익률 3.3%와 비교해 보면 1.2%의 차이가 발생한다. 이 1.2%의 수익률 차이를 완전정보의 가치라고 한다. 만약 누군가가 내년의 경기상황에 대한 확실한 정보를 제공해 준다면 정보제공에 대한 가치로 지불할 수 있는 최대 금액은 1.2%의 수익률에 해당하는 금액이 된다는 의미이다.

3) 표본정보를 이용한 의사결정

만약 우리가 추가정보를 얻을 수 있다면 현재의 최적의사결정인 채권투자 수익율보다 더 올릴 수도 있을 것이다. 다시 말해서, 현재의 상황에서는 채권투자의 기대수익율이 3.3%로 가장 높은데 만약 우리가 추가정보를 더 얻을 수 있다면 우리는 3.3%에서 완전정보하의 기대수익율인 4.5%까지 다가 설수가 있게 될 것이다.

하지만 100% 정확한 정보를 취득하는 것은 실제 상당히 어려운 일이다. 추가적으로 필요한 정보를 보통 표본 조사를 통해 얻게 되는데, 이를 표본 정보(sample information)라고 한다. 표본 정보는 100% 완벽한 정보는 아니더라도 이 표본 정보를 통해 발생확률에 대한 사후확률을 구할 수 있다. 표본 정보의 가치는 어떻게 산출하는지 〈표 11-1〉의 성과표를 통해 살펴보자.

〈표 11-1〉의 성과표에 의하면, 내년도 경기가 호경기일 확률은 ($P(S_1)=0.3$), 불경기일 확률은 ($P(S_2)=0.7$)이다. 이 성과표 상의 확률 $P(S_1)$, $P(S_2)$는 전문기관에 의뢰하여 얻은 결과이다. 그런데 이 기관의 과거 유사한 조사로부터 다음과 같은 조건부 확률값을 얻었다고 하자(G_1은 호경기라고 예측한 사건, G_2는 불경기라고 예측한 사건을 의미한다).

실제 호경기일때 호경기라고 예측한 확률 $=P(G_1|S_1)=0.6$

실제 호경기일때 불경기라고 예측한 확률 $=P(G_2|S_1)=1-P(G_1|S_1)=0.4$

실제 불경기일때 호경기라고 예측한 확률 $=P(G_1|S_2)=0.2$

실제 불경기일때 불경기라고 예측한 확률 $=P(G_2|S_2)=1-P(G_1|S_2)=0.8$

이러한 조건부 확률에 대한 정보를 얻게 되었다면, 이를 이용하여, 내년의 경기가 어떻게 될 것인지 보다 정확한 정보를 얻을 수 있다. 이와 같이 과거의 자료들을 통해서 얻은 정보를 활용하여 얻은 확률을 사후확률(posterior probability)이라고 한다. 이 예제에서의 사후확률은 다음과 같이 설명할 수 있다.

$P(S_1|G_1)$: 호경기라고 예측했을 때, 실제 호경기가 될 확률

$P(S_2|G_1)$: 호경기라고 예측했을 때, 실제 불경기가 될 확률

$P(S_1|G_2)$: 불경기라고 예측했을 때, 실제 호경기가 될 확률

$P(S_2|G_2)$: 불경기라고 예측했을 때, 실제 불경기가 될 확률

이 사후확률은 주어진 조건부 확률을 이용하여 다음과 같이 구한다.

$$P(S_1|G_1) = \frac{P(S_1 \cap G_1)}{P(G_1)} = \frac{P(S_1)P(G_1|S_1)}{P(S_1)P(G_1|S_1) + P(S_2)P(G_1|S_2)}$$
$$= \frac{(0.3)(0.6)}{(0.3)(0.6) + (0.7)(0.2)} = \frac{0.18}{0.32} = 0.5625$$

$$P(S_2|G_1) = 1 - P(S_1|G_1) = 0.4375$$
$$P(S_1|G_2) = \frac{P(S_1 \cap G_2)}{P(G_2)} = \frac{P(S_1)P(G_2|S_1)}{P(S_1)P(G_2|S_1) + P(S_2)P(G_2|S_2)}$$
$$= \frac{(0.3)(0.4)}{(0.3)(0.4) + (0.7)(0.8)} = \frac{0.12}{0.68} = 0.1765$$

$$P(S_2|G_2) = 1 - P(S_1|G_2) = 0.8235$$

이제 이 사후확률을 이용하여 예측 기관의 예측 결과에 따라서 기대되는 수익률을 계산할 수 있다. 먼저 내년도 경기상황이 호경기가 될 것이라는 예측(G_1)을 내놨다고 하자. 그러면, 각 대안별 기대수익율은 사후확률 $P(S_1|G_1) = 0.5625$, $P(S_2|G_1) = 0.4375$을 이용하여 다음과 같이 계산할 수 있다.

- 호경기가 될 것이라고 예측되었을 경우

  채권투자의 기대수익율＝0.5625×4%＋0.4375×3%＝3.5625%

  주식투자의 기대수익율＝0.5625×8%＋0.4375×－2%＝3.625%

  부동산투자의 기대수익율＝0.5625×6%＋0.4375×1%＝3.8125%

결론적으로 예측기관이 호경기가 될 것이라고 예측했을 경우에는 부동산투자의 기대수익율이 가장 높다.

이번에는 내년도 경기상황이 불경기가 될 것이라는 예측(G_2)을 내놨다고 가정해 보자. 이때의 각 대안별 기대수익율은 사후확률 $P(S_1|G_2)=0.1765$, $P(S_2|G_2)=0.8235$을 이용하여 다음과 같이 계산할 수 있다.

- 불경기가 될 것이라고 예측되었을 경우

 채권투자의 기대수익율=0.1765×4%+0.8235×3%=3.1765%

 주식투자의 기대수익율=0.1765×8%+0.8235×−2%=−0.235%

 부동산투자의 기대수익율=0.1765×6%+0.8235×1%=1.8825%

예측기관이 불경기가 될 것이라고 예측했을 경우에는 채권투자의 기대수익율이 가장 높게 나타난다.

정리하면, 호경기일 것이라는 예측하에서의 최적 대안은 부동산 투자이며, 이때의 기대수익은 3.8125% 이다. 반면 불경기일 것이라는 예측하에서의 최적 대안은 채권 투자이며, 이때의 기대수익은 3.1765%이다. 이를 요약하면 〈표 11-7〉과 같다.

표 11-7 사후확률을 이용한 의사결정 요약

예측결과	확률	최적대안	기대수익율
G_1(호경기예측)	$P(G_1)=0.32$	부동산투자	3.8125%
G_2(불경기예측)	$P(G_2)=0.68$	채권투자	3.1765%

이제 표본정보하에서의 기대수익율은 다음과 같다.

표본정보하에서의 기대수익율=0.32×3.8125%+0.68×3.1765%
=3.38%

이는 앞에서 구한 아무런 정보가 없을 경우의 기대수익율 3.3%보다 0.08% 더 높은 수익률이다. 누군가가 표본정보를 제공해 줄 경우 그 정보의 가치는 0.08%의 수익률과 같다는 의미이다.

4 • 의사결정나무

의사결정 상황이 복잡할 경우, 이를 쉽게 이해할 수 있도록 도식적인 방법을 활용할 수 있는데 대표적인 방법이 의사결정나무(decision tree)이다. 의사결정나무는 여러 마디(node)와 가지(branch)로 구성된다. 마디는 의사결정 단계(decision node)와 사건 단계(event node)로 나누어진다. 의사결정 단계에서는 가능한 대안들의 가지로 분기가 이루어진다. 사건 단계에서는 발생 가능한 상황들로 분기가 이루어지며, 이때 분기된 각 가지에

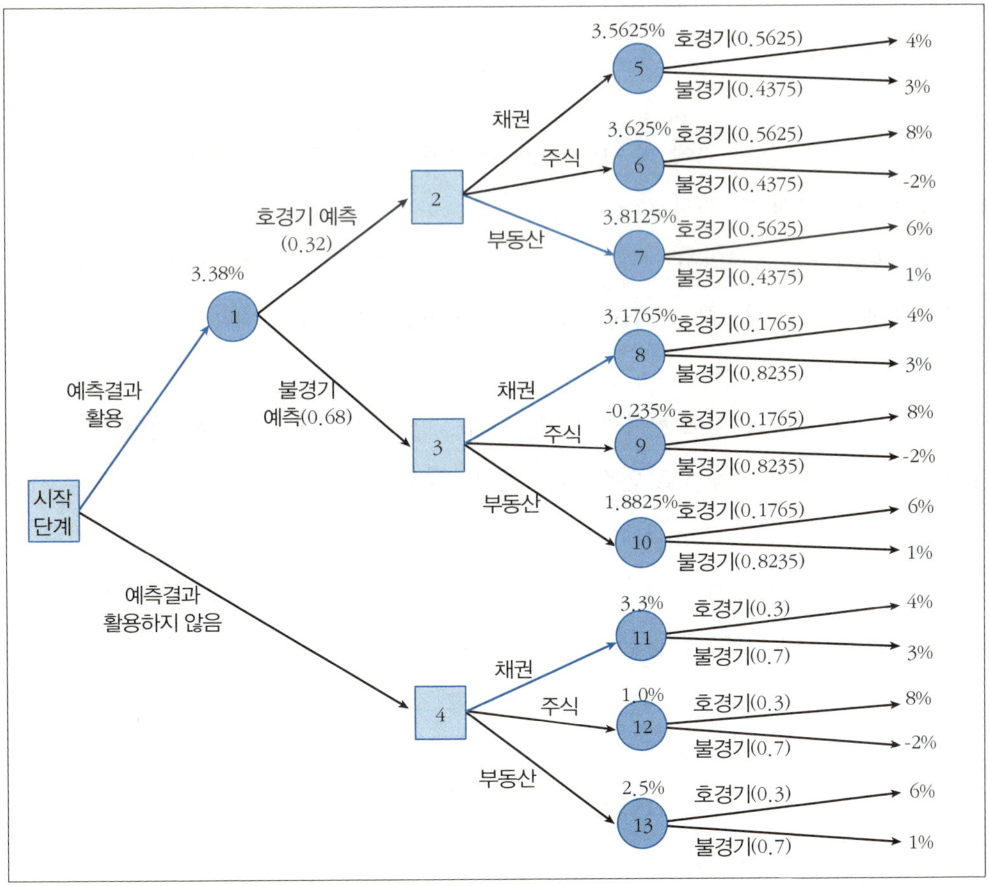

▌그림 11-1▐ 의사결정나무

는 확률값들이 표시된다. 앞의 예제를 의사결정나무로 나타낸 것이 [그림 11-1]이다.

먼저 '시작 단계'에서 두 가지 의사결정의 가지를 그린다. 하나는 표본정보를 이용한 예측결과를 활용하는 것이고, 다른 하나는 예측결과를 활용하지 않는 경우이다.

먼저 예측결과를 활용하지 않는 경우를 살펴보자. 이 가지는 단계 4로 연결된다. 단계 4(의사결정 단계)에서는 세 가지 대안 채권, 주식, 부동산으로 분기된다. 사건 단계인 단계 11은 채권으로 분기된 단계이다. 여기에서는 발생가능한 상황이 호경기 혹은 불경기이며, 각각의 확률은 0.3, 0.7이다. 그리고 이때의 수익률은 각각 4%, 3%이다. 따라서 단계 11에서의 기대수익률은

$$0.3\times 4\% + 0.7\times 3\% = 3.3\%$$

가 되며, 이 값을 단계 위에 적는다. 단계 11의 윗부분에 적힌 숫자가 그 값을 의미한다. 단계 12와 단계 13 역시 같은 방식으로 주식과 부동산의 경우 기대수익율을 계산한다. 다시 단계 4로 돌아와서 단계 4에서의 세 가지 대안 중 최적대안을 선택할 수 있다. 단계 4에서의 최적 대안은 수익률 3.3%인 채권이다. 이 가지에 대해서는 별색 으로 표시하였다.

다음에 다시 시작 단계로 돌아와서 예측결과를 활용하는 경우에 대해 살펴보자 이 경우에는 사건 단계인 단계 1로 연결된다. 단계 1에서는 활용하기로 한 예측결과의 가능한 상황 두가지로 분기된다. 하나는 호경기로 예측되는 경우이고, 하나는 불경기로 예측되는 경우이다. 호경기로 예측될 확률 ($P(G_1)$)은 0.32이고, 불경기로 예측될 확률 ($P(G_2)$)은 0.68이며, 이 값을 가지위에 기록한다. 호경기로 예측된 경우 단계 2로 연결된다. 단계 2에서는 단계 4와 마찬가지 방식으로 세 가지 대안으로 분기하고 그 중 최선의 대안을 선택한다. 단계 2에서의 최선 대안은 부동산 투자이다. 같은 방식으로 단계 3에서의 최적대안은 채권임으로 알 수 있다. 다시 단계 1로 돌아와서 예측결과를 활용할 경우의 기대수익율은

$$0.32 \times 3.8125\% + 0.68 \times 3.1765\% = 3.38\%$$

가 된다. 따라서 예측결과를 활용하는 것이 예측결과를 활용하지 않는 경우보다 0.08% 더 높은 수익률을 나타내므로 예측결과를 활용하는 대안을 선택한다. 여기서 주의할 점은 이 의사결정나무에서는 예측결과를 활용하는 데 소요되는 비용은 표현하지 않았다. 따라서 예측결과의 활용을 위해 소요되는 비용이 수익률 0.08%보다 더 클 경우에는 예측결과를 활용하지 않는 것이 더 나은 대안이 된다.

연 | 습 | 문 | 제

1 다음과 같은 정보가 주어져 있을 때, 다음 물음에 답하라.

대안	상태	
	X(확률=0.8)	Y(확률=0.2)
A	400	300
B	350	410
C	460	390

(1) 미니맥스 기준을 적용하여 최적대안을 선택하라.

(2) 맥시맥스 기준을 적용하여 최적대안을 선택하라.

(3) 맥시민 기준을 적용하여 최적대안을 선택하라.

2 다음과 같은 성과표가 주어져 있다. 각 대안별 기대수익을 계산하고 최적대안을 선택하라.

대안	상태		
	X(확률=0.5)	Y(확률=0.2)	Z(확률=0.3)
A	430	300	390
B	350	410	450
C	460	390	400

3 다음과 같은 성과표가 주어져 있다.

대안	상태		
	X(확률=0.4)	Y(확률=0.4)	Z(확률=0.2)
A	5,000	−4,300	−2,000
B	14,000	14,000	−3,500
C	0	0	0

(1) 기댓값을 기준으로 최적대안은 무엇인가?

(2) 완전정보의 가치는 얼마인가?

연 | 습 | 문 | 제

4 다음 의사결정 상황을 의사결정나무로 그리고 최적대안을 선택하라.

대안	상태		
	X(확률=0.3)	Y(확률=0.5)	Z(확률=0.2)
A	40	30	20
B	30	30	30
C	20	30	10
D	10	80	0

management science

Chapter 12

게임이론

CHAPTER 12 management science

게임이론

1 • 서론

지금까지 학습한 경영과학 기법들은 경쟁이 존재하지 않는 상황에서의 개인의 의사결정을 도와주는 기법들이었다. 하지만 실제 기업경영 상황에서의 의사결정들 중 많은 부분은 경쟁사와의 경쟁상황을 고려한 의사결정이 필요하다. 간단한 예로, 기업에서 신제품을 출시하고 그 제품의 가격을 결정하는 의사 결정을 하고자 할 경우, 단순히 내부적인 요인들만을 고려하여 가격을 결정하는 것이 아니라, 경쟁사의 유사 제품의 가격이 어떠한가에 따라서 가격 의사결정에 영향을 받게 된다.

이 장에서 소개하고자 하는 게임이론(game theory)은 경쟁상황에서의 의사결정 기법 중의 하나이다. 게임이론은 1900년대 중반에 뉴만(John Von Neumann)과 모건스톤(Oscar Morgenstern)에 의해 처음 소개되었다. 이 이론은 경쟁상황의 분석을 위한 개념을 제공하였는데, 일반적으로 게임에 참여하는 경쟁자의 숫자와 게임 결과에 따를 경쟁자의 득실 변화 상황에 따라 몇 가지로 구분될 수 있다.

게임에 참여하는 경쟁자가 2명인 경우를 2인 게임(2-person game)이라고 한다. 3명 이상의 경쟁자가 참여하는 게임은 n인 게임(n-person game)이라고 한다. 또한 득실 변화 상황에 따라, 게임이 참여하는 경쟁자들의 이득과 손실의 합이 0(zero)이 되는 제로섬 게임(zero-sum game)과 이득과 손실의 합이 0(zero)이 아닌 비제로섬 게임(nonzero-sum game)으로 구분된다. 본서에서는 이 중 2인 제로섬 게임(2-person zero-sum game)에 대해서 다룬다.

2 • 2인 제로섬 게임

1) 기본개념

2인 제로섬 게임이란 게임에 참여하는 경쟁자가 두 명이며, 두 경쟁사의 득실의 합이 0이 되는 게임이다. 즉, 게임에 참여하고 있는 두 명 중 한 명의 이익이 100만 원이면 나머지 한 명은 100만 원의 손실을 보게 되는 구조의 게임이다. 이때, 게임의 두 참여자에게 주어진 게임의 다른 상황들은 모두 동등하며, 오로지 두 참여자의 선택에 의해서 성과(이익 혹은 손실)가 결정된다.

실제로 2인 제로섬 게임 상황은 기업 경쟁상황에서 많이 발생한다. 예를 들어, X, Y 두 기업이 경쟁 제품을 시장에 출시하여 시장에서 경쟁하고 있는 상황을 가정해 보자. 두 기업의 시장 점유율의 합은 100%이다. 이때 기업 X의 시장점유율이 10% 상승(+10)하면 당연히 기업 Y의 시장 점유율은 10% 감소(−10)하게 된다. 이때 두 기업의 시장 점유율 상승분과 하락분의 합은 0(zero)가 되므로 이는 2인 제로섬 게임이 되는 것이다.

2) 성과표

일반적으로 게임이론에서는 게임 참여자가 본인이 선택한 전략에 따른 성과를 정확히 알고 있다고 가정한다. 그리고 그 성과는 경쟁자의 선택에 따라 달라질 수 있다. 게임 참여자의 성과를 표현한 표를 성과표(payoff matrix)라고 한다. 2인 제로섬 게임에서는 성과표의 분석을 통해 전략을 선택하게 된다. 〈표 12−1〉은 성과표의 한 예로, 두 기업 X와 Y의 전략 선택에 따라 얻게 되는 시장점유율을 나타낸 것이라고 하자.

표 12-1 성과표의 예

		기업 Y의 전략		
		A	B	C
기업 X의 전략	1	45	40	30
	2	50	60	45
	3	70	65	55

〈표 12-1〉의 성과표는 다음과 같은 의미를 포함하고 있다. 기업 X는 세 가지 전략 1, 2, 3 중 하나를 선택할 수 있으며, 기업 Y는 세 가지 전략 A, B, C 중 하나를 선택할 수 있다.

먼저 기업 Y가 전략 A를 선택하였다고 가정하자. 기업 X가 전략 1을 선택할 경우 얻게 되는 성과는 45(시장점유율 45%)이다. 이 게임은 제로섬 게임이므로, 두 기업의 성과합은 100(시장점유율 100%)이 되어야 한다. 따라서 Y가 얻게 되는 시장점유율은 55%(100−45)가 된다. 만약 X가 전략 2를 선택한다면, 얻게 되는 성과는 50이 되고, Y의 시장점유율은 50%(100−50)가 된다. 마찬가지 방법으로 X가 전략 3을 선택할 경우 얻게 되는 성과는 70이며, 이 경우 Y의 시장점유율은 30%가 된다. 이 성과표는 기업 X의 입장에서는 이익이 되며, 기업 Y의 입장에서는 손실이 된다. 일반적으로 성과표는 참여자 중 이익을 나타내는 경쟁자를 좌측에, 손실을 나타내는 경쟁자를 상단에 표시한다.

이번에는 기업 Y의 입장에서 이 성과표를 살펴보자. 기업 X가 전략 1을 선택하였다고 가정하자. 그러면, Y가 전략 A를 선택할 경우 시장점유율 45%를 잃게 된다는 것을 의미한다. 만약 전략 B를 선택한다면 점유율 40%를 잃게 되며, 전략 C를 선택하면 점유율 30%를 잃게 된다. 따라서 기업 X가 전략 1을 선택할 경우 기업 Y의 입장에서는 전략 C를 선택하는 것이 최선의 선택이 된다.

3) 맥시민, 미니맥스 원리

게임 이론에서 전략을 선택하기 위한 평가기준 중, 맥시민(maximin) 전략과 미니맥스(minimax) 전략에 대해 〈표 12-1〉의 성과표를 예로 들어 살펴보자.

기업 X는 의사결정에 있어 비관적 관점을 취하고 있어, 각 전략에서 최소의 이익이 되는 성과를 선택하여 이 중 최대의 이익을 낼 수 있는 전략을 선택할 수 있다. 이러한 방식의 의사결정 전략을 맥시민 전략이라고 한다. 반대로 기업 Y의 경우에는 각 전략에서 손실이 최대가 되는 성과를 선택한 후에 이 중 최소가 되는 전략을 선택하는데 이는 미니맥스 전략이라고 한다.

〈표 12-1〉의 성과표에서 기업 X가 맥시민 전략으로 의사결정을 할 경우 어떤 전략을 선택하게 되는지 살펴보자. X는 1, 2, 3의 세 가지 가능한 전략 중 하나를 선택할 수 있다. 전략 1을 선택할 경우, 최소 이익은 30이다. 전략 2를 선택할 경우는 45이다. 전략 3을 선택할 경우에는 55이다. 이 중 이익이 가장 큰 경우는 이익이 55인 전략 3을 선택한 경우이다. 따라서 기업 X는 맥시민 전략에 따라 전략 3을 선택한다(〈표 12-2〉).

표 12-2 기업 X의 맥시민 전략에 의한 의사결정

X의 전략	1	45	40	*30*	
	2	50	60	*45*	
	3	70	65	*55*	*→ 전략 3선택*

기업 Y의 경우에는, 전략 A를 선택할 경우의 최대 손실은 70, 전략 B를 선택할 경우의 최대손실은 65, 전략 C를 선택할 경우의 최대 손실은 55이다. 따라서, 최대 손실을 최소화하는 미니맥스 전략을 택할 경우, 기업 Y는 전략 C를 선택하게 된다(〈표 12-3〉).

표 12-3 기업 Y의 미니맥스 전략에 의한 의사결정

Y의 전략		
A	B	C
45	40	30
50	60	45
70	*65*	*55*

전략 C 선택

위의 예에서 두 기업 X와 Y가 각각 맥시민 전략과 미니맥스 전략을 선택하고, 이 전략을 바꾸지 않는다고 할 때, 이러한 전략을 순수 전략(pure strategy)이라고 한다. 두 기업이 이미 선택한 전략을 바꾸지 않는 것은 X의 이익과 Y의 손실이 같은 점에서 발생하기 때문인데, 이를 해가 안정상태에 도달되었기 때문이며, 이를 안장점(saddle point)이라고 한다. 하지만 2인 제로섬 게임에서 항상 안장점이 존재하는 것이 아니다. 이 같은 경우에는 게임 참가자들은 혼합전략을 선택하게 되는데, 혼합전략에 대한 설명은 다음 절에서 이어진다.

3 • 2인 제로섬 게임의 혼합 전략

X, Y 두 경쟁자의 2인 제로섬 게임의 성과표가 〈표 12-4〉와 같이 주어져 있다. 이 문제를 예로 들어 혼합전략에 대해 설명한다.

표 12-4 성과표

		Y의 전략		
		A	B	C
X의 전략	1	40	50	30
	2	20	80	70
	3	30	20	10

1) 지배의 원리

〈표 12-4〉의 성과표에서 X의 전략 1과 전략 3을 비교해 보자. 다음은 Y 전략 선택에 따른 X의 선택을 정리한 것이다.

- Y가 전략 A를 선택 → 전략 1 성과: 40, 전략 3 성과: 30 → 전략 1을 선택
- Y가 전략 B를 선택 → 전략 1 성과: 50, 전략 3 성과: 20 → 전략 1을 선택
- Y가 전략 C를 선택 → 전략 1 성과: 30, 전략 3 성과: 10 → 전략 1을 선택

모든 경우에 Y의 선택에 관계없이 전략 3은 더이상 고려할 대상이 아니다. 따라서 전략 3은 선택대안에서 제외할 수 있다.

이번에는 Y의 전략 B와 전략 C를 비교해 보자. X의 전략 선택에 따른 Y의 선택 결과를 정리하면 다음과 같다.

- X가 전략 1을 선택 → 전략 B 성과: 50, 전략 C 성과: 30 → 전략 C를 선택
- X가 전략 2를 선택 → 전략 B 성과: 80, 전략 C 성과: 70 → 전략 C를 선택
- X가 전략 3을 선택 → 전략 B 성과: 20, 전략 C 성과: 10 → 전략 C를 선택

모든 경우에 X의 선택에 관계없이 전략 B는 더이상 고려할 필요가 없다. 따라서 Y는 전략 B를 고려대상에서 제외할 수 있다.

이렇게 상대방이 어떤 전략을 선택하느냐에 관계없이 항상 더 좋지 않은 결과를 가져올 수 있는 전략을 고려 대상에서 제외할 수 있는데, 이렇게 제거되는 전략을 지배당하는 전략이라고 하며, 이를 지배의 원리라고 한다. 문제를 풀기 전에 먼저 지배의 원리를 적용하면 성과표를 단순화시킬 수 있다. [그림 12-1]과 〈표 12-5〉는 〈표 12-4〉의 성과표에 지배의 원리를 적용하여 단순화한 결과이다.

▌표 12-5▌ 단순화된 성과표

		Y의 전략	
		A	C
X의 전략	1	40	30
	2	20	70

		Y의 전략		
		A	B	C
X의 전략	1	40	50	30
	2	20	80	70
	3	30	20	10

전략 1에 의해 지배당하는 전략 3을 제거한다.

전략 C에 의해 지배당하는 전략 B를 제거한다.

▌그림 12-1▌ 지배의 원리 적용

2) 안장점이 존재하지 않는 경우

X가 맥시민 기준을 적용하여 전략을 선택한다고 하자. [그림 12-2]에서, 전략 1을 선택할 경우 최소 이익은 30, 전략 2를 선택할 경우 최소 이익은 20이다. 두 값 중 최대값은 전략 1을 선택하는 경우이다.

		Y의 전략	
		A	C
X의 전략	1	40	30
	2	20	70

Max(30,20) = 30이므로, X는 전략 1을 선택

▌그림 12-2▌ X의 전략 선택(맥시민 기준)

이번에는 Y가 미니맥스 기준을 적용하여 전략을 선택하는 경우를 살펴보자. [그림 12-3]에서, 전략 A를 선택할 경우 최대 손실은 40, 전략 C를 선택할 경우 최대 손실은 70이다. 이들 최대 손실값 중 최솟값은 전략 A를 선택하는 경우이다.

		Y의 전략	
		A	C
X의 전략	1	40	30
	2	20	70

Min(40,70) = 40이므로, Y는 전략 A를 선택

▌그림 12-3▌ Y의 전략 선택(미니맥스 기준)

[그림 12-2]와 [그림 12-3]의 결과에서 알 수 있듯이 X, Y의 게임에서 안장점이 존재하지 않는다. 이 경우, 두 경쟁자는 상대방의 전략 선택에 따라 자신의 전략을 변경할 수 있다. X가 전략 1을 선택할 경우, Y는 전략 C로 변경하는 것이 더 나은 방법이다. Y가 전략 C로 변경한다면, X는 전략 1을 고수하는 것보다 전략 2로 변경하는 것이 더 나은 선택이다. 이번에는 Y가 다시 전략 A로 수정하게 될 것이다. 이렇게 상대방의 선택에 따라 전략 선택이 계속 변하게 된다. [그림 12-4]는 상대방의 전략 변경에 따른 변화를 화살표로 나타낸 것이다.

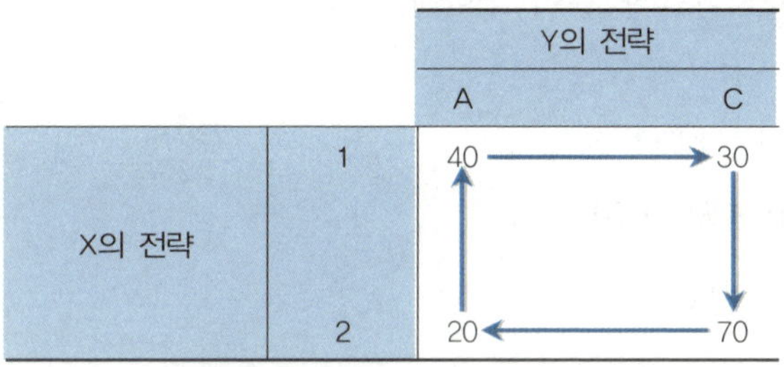

그림 12-4 최적 전략의 변화

3) 혼합 전략

앞서 순수 전략에서는 게임 참여자들이 항상 동일한 전략을 선택하게 된다. 두 참여자 모두 최선의 선택을 한 것이므로 최종 결과가 최선의 선택이다. 하지만 두 참여자의 값이 동일한 안장점이 존재하지 않는 경우 혼합 전략(mixed strategy)을 수립하게 된다.

혼합 전략에서는 서로 상대방이 어떤 선택을 할지 알지 못한다고 전제하고, 상대방의 전략에 관계없는 전략을 수립한다. 즉, 자신이 어떤 전략을 선택할지를 상대방이 어떤 전략을 선택할지와 무관하게 확률적으로 선택하는 것을 의미한다. 〈표 12-5〉의 성과표를 예로 들어, 혼합 전략의 수립과정을 살펴보자.

X가 전략 1을 선택할 확률을 p라고 하자. 전략 2를 선택할 확률은 (1-p)가 된다. Y가 전략 A를 선택할 경우 X의 기대이익은 다음과 같이 계산된다.

Y가 전략 A를 선택할 경우 X의 기대이익: $40p+20(1-p)$ … (1)

만약 Y가 전략 C를 선택할 경우의 기대이익은 다음과 같다.

Y가 전략 C를 선택할 경우 X의 기대이익: $30p+70(1-p)$ … (2)

X의 전략 선택은 Y가 선택한 전략과 무관해야 한다. 따라서 Y의 전략이 A인 경우의 기대이익과 C인 경우의 기대이익이 같아야 한다. 즉 (1)과 (2)가 같아야 한다. 두 식이 같아지는 확률값 p는 다음과 같이 구한다.

$$40p+20(1-p)=30p+70(1-p)$$
$$40p+20-20p=30p+70-70p$$
$$20p+20=70-40p$$
$$60p=50$$
$$p=0.833$$

위의 결과에 따라, X는 전략 1을 선택할 확률을 83.3%, 전략 2를 선택할 확률을 16.7%의 확률로 하는 혼합 전략을 선택하면, Y의 전략과 관계없이 기대이익이 일정하다.

이번에는 Y의 혼합 전략을 수립하여 보자. Y가 전략 A를 선택할 확률을 q라고 하자. 전략 C를 선택할 확률은 $(1-q)$가 된다. X가 전략 1을 선택할 경우 Y의 기대손실은 다음과 같이 계산된다.

X가 전략 1을 선택할 경우 Y의 기대손실: $40q+30(1-q)$ … (3)

X가 전략 2를 선택할 경우 Y의 기대손실은 다음과 같다.

X가 전략 2를 선택할 경우 Y의 기대손실: $20q+70(1-q)$ … (4)

Y의 전략 선택은 X가 선택한 전략과 무관해야 하므로 식 (3)과 (4)가 같게 되는 q를 다음과 같이 찾는다.

$$40q+30(1-q)=20q+70(1-q)$$
$$40q+30-30q=20q+70-70q$$
$$10q+30=70-50q$$
$$60q=40$$
$$q=0.667$$

위의 결과에 따라, Y는 전략 A을 선택할 확률을 66.7%, 전략 C를 선택할 확률을 33.3%의 확률로 하는 혼합 전략을 선택한다.

두 참여자의 혼합 전략 확률을 추가한 혼합전략표는 〈표 12-6〉과 같다.

표 12-6 두 참여자의 혼합 전략표

			Y의 전략	
			A	C
		확률	0.667	0.333
X의	1	0.833	40	30
	2	0.167	20	70

이제 두 참여자의 기대이익을 계산하여 보자. 먼저 X의 기대이익은 다음과 같다.

Y가 전략 A를 선택한 경우: $(0.833)(40)+(0.167)(20)=36.667$

Y가 전략 C를 선택한 경우: $(0.833)(30)+(0.167)(70)=36.667$

Y의 기대손실은 다음과 같다.

X가 전략 1을 선택한 경우: $(0.667)(40)+(0.333)(30)=36.667$

X가 전략 2을 선택한 경우: (0.667)(20)+(0.333)(70)=36.667

상대방이 어떤 전략을 선택하더라도 양측의 기대이익과 기대손실은 36.667로 동일함을 알 수 있다.

연 | 습 | 문 | 제

1 주변에서 게임이론의 개념을 적용할 수 있는 예를 찾아 설명하라.

2 맥시민 원리와 미니맥스 원리는 어떤 차이가 있는가?

3 지배의 원리란 무엇인가?

4 다음과 같은 2인 제로섬 게임의 성과표가 주어져 있다. 맥시민과 미니맥스 전략을 적용하여 게임 참여자 X와 Y 각각의 전략을 결정하라. 순수 전략이 존재하는가?

		Y의 전략		
		A	B	C
X의 전략	1	28	11	9
	2	20	17	19

5 다음 표는 2인 제로섬 게임의 성과표이다. 맥시민과 미니맥스 원칙을 적용하여 X와 Y의 전략을 결정하라.

		Y의 전략			
		A	B	C	D
X의 전략	1	−10	5	1	25
	2	8	8	7	10
		6	−3	0	−10

연 | 습 | 문 | 제

6 다음 표는 2인 제로섬 게임의 성과표이다. 지배의 원리를 적용하여 성과표를 단순화하라.

		Y의 전략					
		A	B	C	D	E	F
X의 전략	1	12	12	20	43	56	−50
	2	30	−26	39	30	20	42
	3	58	21	33	50	74	49
	4	20	10	31	40	58	0

7 문제 6에서 단순화한 성과표에서 X와 Y의 순수 전략을 결정하라. 안장점은 어떻게 되는가?

8 다음 성과표를 이용하여 X와 Y의 혼합 전략을 수립하라. X가 얻을 수 있는 기대이익은 얼마인가? 또한 Y가 잃을 수 있는 기대손실은 얼마인가?

		Y의 전략	
		A	B
X의 전략	1	30	25
	2	20	28

9 다음 성과표를 이용하여 X와 Y의 혼합 전략을 수립하라. X가 얻을 수 있는 기대이익은 얼마인가? 또한 Y가 잃을 수 있는 기대손실은 얼마인가?

		Y의 전략		
		A	B	C
X의 전략	1	35	25	30
	2	20	28	22

부록: 표준정규분포표

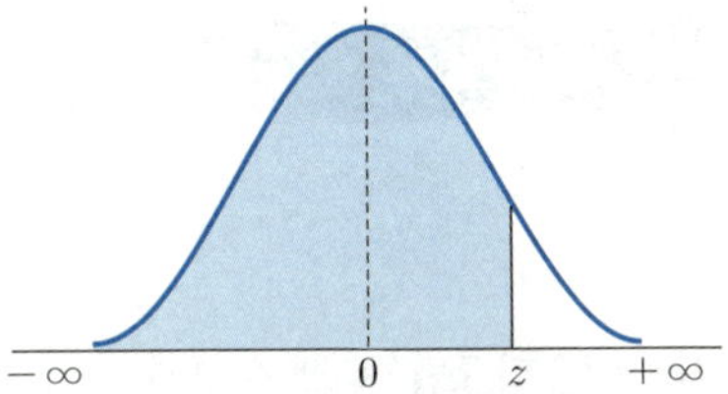

	0.00	0.01	0.02	0.03	0.04	0.05	0.06	0.07	0.08	0.09
0.0	0.5000	0.5040	0.5080	0.5120	0.5160	0.5199	0.5239	0.5279	0.5319	0.5359
0.1	0.5398	0.5438	0.5478	0.5517	0.5557	0.5596	0.5636	0.5675	0.5714	0.5753
0.2	0.5793	0.5832	0.5871	0.5910	0.5948	0.5987	0.6026	0.6064	0.6103	0.6141
0.3	0.6179	0.6217	0.6255	0.6293	0.6331	0.6368	0.6406	0.6443	0.6480	0.6517
0.4	0.6554	0.6591	0.6628	0.6664	0.6700	0.6736	0.6772	0.6808	0.6844	0.6879
0.5	0.6915	0.6950	0.6985	0.7019	0.7054	0.7088	0.7123	0.7157	0.7190	0.7224
0.6	0.7257	0.7291	0.7324	0.7357	0.7389	0.7422	0.7454	0.7486	0.7517	0.7549
0.7	0.7580	0.7611	0.7642	0.7673	0.7704	0.7734	0.7764	0.7794	0.7823	0.7852
0.8	0.7881	0.7910	0.7939	0.7967	0.7995	0.8023	0.8051	0.8078	0.8106	0.8133
0.9	0.8159	0.8186	0.8212	0.8238	0.8264	0.8289	0.8315	0.8340	0.8365	0.8389
1.0	0.8413	0.8438	0.8461	0.8485	0.8508	0.8531	0.8554	0.8577	0.8599	0.8621
1.1	0.8643	0.8665	0.8686	0.8708	0.8729	0.8749	0.8770	0.8790	0.8810	0.8830
1.2	0.8849	0.8869	0.8888	0.8907	0.8925	0.8944	0.8962	0.8980	0.8997	0.9015
1.3	0.9032	0.9049	0.9066	0.9082	0.9099	0.9115	0.9131	0.9147	0.9162	0.9177
1.4	0.9192	0.9207	0.9222	0.9236	0.9251	0.9265	0.9279	0.9292	0.9306	0.9319
1.5	0.9332	0.9345	0.9357	0.9370	0.9382	0.9394	0.9406	0.9418	0.9429	0.9441
1.6	0.9452	0.9463	0.9474	0.9484	0.9495	0.9505	0.9515	0.9525	0.9535	0.9545
1.7	0.9554	0.9564	0.9573	0.9582	0.9591	0.9599	0.9608	0.9616	0.9625	0.9633
1.8	0.9641	0.9649	0.9656	0.9664	0.9671	0.9678	0.9686	0.9693	0.9699	0.9706
1.9	0.9713	0.9719	0.9726	0.9732	0.9738	0.9744	0.9750	0.9756	0.9761	0.9767
2.0	0.9772	0.9778	0.9783	0.9788	0.9793	0.9798	0.9803	0.9808	0.9812	0.9817
2.1	0.9821	0.9826	0.9830	0.9834	0.9838	0.9842	0.9846	0.9850	0.9854	0.9857
2.2	0.9861	0.9864	0.9868	0.9871	0.9875	0.9878	0.9881	0.9884	0.9887	0.9890
2.3	0.9893	0.9896	0.9898	0.9901	0.9904	0.9906	0.9909	0.9911	0.9913	0.9916
2.4	0.9918	0.9920	0.9922	0.9925	0.9927	0.9929	0.9931	0.9932	0.9934	0.9936
2.5	0.9938	0.9940	0.9941	0.9943	0.9945	0.9946	0.9948	0.9949	0.9951	0.9952
2.6	0.9953	0.9955	0.9956	0.9957	0.9959	0.9960	0.9961	0.9962	0.9963	0.9964
2.7	0.9965	0.9966	0.9967	0.9968	0.9969	0.9970	0.9971	0.9972	0.9973	0.9974
2.8	0.9974	0.9975	0.9976	0.9977	0.9977	0.9978	0.9979	0.9979	0.9980	0.9981
2.9	0.9981	0.9982	0.9982	0.9983	0.9984	0.9984	0.9985	0.9985	0.9986	0.9986
3.0	0.9987	0.9987	0.9987	0.9988	0.9988	0.9989	0.9989	0.9989	0.9990	0.9990
3.1	0.9990	0.9991	0.9991	0.9991	0.9992	0.9992	0.9992	0.9992	0.9993	0.9993
3.2	0.9993	0.9993	0.9994	0.9994	0.9994	0.9994	0.9994	0.9995	0.9995	0.9995
3.3	0.9995	0.9995	0.9995	0.9996	0.9996	0.9996	0.9996	0.9996	0.9996	0.9997
3.4	0.9997	0.9997	0.9997	0.9997	0.9997	0.9997	0.9997	0.9997	0.9997	0.9998

찾아보기

저자약력

유성열

고려대학교 산업공학과 학사
한국과학기술원 산업공학과 석·박사
쌍용정보통신 시스템사업본부, LGCNS 엔트루컨설팅 근무
현재 부산가톨릭대학교 경영정보학과 교수

경영과학

초판발행 2020년 3월 5일 **1판 1쇄 인쇄** | 2020년 3월 10일 **1판 1쇄 발행**

지은이 유성열
펴낸이 최용구 | **펴낸곳** 도서출판 **이프레스**
주소 (04316) 서울시 용산구 원효로 89길 19 (원효로1가)
전화 02) 537-1720(영업부), 537-1721(편집부), 537-1711(팩스)
이메일 epress01@naver.com | **홈페이지** www.epress1.com
등록 2009년 12월 10일 제16-2710호
기획마케팅 최용구 장만동 송대용 최충구 | **책임편집** 석기은 황가연 | **표지** SDY

ISBN 979-11-87570-56-1 93320
정가 22,000원